高职高专电子商务与物流专业课程改革规划教材

仓储管理实务

主　编　李　英　副主编　胥洪娥

东 南 大 学 出 版 社
SOUTHEAST UNIVERSITY PRESS

内容提要

为培养学生的仓储管理与实践能力，本书介绍了仓储管理的基本知识；通过大量的图表、数据及案例系统地介绍了仓库设备与设施；在介绍仓储经营基本知识的基础上，对仓储经营方法、仓储经营方式、仓储合同及仓单进行了阐述；重点介绍了出入库流程及在库管理；全面论述了库存控制方法；对危险品保管及仓储安全作了系统介绍；在对仓储业务收入来源、成本构成和仓储经济核算指标分析的基础上，提出降低仓储成本、提高仓储效率和效益的有效途径；最后，分析了仓储管理系统的总体结构和功能，对条形码技术和射频识别技术在仓储管理中的应用作了介绍。

本书内容翔实、结构严谨、注重理论与实践的紧密结合，是仓储管理实践经验的总结。本书理论简单适用，每章配有导入案例及案例分析，实践操作细致明了，并结合实训项目强化动手能力。

本书可供本科和高职类专科院校物流管理、电子商务等专业的学生使用，也可供企业物流相关作业人员的学习和培训使用。

图书在版编目(CIP)数据

仓储管理实务 / 李英主编. — 南京 ：东南大学出版社，2010.2

高职高专电子商务与物流专业课程改革规划教材

ISBN 978-7-5641-2071-9

Ⅰ.①仓… Ⅱ.①李… Ⅲ.①仓库管理－高等学校：技术学校－教材 Ⅳ.①F253.4

中国版本图书馆 CIP 数据核字(2010)第 025107 号

仓储管理实务

主　　编	李　英	副主编	胥洪娥
责任编辑	李　玉	责任印制	张文礼
文字编辑	新　宁	封面设计	王　玥
出版发行	东南大学出版社		
地　　址	南京四牌楼 2 号	邮　　编	210096
出 版 人	江　汉		
经　　销	江苏省新华书店		
印　　刷	溧阳市晨明印刷有限公司		
开　　本	700 mm×1000 mm　1/16		
印　　张	16.5	字　　数	378 千字
版　　次	2010 年 2 月第 1 版		
印　　次	2010 年 2 月第 1 次印刷		
书　　号	ISBN 978-7-5641-2071-9		
印　　数	1—3000 册		
定　　价	31.80 元		

(凡因印装质量问题，可直接向读者服务部调换。电话：025—83792328)

PREFACE 前言

本书紧密结合仓储管理实践，对仓储管理的基本理论和各作业流程、环节的操作等进行了系统的阐述。具体内容有仓储管理概述、仓储设施与设备、仓储经营管理、入库管理、在库管理、出库管理、库存管理、危险品保管及仓储安全、仓储经济核算、仓储管理信息化等10个方面。

本书内容翔实、结构严谨、注重理论与实践的紧密结合，体现行业标准、操作惯例等；理论简单适用，实践操作细致明了，并结合实训项目强化动手能力。本书可供本科和高职类专科院校物流管理、电子商务等专业的学生使用，也可供企业物流相关作业人员的学习和培训使用。

李英老师担任本书主编，负责全书的审核、修改和总纂，并编写了第1章和第3章；胥洪娥老师任本书的副主编，编写了第2章和第9章；何慧老师编写了第4章和第5章；朱向华老师编写了第6章和第8章；姜能涛老师编写了第7章和第10章。

在本书的编写过程中，我们参考了大量的文献资料，利用了不少相关的网络资源，引用了一些专家学者的研究成果和一些公司的案例资料，大多数已注明了出处或已在书后的参考文献中列出，但个别地方难免会有疏漏，敬请诸位专家学者谅解。在此对这些文献作者和公司表示崇高的敬意和诚挚的谢意。由于编者水平和经验不足，编写时间仓促，书中不当之处在所难免，敬请广大读者谅解，欢迎发送邮件到 ly@jssvc. edu. cn 提出宝贵意见。

编者

2009. 11. 8

仓储管理实务

CONTENTS 目 录

第1章　仓储管理概述

·教学目标·

1. 明确仓储的概念，了解仓储的作用；
2. 掌握仓储管理的任务，了解仓储管理人员的岗位要求；
3. 熟悉我国仓储业的发展历史、现状和发展趋势；
4. 掌握仓库的功能，了解仓库的分类。

·导入案例·

太湖特产枇杷和杨梅的保鲜技术研究

地处长江三角洲的太湖流域的特种应时鲜果枇杷和杨梅的色泽鲜艳、风味浓郁、汁液丰富，以品质鲜美而久负盛名，深受广大消费者的青睐。但因果实柔软多汁、成熟于高温多雨季节、果实采后极不耐保鲜与运输，故杨梅果实有“一日新鲜、二日色变、三日味变”之说，最多只能贮藏10 d左右。由于枇杷和杨梅是一窝蜂入市，东、西山所产的枇杷和杨梅上市时间前后只有约半个月，加上采后处理粗放，至今仍以原始状态进入销售渠道，导致枇杷和杨梅的贮藏流通困难、保鲜期很短、腐烂严重，采后损失率达15%～40%，果农的利益得不到保障。因此，以企业为技术攻关主体，有效调整现行科技体系中的资源配置，增强区域特色应时鲜果产业领域的技术创新力度和关键技术装备的自主开发能力，加强太湖流域易腐鲜果贮藏保鲜实用关键技术的研究和产业化开发，提高鲜果配送的方便性，对满足消费者日益增长的对新鲜便捷、卫生安全的应时鲜果的需求，对推动特种产业的发展和种植结构的深入调整、提高特色水果的附加值、推动高效农业发展，都具有积极的意义。

苏州大福外贸食品有限公司是一家产、学、研相结合，立足太湖流域特色农产品加工的出口型企业，以生产和加工各种速冻野生果蔬及水产品为主。为了延长农产品的保存期、改善贮藏期内的农产品品质，该公司与南京农业大学食品科技学院，共同开展太湖特产枇杷和杨梅的保鲜技术研究。研究内容包括基础技术研究、贮藏保鲜技术方法、限制性气调包装技术及设备的研究、产业化示范线的建立。

双方经过联合攻关，早在2005年已经取得了预期效果。采用低温气调保鲜包装技术，有效延缓了枇杷、杨梅果实的采后衰老进程，抑制了微生物生长和果实腐烂，使枇杷果实保鲜期延长到35 d，使杨梅果实保鲜期延长到14 d，将果实腐烂率控制在10%以下。最新消息显示，目前枇杷的果实保鲜期已延长到两个多月，果实腐烂率控制在5%以内，且能保持原有的风味、品质。采用该技术保鲜的枇杷和杨梅的市场价格比原来翻了一番，枇杷每500 g的价格由上市季节的15元上升到30元。

枇杷、杨梅保鲜技术的研究成功，在延长枇杷、杨梅的保鲜期和保存这两种易腐烂水果的风味方面，发挥了积极的作用，可有效提高特色水果产业的经济效益、促进农民增收。

（资料来源：中国烟台松源果品专业合作社，特色水果保鲜技术通过鉴定[EB/OL]http://www.sd996.com/Article/info_755.html,2009.8）

1.1 仓储管理概述

1.1.1 仓储概念及作用

1.1.1.1 仓储概念

"仓"也称为仓库（Warehouse），是存放物品的建筑物和场地，可以为房屋建筑、大型容器、洞穴或者特定的场地等，具有存放和保护物品的功能；"储"表示收存以备使用，具有收存、保管、交付使用的意思，当适用有形物品时也称为储存（Storing）。"仓储"则为利用仓库存放、储存未即时使用的物品的行为。简言之，仓储就是在特定的场所储存物品的行为。

仓储的形成是社会产品出现剩余和产品流通的需要，当产品不能被即时消耗掉，需要专门的场所存放时，就产生了静态的仓储。而将物品存入仓库以及对于存放在仓库里的物品进行保管、控制、提供使用等的管理，便形成了动态仓储。在社会分工和专业化生产的条件下，为保持社会再生产过程的顺利进行，必须储存一定量的物资，以满足一定时间内社会生产和消费的需要。

仓储的性质可以归结为：仓储是物质产品生产过程的持续，物质的仓储提升了产品的价值；仓储既有物品静态的储存，也有物品动态的存取、保管、控制监督的过程；仓储活动发生在仓库等特定的场所；仓储对象既可以是生产资料，也可以是生活资料，但必须是实物动产。

现代仓储与传统仓储有着较大的区别。传统仓储的目的是保存，存好，减少货物的损坏和丢失；而现代仓储的目的则是在传统仓储的基础上，研究如何存得刚好满足需求，并方便物品的流入和流出。

1.1.1.2 仓储的作用

在社会分工和专业化生产的条件下，为保持社会再生产过程的顺利进行，必须储存一定量的物资，以满足一定时间内社会生产和消费的需要。仓储是商品流通的重要环节之一，也是物流活动的重要支柱。仓储活动既可以解决集中性生产与均衡性消费之间、均衡性生产与集中性消费之间的矛盾，还可以通过分拣、组合、配货、配载、流通加工等增值性服务环节更多地满足客户的个性化、多样化的需求。仓储是加快资金周转，节约流通费用，降低物流成本和提高经济效益的有效途径。

1）仓储的积极作用

(1) 仓储是社会生产顺利进行的必要过程

现代社会生产的一个重要特征就是专业化和规模化生产，劳动生产率极高，产量巨大。绝大多数产品都不能被即时消费，需要经过仓储的手段进行储存。这样一方面能避免生产过程被堵塞，保证生产过程能够继续进行；另一方面，生产所使用的原材料也需有一定的储备，保证及时供应，满足生产的需要。

(2) 调整生产和消费的时间差别，维持市场稳定

人们的需求所具有的持续性与产品季节性、批量性生产的集中供给之间存在供需时差的矛盾。通过仓储将集中生产的产品进行储存，持续地向消费者提供，才能不断保证满足消费需求。

另一方面，集中生产的产品如果即时推向市场销售，必然造成市场短时期内产品供给远远大于需求，造成产品价格大幅降低，甚至无法消费而被废弃；相反非供应季节，市场供应量少价高。通过将产品仓储，均衡地向市场供给，才能稳定市场，有利于生产的持续进行。

(3) 劳动产品价值维持和增加的作用

生产出的产品在消费之前必须保持其使用价值，如：肥皂不能干裂、服装不能发霉生虫、菜刀不能生锈变形、塑料制品不能老化变色，否则将会被废弃。这项任务就需要由仓储来承担，在仓储过程中对产品进行保护、养护、管理，甚至于处理、加工，防止其损坏而丧失使用价值。

同时仓储是产品到消费者的最后一道作业环节，可以根据市场对产品消费的偏好，对产品进行最后加工改造和进行流通加工，如：服装缝商标、贴条码、包装、组装、钢板统一剪切等，提高产品的附加值，以促进产品的销售，增加收益。

(4) 流通过程的衔接

产品从生产到消费，不断经过分散、集中、分散的过程，还可能需要经过不同运

输工具的转换运输，为了有效地利用各种运输工具，降低运输过程中的作业难度，实现经济运输，物品需要通过仓储进行候装、配载、包装、成组、分批、疏散等。为了满足销售的需要，商品在仓储中进行整合、分类、拆除包装、配送等处理和存放。

存放在仓库里的商品，还可以提供给购买方进行查看，这是大多数现货批量交易的方法。因而仓储具有产品陈列的功能。

(5) 市场信息的传感器

任何产品的生产都必须满足社会的需要，而生产者需要把握市场需求的动向。把握社会仓储产品的变化是了解市场需求极为重要的途径。仓储量减少、周转量加大，表明社会需求旺盛；反之则为需求不足。厂家存货增加表明其产品需求减少或者竞争力降低，或者生产规模不合适。仓储环节所获得的市场信息虽然比销售部门滞后，但更为准确和集中，信息反馈快捷，且信息成本很低。现代企业生产特别重视仓储环节的信息反馈，将仓储量的变化作为决定生产的参考依据。现代物流管理特别重视仓储信息的收集和反馈。

(6) 开展物流管理的重要环节

在物流体系中，运输和仓储被称为两大支柱。运输承担了改变物品空间状态的重任；仓储则承担着改变物品时间状态的重任。物品在物流过程中有相当一部分时间处在仓储之中，除了做好物资的储藏和保管工作外，在仓储中还根据需要进行运输整合、配送准备、流通加工、市场供给调整等物流活动，都直接影响着整个物流过程的顺畅与否，开展物流管理必须特别重视对仓储的管理，有效的仓储管理才能实现物流管理的目的。

(7) 提供信用保证

在大批量货物的实物交易中，购买方必须检验货物、确定货物的存在和货物的品质，方可成交。购买方可以到仓库查验货物。由仓库保管人出具的货物仓单是实物交易的凭证，可以作为对购买方提供的保证。仓单可以作为融资工具，使用仓单进行质押。

(8) 现货交易的场所

存货人要转让已在仓库存放的商品时，购买人可以到仓库查验商品，取样化验。双方可以在仓库进行转让交割。众多的批发交易市场，就是既有商品存储功能的交易场所，又有商品交易功能的仓储。许多具有便利交易条件的仓储都提供交易活动服务，甚至部分形成有影响的交易市场。近年来我国大量发展的仓储式商店，就是仓储交易高度发展、仓储与商业密切结合的结果。

2) 仓储的消极作用

仓储是物流系统中一种必要的活动，但也经常有冲减物流系统效益、恶化物流系统运行的趋势。在生产系统中，原材料、半成品、产成品的过多库存会导致企业资金循环困难，增大生产成本和经营风险。甚至有人明确提出仓储中的“库存”是企业的癌症，这主要因为以下因素的代价太高所致：

(1) 固定费用和可变费用支出

仓储要求企业在仓库建设、仓库管理、仓库工作人员工资和福利等方面支出大量的成本费用。

(2) 机会损失

仓储货物占用资金至少带来利息的损失，如果考虑到这部分资金用于其他项目可能会有更高的收益。

(3) 陈旧损失与跌价损失

货物在库期间可能发生物理、化学、生物、机械等损失，严重者会失去其全部价值及使用价值。同时，一旦错过有利的销售期，不可避免会出现存货处理的跌价损失。

(4) 保险费支出

为了分担风险，很多企业对仓储货物采取投保缴纳保险方法。保险费支出在仓储物资总值中占了比较大的比例。

上述各种费用支出都是降低企业经济效益的因素。再加上在企业全部运营过程中，仓储占用企业流动资金可高达40％～70％的比例，有的企业库存在某段时间甚至占用了全部流动资金，使企业无法正常运转。

由此可见，仓储既有积极的一面也有消极的一面。只有考虑到仓储作用的两面性，尽量使仓储合理化才能有利于物流业务活动的顺利开展。

1.1.2　仓储管理概述

1.1.2.1　仓储管理概念

仓储管理就是对仓库及仓库内的物资所进行的管理，是仓储机构为了充分利用所具有的仓储资源提供高效的仓储服务所进行的计划、组织、控制和协调过程。

仓储管理的内涵随着其在社会经济领域中的作用不断扩大而变化。仓储管理与仓库管理相比要复杂得多。仓库管理是指物品的入库、在库、出库等环节的管理，是一种业务层面的管理。而仓储管理既包括战略层面的管理如仓储系统规划与设计，又包括出入库、储存保管、分拣配送等业务层面的管理，已成为物流过程的中心环节。

仓储管理的内容包括：

1) 仓储系统规划与设计

构建现代仓储体系、仓储系统的布局与规划、仓库选址的原则与考虑的因素、仓库的建筑面积与结构等，这类问题属于仓储战略管理，其直接关系到企业未来的发展与战略优势的保持。由于这类问题属于战略问题，是比较宏观层面的问题，考虑到本书的适用对象，本书对这部分内容将不作阐述。

2) 仓库设施设备的选择与配置

如何根据仓库作业特点和所储存物品的种类、物品的物理特性、化学特性及生理生化特性，选择设施设备的种类及应配备的数量，是仓储管理的重要内容。恰当地选择适用于不同作业类型的仓库设施和设备，将大大降低仓库作业中的人工作业劳动量，并提高物品流通的通畅性和有效保障流通过程物品的质量。

3) 仓储经营管理

仓储企业经营管理的目的是为了使企业的仓储资源得以充分利用、在仓储产品交换中获得最大收益和最少的成本投入，实现经营利润最大化。仓储经营方法根据仓储的目的不同可分为：保管仓储、混藏仓储、消费仓储、仓库租赁经营、商品交易、流通加工等。如何确定科学的、先进的、有效的仓储经营方法是仓储企业搞好经营管理的关键。

4) 仓库业务管理

仓库业务管理是指组织物品的出入库、在库存储、分拣配送等各项业务活动，这将是本书重点介绍的核心内容。

5) 库存控制管理

库存控制管理是利用新技术、新方法来实现在保证供应的前提下，库存成本的有效降低，进而实现物流总成本的降低，如采用 ABC 库存分类管理法、JIT 库存控制技术、定量订购法、定期订购法等。

6) 仓储信息管理

物流信息支撑着入库、出库、订单处理、货物保管等所有仓储需要涉及的物流环节的正常运行，科学合理的信息系统带来的好处就是在提高工作效率的同时，将人力成本降低到难以想象的程度，对仓库管理模式进行彻底改变。在仓储活动中需要应用仓储管理信息系统、条形码技术、RFID、EDI 等物流信息技术。

7) 仓储经济核算

开展仓储经济核算是现代仓储管理的重要环节，通过仓储经济核算指标的分析和评价，有助于正确判断仓储的实际经营水平，提高经营能力，挖掘服务潜能，进而增加企业的效益。

1.1.2.2 仓储管理的任务

1) 利用市场经济的手段获得最大的仓储资源配置

市场经济最主要的功能是通过市场的价格杠杆和市场供求关系调节经济资源的配置。市场配置资源以实现资源最大效益为原则，这也是企业经营的目的，配置仓储资源也应该依据所配置的资源能够获得最大效益为原则，因此，仓储管理就需要营造仓储组织自身的局部效益空间，最大限度地吸引资源投入。其具体任务包括：根据市场供求关系确定仓储的建设规模，依据竞争优势选择仓储地址，以差别产品决定仓储专业化分工和确定仓储功能，以所确定的功能决定仓储布局，根据设备利用率决定设备设施配置，根据规模、设备配置与效率确定仓库定员。

2）以高效率为原则组织管理组织机构

仓储管理组织机构是开展有效仓储管理的前提条件，是仓储管理活动的保证和依托。生产要素尤其是人的要素只有通过良好的组织才能发挥作用，实现整体的力量。仓储组织机构的确定必须紧密围绕仓储经营目标，依据管理幅度、因事设岗、责权对等的原则，建立结构合理、分工明确、互相合作的管理机构和管理队伍。

3）以不断满足社会需要为原则开展商务活动

商务工作是指仓储对外的经济业务工作，包括市场定位、市场营销、交易和合同关系、客户关系管理、争议处理等。仓储商务是仓储经营生存和发展的关键，是经营收入和仓储资源充分利用的活动保证。从功能来说，商务管理是为了实现收益最大化，它与最大化地满足市场需要不矛盾，两者相辅相成。作为社会主义的仓储管理，必须遵循社会主义市场经济的不断满足社会生产和人民生活需要的原则，按市场需要提供仓储产品，满足市场品种规格上的需要、数量上的需要和质量上的需要，仓储管理者还要不断把握市场的变化发展，不断创新，提供适合经济发展的仓储服务。

4）以高效率、低成本为原则组织仓储生产

仓储生产包括货物验收入仓、堆存、保管维护、安全防护、出仓交接等作业。仓储生产应该遵循高效、低耗的原则，充分利用仓储信息系统、机械设备、先进的保管技术、有效的管理手段，实现仓储快进快出。降低成本、不发生差损事故、保持连续、稳定的生产。仓储生产管理任务的核心在于充分利用先进的生产技术和手段，建立科学的仓储生产作业制度和操作规程，实行严格的管理，并采取有效的员工激励机制。特别是非独立经营的部门仓储管理，其中心工作就是开展高效率、低成本的仓储生产管理，充分配合企业的生产和经营。

5）以“优质服务、诚信原则”树立企业形象

企业形象是指企业展现在社会公众面前的各种感性印象和总体评价的整合，包括企业及产品的知名度、社会的认可程度、美誉度、对企业的忠诚度等方面。企业形象是企业的无形财富，良好的形象会促进产品的销售，也为企业的发展提供良好的社会环境。作为为厂商服务的仓储业，面向的对象主要是生产、流通经营者，仓储企业形象的建立主要是通过服务质量、产品质量、诚信和友好合作等方式，并通过一定的宣传手段在潜在客户中加强。在现代物流管理中，对服务质量的高度要求、对合作伙伴的充分信任使仓储企业形象的树立显得极为必要。只有具有良好形象的仓储企业才能在物流体系中占有竞争优势，适应现代物流的发展。

6）推行制度化、科学化的先进机制，实行制度化管理，不断提高管理水平

任何企业的管理都不可能一成不变，需要随着形势的发展而动态发展，仓储管理也要根据仓储企业经营目的的改变、社会需求的变化而改变。管理也不可能一步到位，不可能一开始就设计出一整套完善的管理制度实施于企业，一整套完善的管

理制度也不可能一开始就执行得很好。因而仓储管理的变革需要制度性的变革管理，需要建立标杆机制和管理质量 PDCA 循环机制，通过将适合企业的先进的管理经验与制度树为标杆，在工作中去贯彻执行，执行成功的上升作为企业管理正式制度加以巩固，执行不成功的放入下一个管理质量 PDCA 循环中去解决。

7）从技术层次到精神层次提高员工素质

没有高素质的员工就没有优秀的企业。企业的一切行为都是人的行为，是每一个员工履行职责的行为表现。员工的精神面貌表现了企业形象和企业文化。仓储管理的一项重要任务，就是根据企业形象建设的需要和企业发展的需要，不断地提高员工的素质和加强对员工的约束和激励。

员工的素质包括员工的技术素质和精神素质。通过不断地、系统地培训和严格地考核，保证每个员工能够持证上岗，能够熟练掌握所从事劳动岗位应知应会的操作、管理技术和理论知识，而且要对员工进行终身培训，务求精益求精，跟得上技术和知识的发展和更新。另外还要让职工明白岗位的工作制度、操作规程，明确岗位所承担的责任。

良好的精神面貌来自于企业和谐的氛围、有效的激励、对劳动成果的肯定以及精神文明教育的深入。在仓储管理中要重视员工的地位，而不能将员工看作是生产工具、一种等价交换的生产要素。要在信赖中约束，在激励中规范，使员工感受到人尽其才、劳有所得、人格被尊重，形成热爱企业、自觉奉献、积极向上的精神面貌。

1.1.2.3 不同行业对仓储管理的要求

1）物流企业对仓储管理的要求

随着经济的不断发展，客户对物流服务的需求正迅速增加，而且客户的个性化需求也越来越高。为了满足客户的需求，有条件的物流仓库应配备全自动立体仓库、自动分拣系统、条形码及智能化仓储管理信息系统等。与此同时，对仓储管理人员的业务能力也提出了更高的要求。物流企业对仓储管理的要求主要体现在如下几个方面：

(1) 合理调度仓储运作，对客户需求能作出快速的动态反应；

(2) 仓库配备先进的物流软件和硬件设施，包括立体货架、自动分拣系统、条形码管理系统、流通加工设备等；

(3) 仓储管理方式应能够满足不同客户的需要；

(4) 在搞好仓储基本业务管理的基础上，还要进行分拣、配货、包装等，为客户提供个性化服务；

(5) 为客户提供增值服务，包括搞好库存控制和提高流通加工能力等。

2）流通企业对仓储管理的要求

仓储作为商品营销的保障，为企业销售提供物流服务。流通企业对仓储管理的要求主要体现在如下几个方面：

(1) 搞好物品的接运；

(2) 搞好物品数量和外观质量验收；

(3) 分区分类和专仓专储；

(4) 进行储存期标识和质量维护；

(5) 高效的包装加工作业；

(6) 准确发货和及时发运。

3) 生产企业对仓储管理的要求

生产企业的核心竞争力体现在产品的开发、生产和制造上，仓储作为企业生产和营销的保障，主要体现在对物料、备品备件和成品的仓储管理。物料是指企业生产所需的原材料、零部件、在制品等。搞好物料仓储管理对确保企业生产正常进行有着重要意义。生产企业对物料仓储管理的要求主要体现在如下几个方面：

(1) 对供货商的供货严格把关；

(2) 物品储存标识符合批次管理和可追溯性要求；

(3) 建立库位编码系统，实现物品储存可视化；

(4) 合理储存保管，符合先进先出的要求；

(5) 限额供料和配送到现场。

此外，对工具、备品备件仓库，还要求能够根据需求规律，搞好库存管理，建立安全库存和控制库存量。

1.1.2.4　仓储管理人员岗位要求

1) 专业知识

(1) 仓储管理人员应能较好地掌握仓储管理的基础理论和专业理论，了解某些相关学科的知识，了解国内外仓储管理的新成就、新发展。

(2) 有一定的生产技术基础知识，熟悉企业生产过程、产品、技术工艺特点，如企业的物质技术装备、生产能力、产品性能、技术要求、工艺流程以及生产协作等。

(3) 有一定的物品知识，了解企业常用物品的性能、技术特点、使用和消耗特点，以及检验、保管、养护、包装、运输等方面的要求，形成既能掌握物品经济理论和技能，又熟悉生产技术工艺流程，文理交叉的复合型知识结构。

(4) 具有较为系统的物品管理的基础知识和实务技能，如了解物品的供应渠道、供应网点、供货方式，熟悉物品计划申请、分配、订货、采购、托运、验收、储存、养护、运输、供料等业务工作的程序和方法，懂得成本、货款结算和物品核销统计，具有签订合同与处理合同纠纷的知识和技能，了解国际贸易业务知识等。

(5) 具有现代管理意识，掌握某些实用的现代化管理方式、方法，如物品价值分析、ABC管理法、目标管理、市场预测，市场营销、全面计划管理、全面质量管理、滚动计划、微型计算机技术等，成为既懂得常规物品管理方式方法，又会应用现代化管理手段、方法和技术的新的应用型专业人才。

(6) 自动化知识。自动化技术是当代最引人瞩目的高科技之一。自动化就是指在没有人的直接参与下,机器设备所进行的生产管理过程。自动化仓库就是自动化技术与仓储系统的结合。

(7) 安全知识。安全是进行其他各项活动的前提,它主要包括仓库保卫及仓库消防两个方面的知识。

①仓库保卫知识。仓管员必须掌握与仓库保安工作相关的基本法律法规知识、与仓库作业活动相关的安全生产及操作知识、与仓库作业人员相关的劳动保护等方面的知识,以便做好仓库的保卫工作,防止库存物品丢失。

②仓库消防知识。仓库消防方面的知识,比如,建设部发布的国家标准《建筑设计防火规范》(GB 50016 - 2006)中有关仓库存储物品危险性质、仓库耐火等级、层数、占地面积、安全疏散、防火间距及堆放形式等方面的知识;公安部颁布的《仓库防火安全管理规则》中关于仓库消防组织建设、物品储存管理,物品装卸管理、仓库电器设备管理、仓库火源管理及消防设施和器材管理等方面的知识;库存物品的物理、化学特点及其特殊的防火,灭火要求的知识;各种消防设施和器材的使用方法及适用范围的知识。

2) 能力要求

仓管员应具有以下基本能力:

(1) 分析预测能力。分析预测能力,即能运用科学观点、方法进行市场调查,把握市场信息,了解行情,分析市场供求状态,有预测市场供求发展趋势的能力。

(2) 判断决策能力。判断决策能力,即有洞察力、判断力,善于把握时间,及时集中可以利用的因素,迅速果断地组织、决策和解决实际问题的能力。

(3) 交际沟通能力。交际沟通能力,即要善于使他人领会自己的意图,寻找到更多更好支持者的协助与帮助,有社会交往活动的能力。

(4) 灵活应变能力。灵活应变能力,即善于采用灵活的工作方式方法,勤于思考,善于开拓,能适应内外部环境的变化,尤其是对物品市场及营销活动中某些隐蔽性、不可预见性的不利条件的困扰,能及时作出新的决策和采取新的对策。

(5) 扎实的业务基本功。如业务应用文的写作,计算技术的应用,信息情报的收集和管理,经济合同的签订以及业务洽谈技巧等,要求扎实过硬。

3) 身体素质

仓管工作的特点之一,是工作活动面宽、地域范围广、流动性大,甚至在某些情况下,要求仓管员日夜值班,并承担搬运装卸任务。所以,要求仓管员身体健康,能坚持正常工作,能吃苦耐劳,精力充沛。

1.2　我国仓储业的现状及发展

仓储业是指从事仓储活动的经营企业的总称。随着社会经济的不断发展，仓储业已成为社会经济发展的重要部分，在国民经济体系中占有重要的地位。我国的仓储业具有悠久的历史，特别是在新中国成立之后得到了极大的发展，目前我国的仓储业已有了较大的规模，并形成了各种专业化、门类齐全的仓储分工，在数量上已基本能满足我国经济发展的需要，但是在服务质量和效益上还存在着明显的不足。

1.2.1　我国仓储业的发展

1.2.1.1　古代仓储业

在原始社会，由于生产力低下，物资条件极差，但是为了生存或适应季节的变化等，将部分物品或是多余的物品进行储存，这种行为就是仓储的萌芽。中国古代商业仓库是随着社会分工和专业化生产的发展而逐渐形成和扩大的。《中国通史》上记载的“邸店”，可以说是商业仓库的最初形式，但由于受当时商品经济的局限，它既具有商品寄存性质，又具有旅店性质。随着社会分工的进一步发展和商品交换的不断扩大，专门储存商品的“塌房”从“邸店”中分离出来，成为带有企业性质的商业仓库。

1.2.1.2　近代仓储业

我国近代仓储业起源于商品流通领域。近代中国的商业性仓库也称为“堆栈”，即堆存和保管货物的场所。堆栈经营者将资金投入堆栈业，并配备一定的设备，专用于存放他人的货物，收取栈租。当时的堆栈根据其服务性质分为码头堆栈、铁路堆栈、保管堆栈、厂号堆栈、金融堆栈、海关堆栈等。在我国工商业发展较快的地区堆栈业也较发达。如在上海，1929 年已有大小仓库 40 多座，库房容量超过 90 万 t。

1.2.1.3　新中国成立后的仓储业

新中国成立后，政府在接收了旧中国官僚买办的堆栈，并在对私营仓库进行公私合营的基础上，建立和发展了新中国的仓储业。20 世纪 50 年代，各地纷纷建立了国营的商业性仓储公司，并成立了仓库同业公会，对仓储业起领导作用。1953 年，召开的全国第一届仓储会议，明确了国营商业仓库实行集中管理与分散管理相结合的体制，即对于较大型的仓库由各地商业部门统一收回，交由仓储公司经营，并与我国商业流通的三级批发管理体制相一致，形成层次清楚、大小规模配套、集中与分散相结合的仓储体系。

1.2.2　我国仓储业现状

我国目前的仓储业，大多数仍处于粗放经营阶段，效率低、效益差，很难承担现代物流的任务。我国仓储业的现状呈现以下几个特点：

1.2.2.1 条块分割，具有明显部门仓储业特征

由于我国较长时间实行的计划经济体制，物质资源通过部门体制的方式分配，各部门为了占有和争取更多物质资源，储存所获得的分配资源，均以部门体系的纵向方式部署仓储，形成了中央、地方、物资、商业、交通、农业、铁路、电力等部门体系的仓储结构，部门之间互不发生横向交叉联系。因而造成了整体上的仓储互不连接、功能重复、互相不支持配套、重复建设严重。

1.2.2.2 仓库众多，但是布局不合理

由于部门行业的分头建设，不同部门、不同层次为了满足自身需要，广泛开展仓库建设，在经济集中地区，特别是部门机构集中地区，仓库高度集中，数量众多。为了便利纵向的联系和资源调配，且都集中在交通中心附近，造成在一个地区，以至于在全国的仓储布局极度不合理，仓储集中的地区仓储能力大量剩余，其他许多地方没有足够的仓储能力，特别是经济落后地区，仓储能力的不足严重制约了当地经济的发展。

1.2.2.3 存量巨大，但管理水平较低

总的来说，我国的仓储能力相当巨大，但是仓储管理水平低下。一方面表现在仓储利用率低下，货物周转率低，物资流通速度慢。同时仓储保管能力差，货物损耗严重。另一方面绝大多数仓储都没有仓储经营的能力，不能充分利用仓储资源，为社会提供优质服务，也没有充分利用仓储中的巨量沉淀资本为企业和社会创造经济价值。仓储管理水平的低下与我国整体上社会性的不重视仓储管理，仓储管理的资源投入不够，仓储管理人员的文化素质不高、专业知识程度低有着密切关系。许多仓储企业还没有进行现代企业制度改造，没有真正成为独立的市场主体，还不能自主地经营仓储资源。

1.2.2.4 仓库、设备简陋，技术水平差别极大

仓库建设和仓储管理源出多头，互相之间缺乏联系和合作，也没有形成专业性、功能性的分工，大多数仓储功能相近，用途相同。再加上仓库建设本身就是短期行为、应急式的决策，只满足当时的一时需要，所建设的仓库普遍都是简易仓库和货场，缺乏应有的机械和设备。又由于仓储企业的经营管理水平低下，仓储自身发展能力极弱，大多数仓储技术水平低下，甚至于机械化程度都严重不足。当然，为满足我国经济高速发展的需要，也出现了一些专业化、机械化、自动化程度很高的仓库，但整体上并没有充分发挥其应有的作用。

1.2.2.5 仓储管理法规不够健全

市场经济是法制的经济，完善的法律制度和严格的依法管理是经济发展的重要保证。处在市场经济中的仓储业也需要全面的法律保护和依法管理。我国关于仓储立法主要表现在：民法通则中的物权规范，合同法的仓储合同、保管合同分则，消

防法中的消防要求和消防管理，以及其他一些规章制度。还没有完整的仓储法，对于仓储经营中的一些经济行为也没有足够的法律支持。仓储企业通过法律的手段保护自身的利益也远远做得不够。仓储内部的依法管理水平也比较低下。

1.2.3 我国仓储业的发展方向

面对着全社会的物流管理水平的提高，我国的仓储业已与当前经济发展不相称，不能满足现代生产的需要。仓储业需要加快改造步伐，迅速提高质量和效率，以满足社会经济发展的需要，同时实现仓储业的健康发展。我国仓储业具体可从以下方向来求得自身发展。

1.2.3.1 仓储经营主体化、功能专业化

我国仓储业目前的低效率、利用率不高、作业条件差、缺乏自身发展能力，根源在于条块性分割、处于附属地位、产权及企业体制受到约束。在市场经济的环境中，任何社会资源只有在市场中自由交换才能充分体现其价值，也只有在自由交换的激励之下，才会更大的创造价值。仓储业需要以“产权明晰、权责明确、政企分开、管理科学”的原则进行现代企业改造，建立科学先进的企业治理结构，成为自主经营、自负盈亏的市场竞争的主体，才能逐步改变我国仓储业的不良状况，真正成为市场资源，促进仓储业的发展。

社会分工是生产力发展的结果，又是促进生产力发展的动力。我国仓储业的低水平重复和功能接近的现状，只有通过分工和专业化的发展才能得以改变。社会对仓储的需要也同对其他社会资源的需要一样，向着专业化、特性化、功能化、个性化的方向发展。同时仓储业内部在市场竞争中也只有通过专业化的发展，提供个性产品，且将企业资源充分利用到有特长的项目，才能提高效益、形成竞争的优势。

1.2.3.2 仓储标准化

仓储业是为物资流通提供服务，是物流和商流的具体操作环节。仓储与物流和商流的其他环节的无缝配合，是提高整体物流和商流效率的重要措施，其中整体物流标准化是实现无缝结合重要的手段。物流标准化也就需要仓储标准化。仓储标准化不仅是为了实现仓储环节与其他环节的密切配合，同时也是仓储内部提高作业效率、充分利用仓储设施和设备的有效手段，是开展信息化、机械化、自动化仓储的前提条件。

仓储标准化主要有：包装标准化、标志标准化、托盘成组标准化、容器标准化、计量标准化、条形码的采用、作业工具标准化、仓储信息标准化等技术标准化，以及服务标准、单证报表、合同格式、仓单等标准化。

1.2.3.3 仓储机械化、自动化

随着生产技术的发展，生产机械化已是社会生产的基本要求。机械具有承重能力强、工作时间久、效率高、损害低等众多的优势。仓储作业大都是负荷重、作业量

大、时间紧、作业环境恶劣，存在着众多系统性不安全隐患，因而仓储机械化是仓储发展的必然，通过机械化实现最少使用人力作业，加大作业集成度，减少人身伤害和货物损害，同时提高作业效率。另一方面随着货物运输包装的大型化、托盘化的发展，仓储也必然需要机械化作业。

仓储自动化是指由计算机管理和控制的仓库的仓储。在自动化仓库中货物仓储管理、作业控制、环境管理等仓储工作通过信息管理、条形码、扫描技术、射频通信、数据处理等技术指挥仓库堆垛机、传送带、自动导引车、自动分检等自动设备完成仓储作业，自动控制空调、制冷设备、监控设备进行环境管理，向运输设备下达运输指令安排运输等，并同时完成报表单证的制作和传送。对于危险品仓储、冷库暖库、粮食等特殊仓储，采取自动化仓储很有必要。

自动化仓库的资金投入巨大，建设和改造成自动化仓库需要进行细致的论证和评估，保证有巨量的仓储周转量才能分摊投资成本，否则会产生资源的严重浪费，也造成后期的经营困难。

1.2.3.4 仓储信息化、信息网络化

对于存量巨大、存货品种繁多的物流中心和配送中心，要提高仓库利用率、保持高效率的货物周转、实施精确的存货控制，没有计算机的信息管理和处理是不可想象的。仓储信息化管理包括通过计算机和相关信息输入输出设备，对货物识别、理货、入库、存放、出库、进行操作管理，进行账目处理、结算处理，提供适时的查询，进行货位管理，进行存量控制，制作各种单证和报表，甚至于进行自动控制等。可以说仓储要实现提高效率、降低损耗、降低成本就必须实现信息化。

仓储是企业存货管理的核心环节，企业生产、经济的决策需要仓储及时和准确地反馈存货信息，在充分掌握物质的储备、存量、存放地点、消费速度的情况下才能进行准确的生产和经营决策。仓储是物流的节点，有效的物流管理是建立在对物流的实时控制和支配的基础上，管理的决策应及时到达仓库，由仓库对物流进行控制和组织。要实现以上目的，就需要仓库、厂商、物流管理者、物资需求者、运输工具之间建立有效的信息网络，实现仓储信息共享、通过信息网络控制物流，做到仓储信息网络化。

1.2.3.5 管理科学化

仓储管理包括仓储的管理体制、治理结构、管理组织、管理方法和管理目标。从管理体制上的不同仓储活动可以分为向社会提供仓储服务的商业仓储和为企业生产和经营服务的企业自营仓储。无论管理体制如何，仓储管理都需要进行科学化的管理，实现高效率、高效益的仓储。

作为一种经济活动，向社会提供服务的商业仓储也正如其他经济活动主体一样，只有在充分市场化的条件下，才能充分发挥其经济价值。也就是说，社会服务仓储活动需要成为独立的市场经济主体，按照独立市场经济主体进行现代企业改造和

开展科学化的现代企业管理，使仓储企业产权独立，企业有充分的经营自主权，按照满足社会需要的原则向社会提供产品，企业以追求利润最大化为目标。

为企业生产经营服务的自营仓储，应该在企业整体发展目标的基础上确定仓储的地位，高度重视仓储的作用和强化对仓储的管理，合理地调配企业资源，使企业仓储部门成为企业生产和经营发展的有效保障。

仓储企业（部门）内部应实施现代企业科学管理，采用高效化的组织机构，实行规章化的岗位责任制，建立促进生产率提高的动态的奖励分配制度，实施有效和系统的职工教育培训制度，采取科学化的管理方法，培养积极向上的优秀企业文化。

本章小结

仓储和仓储管理活动是物流系统的一个重要环节，通过仓库对物资进行储存和保管，物品产生了时间价值和附加价值，为客户提供了基本功能和增值服务功能，实现经济利益和服务利益。

本章首先介绍了仓储的概念及性质、仓储的积极作用和消极作用；接着介绍了仓储管理的概念和内容、仓储管理的基本任务和不同行业对仓储管理的要求，并提出了仓储管理人员的岗位要求；最后简要说明了我国仓储业的发展历程，分析了我国仓储业的现状和发展方向。

·案例分析·

月山啤酒集团的仓储管理

月山啤酒集团在几年前就借鉴国内外物流公司的先进经验，结合自身的优势，制定了自己的仓储物流改革方案。首先，成立了仓储调度中心，对全国市场区域的仓储活动进行重新规划，对产品的仓储、转库实行统一管理和控制。由提供单一的仓储服务，到对产成品的市场区域分布、流通时间等全面的调整、平衡和控制，仓储调度成为销售过程中降低成本、增加效益的重要一环。其次，以原运输公司为基础，月山啤酒集团注册成立具有独立法人资格的物流有限公司，引进现代物流理念和技术，并完全按照市场机制运作。作为提供运输服务的“卖方”，物流公司能够确保按规定要求，以最短的时间、最少的投入和最经济的运送方式，将产品送至目的地。第三，筹建了月山啤酒集团技术中心。月山啤酒集团应用建立在Internet信息传输基础上的ERP系统，筹建了月山啤酒集团技术中心，将物流、信息流、资金流全面统一在计算机网络的智能化管理之下，建立起各分公司与总公司之间的快速信息通道，及时掌握各地最新的市场库存、货物和资金流动情况，为制定市场策略提供准确的依据，并且简化了业务运行程序，提高了销售系统工作效率，增强了企业的应变能力。

通过这一系列的改革，月山啤酒集团获得了很大的直接和间接经济效益。首先是集团的仓库面积由7万多 m^2 下降到不足3万 m^2，产成品平均库存量由12 000 t降到6 000 t。其次，这个产品物流体实现了环环相扣，销售部门根据各地销售网络的要货计划和市场预测，制定销售计划，仓储部门根据销售计划和库存及时向生产企业传递要货信息；生产厂有针对性地组织生产，物流公司则及时地调度运力，确保交货质量和交货期。第三，销售代理商在有了稳定的货源供应后，可以从人、财、物等方面进一步降低销售成本，增加效益，经过一年多的运转，月山啤酒物流网取得了阶段性成果。实践证明，现代物流管理体系的建立，使月山集团的整体营销水平和市场竞争能力大大提高。

（资料来源：月山啤酒集团的仓储管理. http://jpkc1.zjvtit.edu.cn/ccgl/wlkc/jdal.asp）

案例思考题：

1. 月山啤酒集团实施了哪些仓储物流改革？
2. 通过一系列的仓储物流改革，月山啤酒集团取得了哪些成果？

·复习思考题·

1. 什么是仓储？你是如何理解仓储的？
2. 仓储的积极作用和消极作用分别是什么？
3. 什么是仓储管理？仓储管理的内容有哪些？
4. 仓储管理的任务是什么？
5. 你认为仓储管理人员应具备哪些基本素质和能力？
6. 查阅资料，谈谈你对仓储未来发展趋势的认识。
7. 仓库的功能有哪些？

·实训项目·

仓储企业调研

技能目标

通过不同类型仓储企业的调研，对仓储具有感性认识，了解仓储的工作任务、仓库工作的一般流程、仓库组织结构、仓库各岗位职责以及不同企业仓储工作的共同特点和差异之处，并认识现代企业对仓库工作人员的素质要求。

项目任务

到一家第三方仓储公司和一家生产企业调研，了解仓储的工作任务、仓库工作的一般流程、仓库组织结构、仓库各岗位职责以及对仓库工作人员的素质要求的整体情况，比较其不同之处，并撰写调研报告。

项目实施过程

1. 学生每 3～5 人为一个小组，每小组任命一名组长，以小组为单位分别到第三方仓储公司和生产企业进行调研；
2. 准备纸张、笔等工具；
3. 以小组为单位整理调研记录，总结出上述两个企业仓储工作的共同点和不同点；
4. 以小组为单位撰写调研报告。

项目实施结果评价

对学生项目实施结果给予评价，有利于激发学生的积极性。同时，通过评价找出项目实施过程中的不足并提出改进办法，有利于知识的总结和掌握。以下仓储企业调研情况评价表可供评价时参考。

仓储企业调研情况评价表

被考评小组		考评组调查对象	
考评时间		考评地点	
考评内容	仓储企业调研		
考评标准	内　容	标准分值	考评得分
	调研内容的真实性、准确性、全面性	25	
	调研过程中是否遵守纪律和礼仪是否符合要求	20	
	调研报告是否真实地反应调研结果	10	
	调研报告能正确地分析出所调研仓储企业的工作任务、流程、各岗位职责等	25	
	能总结两个企业仓储工作的共同点和不同点	15	
合　计		100	

考评者：__________

第 2 章　仓库设施与设备

·教学目标·

1. 掌握仓库的概念，了解仓储设备的种类；
2. 了解货架的分类，熟悉常用货架的结构类型、特点及用途；
3. 了解托盘的分类，掌握托盘的装盘，熟悉托盘的标准化，了解托盘的使用及管理；
4. 了解叉车的分类，掌握常用叉车的特点；
5. 掌握自动分拣系统的组成，熟悉自动分拣系统的种类，了解自动分拣系统的分类装置。

·导入案例·

中储股份仓储设施的更新改造

中储发展股份有限公司是全国性大型综合物流企业，成立于 1996 年，1997 年上市，主要从事现代物流和生产资料仓储配送、国内外贸易和质押监管及相关业务，形成了物流、商贸与金融相结合的独特运营模式。从上市首发募集到的资金，到后来以配股等形式进入中储股份的资金绝大部分用于对企业仓储设施的更新改造，仅 2006、2007 两年，中储股份对库房设施、设备的投资就高达近十亿。近年来，中储股份改造了多个现代化的物流中心，购置了大量新型货架、各类叉车、起重机、堆码机、输送机等库内装卸、输送设备；建设数码式仓库，引进自动识别技术、条码技术、自动化拣选搬运系统，实施计算机信息化管理。面对进入微利的仓储市场，中储为何以气吞山河之势打响仓储技术设备更新的普及战？

在竞争日益激烈的物流市场下，中储清醒地认识到客户对于“仓储”的要求更高。为了跟上市场的步伐，现代物流技术装备的地位必须提高，成为企业加速发展的动力机器。而作为物流仓储的关键设备、设施，诸如货架、托盘、叉车的使用对于提高物流中心作业效率、增加仓储面积、降低了人工成本，最终提高仓储收益以及提升物流管理水平均起着举足轻重的作用。运用自动化拣选搬运系统，实施计算机信息化管理，能满足库存货物在线即时查询和动态信息反馈，为客户提供高效、便捷服务，从而提高了企业的竞争力。

仓储设备的配置与运用直接关系到仓库建设成本和运营费用，更关系到仓库的生产效率和效益。本章将详细介绍仓库设施与设备的种类、货架、托盘、叉车和自动化分拣设备。

（资料来源：中储的仓储攻略 http://www.szwl.cn/wuliu43/wl2760/）

2.1　仓库

2.1.1　仓库概念

仓库(Warehouse)是保管、存储物品的建筑物和场所的总称。仓库的概念可以理解是用来存放货物包括商品、生产资料、工具或其他财产，并对其数量和状态进行保管的场所或建筑物等设施，还包括用于减少或防止损伤货物而进行作业的土地或水面。此外，仓库还应包括设置在仓库内，为仓储和作业服务的设备和设施，如地坪、货架、衬垫、苫盖物、固定式提升设备、通风照明设备等。

2.1.2　仓库功能

2.1.2.1　基本功能

1）储存保管功能

储存保管是仓储最基本的功能。对于生产过程而言，储存能防止因缺货造成的生产停顿；对于销售过程而言，储存尤其是季节性储存能为企业的市场营销创造良机。储存的经济利益来源于通过储存克服商品产销在时间上的间隔，克服商品产销量的不平衡等来保证商品流通过程的连续性。而产品在消费之前必须保持其使用价值，否则将会被废弃。因此，在仓储过程中必须选择合适的储存场所对产品进行保护、管理，采取合适的养护措施，防止损坏而丧失价值。

2）拼装（整合）功能

拼装（整合）是仓储的常用功能，主要通过仓库接收来自一系列制造工厂的产品或原材料，将它们拼装成单一的一票装运的货物，满足此类需求的客户。拼装（整合）的特点是有可能实现最低的运输成本，并减少由多个供应商向同一客户供货带来的拥挤和不便。图 2-1 说明了仓库的拼装(整合)流程。

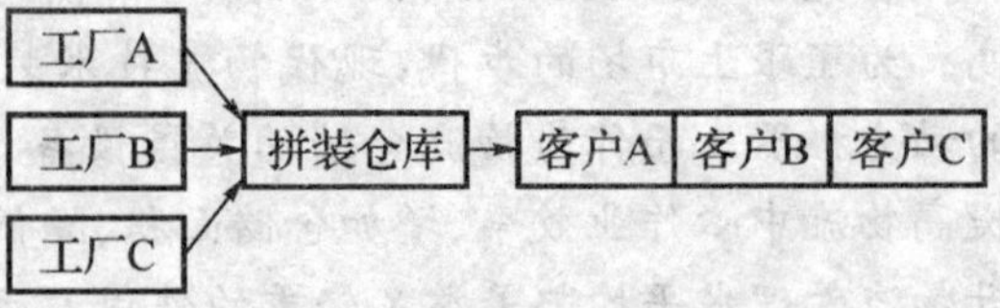

图 2-1　仓储过程中的拼装(整合)流程

3) 分类和交叉功能

分类的仓库作业与拼装仓库作业相反。分类作业接收来自制造商的客户组合订货,并把它们分类或分割成个别的订货,装运到个别的客户处去。图 2-2 说明了这种分类流程。

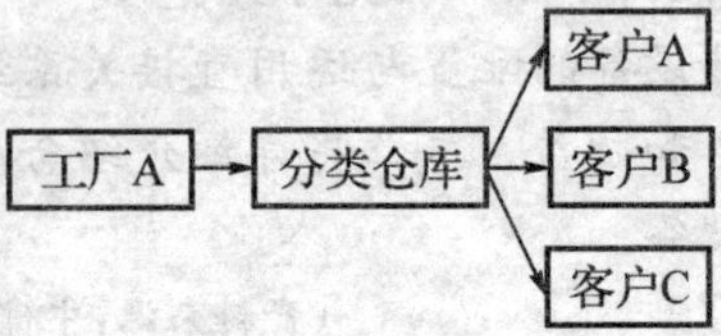

图 2-2　仓储过程中的分类流程

仓库运用转运组合点(如交叉站台设施)实施分类和交叉功能。它与分类作业功能类似,但它接收多个制造商的订货。零售连锁店广泛地采用交叉站台作业来补充快速流转的商店存货。其应用流程为:交叉站台接收多个制造商处运来的整车货物;收到货物后,对有标签的货物,就按客户进行分类,对没有标签的货物,则按地点进行分类;然后,在交叉站台上完成发往不同客户的装车作业。由于省去了储存环节,降低了交叉站台及仓库的搬运、装卸成本,使仓储企业和供应商从分类和交叉功能中都得到了各自的经济利益。图 2-3 说明了分类和交叉功能的应用。

4) 加工/延期功能

仓储企业可以通过承担少量的生产加工和制造活动来延期或延迟生产。具有包装能力或简单加工能力的仓库可以把产品生产的最后一道工序一直推迟到知道该产品的需求时为止。例如,罐头生产厂可以将罐头生产的最后一道工序即贴标签延迟或推迟到产品在仓库出库之前进行。仓库中没有贴标签的罐头是没被订货的货物,一旦接到客户订货,仓库就给产品加上标签,完成最后一道工序的生产,表明该批货物已经被订货,然后根据订货特性确定包装形式和送货。这种加工/延期功能使仓储企业和制造商都得到利益。一方面,制造商可以为特定的客户提供定制化的产品,适应了特定客户的需求,降低了盲目生产带来的风险;另一方面,仓储企业通过增加加工业务扩大了收益,并通过识别产品最后一道工序是否完成来检查库存货物的库存水平,达到控制库存、降低库存成本的目的。

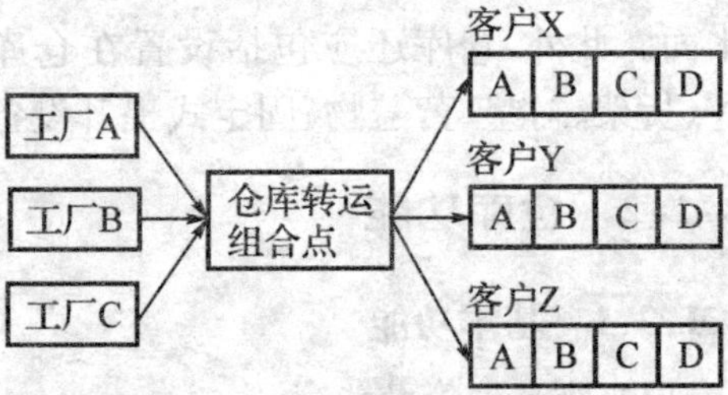

图 2-3　仓储过程中的分类和交叉流程

从逻辑上说,加工/延期功能应属于增值服务的范畴。但考虑到目前仓库提供加工/延期服务较为普遍,本书将加工/延期功能列为仓库的基本功能之一。

2.1.2.2 增值服务功能

增值服务是指利用物品在仓库的存储时间，针对特定顾客或特定仓储活动，开发和开展多种服务来提高仓储附加值，促进物品流通，提高社会效益。增值服务是超出基本服务范围之外的附加的仓储活动，主要包括流通加工、配送、配载、交易中介等功能，一般用于满足客户的特定需要，通过实现客户满意来创造企业的竞争优势。创新、超常规、满足客户个性化需要是增值物流服务的本质特征。

拥有大型仓储设施的仓储物流企业可以有下列增值服务：仓储的延伸服务有原料质检、库存查询、库存补充及各种形式的流通加工服务等；运输的延伸服务如选择国际国内运输方式、运输路线，安排货运计划，为客户选择承运人，确定配载方法，货物运输过程中的监控、跟踪，门到门综合运输、报关、代垫运费、运费谈判、货款回收与结算等。

2.1.3 仓库的分类

仓库是物流系统的基础设施，按不同的标准可进行不同的分类（见表 2-1），企业可根据自身的条件选择建设或租用不同类型的仓库。

表 2-1 仓库的分类

分类标准	种类	说明
使用范围不同	自用仓库	生产或流通企业为了本企业经营的需要而修建的附属仓库，完全用于储存本企业的原材料、燃料、产成品等
	营业仓库	某些企业专门为了经营储运业务而修建的仓库
	公用仓库	由国家或一个主管部门修建的属于公共服务的配套设施的仓库
	出口监管仓库	经海关批准，在海关监管下，存放已按规定领取了出口货物许可证或批件，已对外买断结汇并向海关办完全部出口海关手续的货物的专用仓库
	保税仓库	经海关批准，在海关监管下，专供存放未办理关税手续而入境或过境货物的场所
保管物品种类多少	综合库	用于存放多种不同属性物品的仓库
	专业库	用于存放一种或某一大类物品的仓库
保管条件	普通仓库	存放无特殊保管要求的物品的仓库
	保温、冷藏、恒湿恒温库	存放要求保温、冷藏或恒湿恒温的物品的仓库
	特种仓库	存放易燃、易爆、有毒、有腐蚀性或有辐射性的物品的仓库

续表 2-1

分类标准	种类	说明
保管条件	水上仓库	指漂浮在水面的储藏货物趸船、囤船、浮驳及其他水上建筑，或者在划定水面保管木材的特定水域，沉浸在水下保管物资的水域
建筑结构完整性	封闭式仓库	俗称“库房”，该结构的仓库封闭性强，便于对库存物品进行维护保养，适宜存放保管条件要求比较高的物品
	半封闭式仓库	俗称“货棚”，保管条件不如库房，但出入库作业比较方便，建造成本较低，适宜存放那些对温湿度要求不高且出入库频繁的物品
	露天式仓库	俗称“货场”，货场最大的优点是装卸作业极其方便，适宜存放较大型的货物
建筑结构形式	平房仓库	构造比较简单，建筑费用便宜，人工操作比较方便
	楼房仓库	指二层楼以上的仓库，它可以减少土地占用面积，进出库作业可采用机械化或半机械化
	高层货架仓库	主要使用电子计算机控制，能实现机械化或自动化操作
	罐式仓库	呈球形或柱形，主要是用来储存石油、天然气和液态化工品等
	简易仓库	构造简单、造价低廉，一般是在仓库不足而又不能及时建库的情况下采用的临时代用办法，包括一些固定或活动的简易货棚等
建筑材料	钢筋混凝土仓库	现代化的高层楼房仓库
	砖石和木结构仓库	一般平房仓库
	钢结构仓库	特殊仓库如储油罐等
库内形态	地面型仓库	一般指单层地面库，多使用非货架型的保管设备
	货架型仓库	指采用多层货架保管的仓库。在货架上放置货物或托盘，货物和托盘可在货架上滑动
	自动化立体仓库	指出入库用运送机械存放取出，用堆垛机等设备进行机械化、自动化作业的高层货架仓库
功能	集货中心	将零星货物集中成批量货物，它可设在生产点数量很多，每个生产点产量有限的地区
	分货中心	将大批量运到的货物分成批量较小的货物，它主要从事分货工作的物流据点
	转运中心	承担货物在不同运输方式间的转运

续表 2-1

分类标准	种类	说　明
功能	加工中心	主要工作是进行流通加工。设置在供应地的加工中心主要进行以物流为主要目的的加工，设置在消费地的加工中心主要进行实现销售、强化服务为主要目的的加工
	储调中心	以储备为主要工作内容
	配送中心	从事配送业务的物流场所或组织，主要为特定的用户服务
	物流中心	从事物流活动的场所或组织，主要面向社会服务，提供多种物流功能，辐射范围大

2.1.4　自动化立体仓库

2.1.4.1　自动化立体仓库的概念

自动化仓库（Automatic Warehouse）是指通过电子计算机和相应的自动控制设备对仓库的作业和仓储管理进行自动控制和管理，并通过自动化系统进行仓库作业的现代化仓库。自动化高层货架仓库（Automatic Storage/Retrieval System，AS/RS）是指用高层货架储存货物，以巷道堆垛起重机配合周围其他装卸搬运系统进行存取出入库作业，并由计算机全面管理和控制的一种自动化仓库。我们将自动化高层货架仓库又称为自动化立体仓库。

自动化高层货架仓库是当代货架储存系统发展的最高阶段的产物，它与自动分拣系统和自动导向车并称为物流技术现代化的三大标志。

2.1.4.2　自动化立体仓库的发展

第一座高层货架仓库 1959 年出现于美国，高 8.5 m，使用由司机操纵的巷道堆垛起重机。1962 年联邦德国把计算机控制技术应用到高层货架，建成第一座自动化仓库。由于它有许多显著的优点，工业发达国家竞相发展。特别是日本，在 1965 年建设第一座立体仓库后，平均每年以 200 座的速度，大规模兴建，到 1986 年，它已拥有大小立体仓库 5 800 座，占世界总数一半以上。

我国从 20 世纪 70 年代中期起，也进行高层货架仓库的试点工作。工业系统以郑州纺织厂和北京汽车制造厂为起点，在上海宝钢、石化等厂陆续设计建造了规模大小不等的高货架仓库，多用于模具备件、零部件库和中间库。

自动化立体仓库已经进入智能储运阶段。目前人们在人工智能及物料储运领域的专家系统技术进行大量的工作。例如，将专家系统应用于自动导引车和单轨系统，使它们具有确定线路和合理的运行决策。仓储设备的智能化和自动识别系统、多媒体技术和专家系统的应用提升了系统整个仓储环节的效率和适应范围。

2.1.4.3 自动化立体仓库的优缺点

自动化立体仓库的入库、检验、分类整理、上架、出库等作业由计算机管理控制的机械化、自动化设备来完成，与普通的仓库相比其优缺点如下：

1）优点

（1）节省人力，大大降低劳动强度，准确、迅速地完成作业。

（2）提高储存空间的利用效率。

（3）确保库存作业的安全性，减少货损货差。

（4）能及时了解库存品种、数量、金额、位置、出入库时间等信息，提高决策能力。

2）缺点

（1）结构复杂，配套设备多，需要的基建和设备投资高。

（2）货架安装精度要求高，施工比较困难，而且施工周期长。

（3）储存货物的品种受到一定的限制，对于长大笨重货物以及要求特殊保管条件的货物必须单独设立储存系统。

（4）在库管理和技术人员要求较高，必须经过专门培训才能胜任。

（5）工艺要求高，包括建库前的工艺设计和投产使用中按工艺设计进行作业。

（6）弹性较小，难以应对储存高峰的要求。比如流通业在实际运作时，常常会碰到高低峰以及紧急需求，自动化设备数目固定，弹性不大，无法适应这种紧急变化。

（7）保护保养要求高。

（8）自动化立体仓库必须与采购管理系统、配送管理系统以及销售管理系统等相结合，这些配套的系统建设和运行维护的成本太高。

2.1.4.4 自动化立体仓库的分类

自动化立体仓库可按照储存物品的特性、建筑形式以及设备形式进行分类。

（1）按照储存物品的特性分，可分为常温自动化立体仓库系统、低温自动化立体仓库系统和防爆自动化仓储系统。低温自动化立体仓库又可分为恒温仓储系统、冷冻仓储系统和冷藏仓储系统。

（2）按照建筑形式分类，可分为自立式钢架存储系统和一体式钢架存储系统。

（3）按照设备形式分，可分为单位负载式自动立体仓库、开放式钢架、封闭式钢架、推回式钢架、重力式钢架、水平式钢架子母车系统等。

2.1.4.5 自动化立体仓库的组成

自动化高层货架仓库主要由高层货架、巷道堆垛起重机、装卸堆垛机器人、电气与电子设备等部分构成，具体如图 2－4 所示。

1）高层货架

高层货架是立体仓库的主要构筑物。货架的高度是自动化立体仓库的主要参数，直接决定了仓库的运营成本。高层货架仓库的主要特征是货架密度大，高度较高，长度较长，列数较多，巷道较窄。典型的高层货架仓库的高度多为 10～30 m，少数会超过 30 m，最高达 40 m，日本一些小型立体仓库的高度也有在 20 m 以下的。按照高度可将仓库分为低层立体仓库（<5 m）、中层立体仓库（5～10 m）和高层立体仓库（≥15 m）。国内现有高层货架的高度多为 10～20 m，一般认为这一高度是比较经济的。

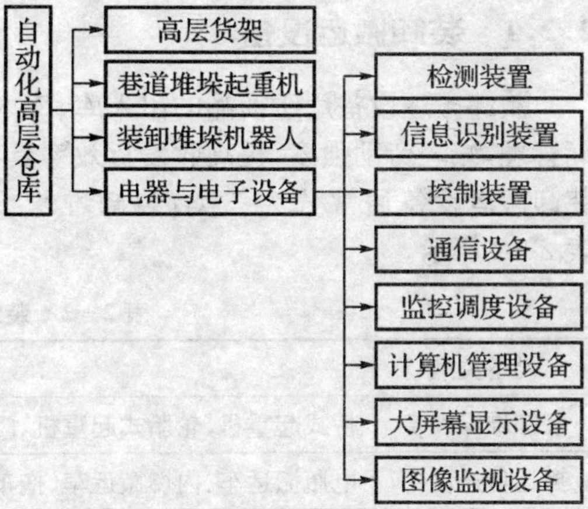

图 2－4　自动化高层货架仓库的构成

2）巷道堆垛起重机

巷道式堆垛机是立体仓库中最重要的运输设备。它是随着立体仓库的出现而发展起来的专用起重机，主要用途是在高层货架的巷道内来回穿梭运行，将位于巷道口的货物存入货格，或者相反，取出货格内的货物运送到巷道口。

3）装卸堆垛机器人

工业机器人是典型的机电一体化高科技产品，自从 20 世纪 50 年代美国制造第一台机器人以来，机器人技术及其产品发展很快，它对于提高生产自动化水平、劳动生产率和经济效益及保证产品质量、改善劳动条件等方面的作用日益显著。

4）电气与电子设备

自动化仓库中的电气与电子设备主要指检测装置、信息识别装置、控制装置、通信设备、监控调度设备、计算机管理设备以及大屏幕显示、图像日报社等设备。

此外，还有一些特殊要求的自动化仓库：比如，储存冷冻食品的立体仓库中，环境温度要进行检测和控制；储存感光材料的立体仓库，要使整个仓库内部完全黑暗，以免感光材料失效而造成产品报废；储存某些药品的立体仓库，对仓库的温度、气压等均有一定要求，因此，需要特殊处理。

2.2　仓库设备的种类

仓储设备是指仓储业务所需的所有技术装置与机具，即仓库进行生产作业或辅助生产作业以及保证仓库及作业安全所必需的各种机械设备的总称。仓储设备是完成货物进库、出库和储存的设备。仓储设备的配置与运用直接关系到仓库建设成本和运营费用，更关系到仓库的生产效率和效益。根据设备的主要用途和特征，可以分为装卸搬运设备、储存设备、计量设备、养护检验设备、通风设备、保暖设备、苫垫用品、照明设备、消防安全设备及劳动防护设备等。

2.2.1 装卸搬运设备

装卸搬运设备用于商品的出入库、库内堆码以及翻垛作业。这类设备对改进仓储管理，减轻劳动强度，提高收发货效率具有重要作用。目前，我国仓库中所使用的装卸搬运设备通常分为三类：装卸堆垛设备、搬运传送设备和成组搬运设备，如表 2-2 所示。

表 2-2 装卸搬运设备

设备类型	种 类
装卸堆垛设备	桥式起重机、轮胎式起重机、门式起重机、叉车、堆垛机、滑车、跳板及滑板等
搬运传送设备	电瓶搬运车、内燃搬运车、拖车、汽车、皮带输送机、电梯、手推车等
成组搬运设备	托盘、网络等

2.2.2 储存设备

仓库的储存设备是用来存放各种物品的容器和设备，它包括各种货架、料仓、料槽、储罐等。根据物品的物理化学性质和形态的不同，储存设备一般分为三类：

(1) 保管一般物品的存储设备。适用于存放各种金属材料、机械零件、配件、工具等的各种货架。

(2) 保管块粒状和散装物品的存储设备。适用存放散装原料、散装螺丝，铆钉等的各种料仓、料斗等。

(3) 保管可燃、易燃液体材料及腐蚀性液体的存储设备。适用存放汽油、柴油、润滑油，各种酸、碱、液体化工产品等的各种形式的瓶、桶、储罐。

2.2.3 计量设备

计量设备用于商品进出时的计量、点数以及存货期间的盘点、检查等，如地磅、轨道衡、电子秤、电子计数器、流量仪、皮带秤、天平仪以及比较原始的磅秤、卷尺等。随着仓储管理现代化水平的提高，现代化的自动计量设备将会更多地得到应用。

2.2.4 养护检验设备

养护检验设备，是指商品进入仓库时验收和在库内保管测试、化验以及防止商品变质、失效的器具，如温度仪、测潮仪、吸潮器、烘干箱、空调器、商品质量化验器等。

2.2.5 通风、保暖、苫垫、照明设备

通风设施是使库内空气清洁，防止高温和不良气体影响的设施。根据通风的方

式，可采用自然通风和人工通风两种：自然通风靠库内外温湿度的差异来实现空气交换，如利用库房墙壁的空隙、库门和库窗来实现；人工通风需利用专门通风装置，强迫库内外进行空气交换。

根据货物储存要求和当地气温条件，仓库内可设置取暖设备，一般有汽暖和水暖两种。

苫垫用品，起遮挡雨水和隔潮、通风等作用。包括苫布（油布、塑料布等）、苫席、枕木、石条等。苫布、苫席用在露天堆场。

为便于库房内作业以及夜间作业，仓库应设置照明设备。一般有天然照明和人工照明两种。

2.2.6　消防安全设备

消防安全设备是仓库必不可少的设备，包括报警器、消防车、手动抽水机、水枪、消防水源、砂土箱、消防云梯等。

2.2.7　劳动防护设备

劳动防护设备是指用于确保仓库职工在作业中的人身安全的一些防护用具和用品。

2.3　货架

根据国家标准《物流术语 Logistics terms GB/T 18354 - 2006》，货架是指用立柱、隔板或横梁组成的立体储存物品的设施。货架在发零业务量大的仓库中起着很大的作用，既能有效保护货物，方便货物的存取与进出业务，又能扩大和延伸仓储面积、提高仓库空间的利用率。

2.3.1　货架的分类

2.3.1.1　按货架的发展分

(1) 传统式货架。它包括：层架、层格式货架、抽屉式货架、橱柜式货架、u 型架、悬臂架、栅架、鞍架、气罐钢筒架、轮胎专用货架等。

(2) 新型货架。它包括：旋转式货架、移动式货架、装配式货架、调节式货架、托盘货架、进车式货架、高层货架、阁楼式货架、重力式货架、屏挂式货架。

2.3.1.2　按货架的制造材料分

(1) 钢货架；

(2) 钢筋混凝土货架；

(3) 钢与钢筋混凝土混合式货架；

(4) 木制货架；

(5) 钢木合制货架等。

2.3.1.3 按货架的封闭程度分

(1) 敞开式货架；

(2) 半封闭式货架；

(3) 封闭式货架等。

2.3.1.4 按结构特点分

(1) 层架；

(2) 层格架；

(3) 橱架；

(4) 抽屉架；

(5) 悬臂架；

(6) 三角架；

(7) 栅型架等。

2.3.1.5 按货架的可动性分

(1) 固定式货架；

(2) 移动式货架；

(3) 旋转式货架；

(4) 组合货架；

(5) 可调式货架；

(6) 流动储存货架等。

2.3.1.6 按货架结构分

(1) 整体结构式货架:货架直接支撑仓库屋顶和围棚；

(2) 分体结构式货架:货架与建筑物分为两个独立系统。

2.3.1.7 按货架的载货方式分

(1) 悬臂式货架；

(2) 橱柜式货架；

(3) 棚板式货架。

2.3.1.8 按货架的构造分

(1) 组合可拆卸式货架；

(2) 固定式货架。其中又分为单元式货架、一般式货架、流动式货架、贯通式货架等。

2.3.1.9　按货架高度分

(1) 低层货架:高度在5 m以下;

(2) 中层货架:高度在5～15 m;

(3) 高层货架:高度在15 m以上。

2.3.1.10　按货架载重量分类

(1) 重型货架:每层货架载重量在500 kg以上;

(2) 中型货架:每层货架载重量在150～500 kg;

(3) 轻型货架:每层货架载重量在150 kg以下。

2.3.2　常用货架介绍

2.3.2.1　层架

1) 结构

层架由立柱、横梁、层板构成,层间用于存放货物,见图2-5。

层架的应用非常广泛,如果按层架存放货物的重量及分类,层架可以分为重型和轻型;按其结构特点分类,层架有层格式,抽屉式等类型。

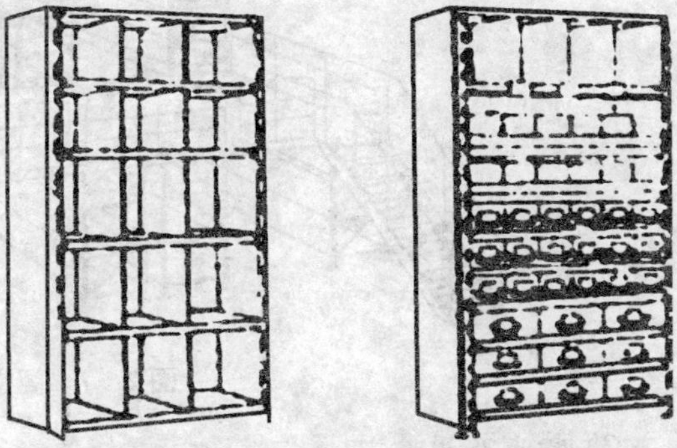

图2-5　层格式货架

一般轻型层架主要适合人工存取作业,其规格尺寸及承载能力都与人工搬运能力相适应,高度通常在2.4 m以下,厚度在0.5 m以下;而中型和重型的货架尺寸则较大,高度可达4.5 m,厚度达1.2 m,宽3 m以上。一些层架具有特殊的保管功能,如加密锁、冷藏、恒温等。

2) 特点及用途

层架结构简单,适用性强,有利于提高空间利用率,方便作业的存取,是人工作业仓库主要存储设备。

层格式货架,主要用于存放规格复杂多样,必须互相隔开的物品。抽屉式货架,主要用于存放比较贵重或怕尘土,怕湿的小件物品。

2.3.2.2　托盘货架

1) 结构

托盘货架专门用于存放堆码在托盘上的货物。其基本形态与层架类似,但承载能力和每层空间适于存放整托盘货物。目前多采用杆件组合,不仅拆迁容易,层间距还可依码货高度调整。通常总高度在 6 m 以下，架底撑脚需要装叉车防撞装置，见图 2-6。

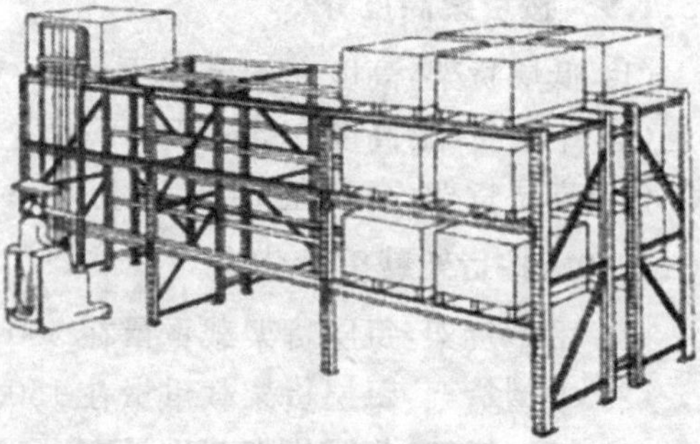

图 2-6　托盘货架

2）特点及用途

托盘货架结构简单，可调整组合，安装简易，费用经济；出入库不受先后顺序的限制；储物型态为托盘装载货物，配合升降式叉车存取。

2.3.2.3　阁楼式货架

1）结构

阁楼式货架是将储存空间做上、下两层规划，利用钢架和楼板将空间间隙隔为两层，下层货架结构支撑上层楼板，见图 2-7。

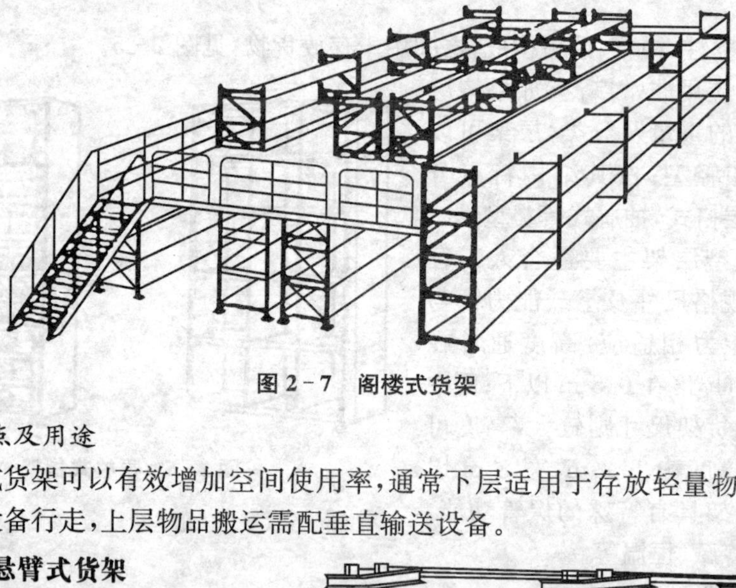

图 2-7　阁楼式货架

2）特点及用途

阁楼式货架可以有效增加空间使用率，通常下层适用于存放轻量物品，不适合重型搬运设备行走，上层物品搬运需配垂直输送设备。

2.3.2.4　悬臂式货架

1）结构

悬臂式货架是在立柱上装设杆臂构成的，悬臂常用金属材料制造，其尺寸一般根据所存放物料尺寸的大小确定。为防止物料损伤，常在悬臂上加垫木质衬垫或橡胶带以起保护作用，见图 2-8。

图 2-8　悬臂式货架

2）特点及用途

悬臂架为开放式货架，不太便于机械化作业，需配合跨距较宽的设备。一般高度6 m以下，空间利用率较低，约35%～50%。

2.3.2.5　移动式货架

1）结构

移动式货架底部装有滚轮，通过开启控制装置，滚轮可沿道轨滑动。货架结构可以设计成普通层架，也可以设计成托盘货架。控制装置附加有变频控制功能，用来控制驱动、停止时的速度，以维持货架的货物稳定，用时还设有确定位置的光电感测器及刹车电机，以提高启动或停止时的稳定度和精确度，见图2-9。

2）特点及用途

移动式货架平时密集相接排列，存取货物时通过手动或电力驱动装置使货架沿轨道水平移动，形成通道，可以大幅度减少通道面积，地面使用率可达80%。而且可直接存放每一项货物，不受先进先出的限制。但相对来说机电装置较多，建造成本较高，维护也比较困难。

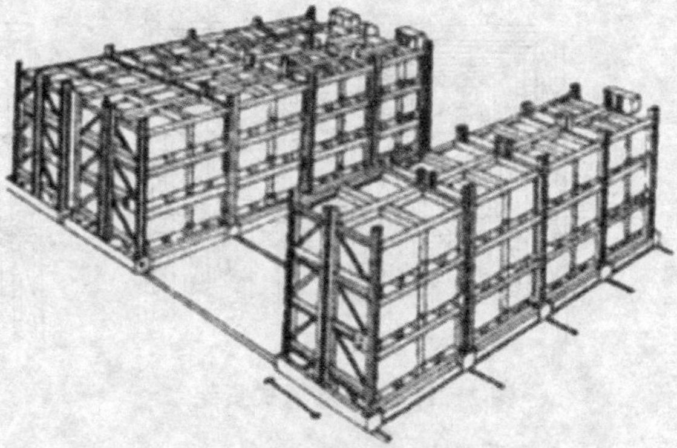

图2-9　移动式货架

2.3.2.6　重力式货架

1）结构

重力式货架的基本结构与普通层架类似，不同的是其层间间隔由重力滚轮组成滚筒输送装置组成，并且与水平面成一定的倾斜角度，低端作为出货端，而高端作为入货端。这样托盘或箱装货物便会由重力作用自动向低端滑移，还可以在滚轮下埋设充气软管控制倾斜角度，以调整货物滑移的速度，见图2-10。

2）特点及用途

重力式货架通常成密集型配制，能够大规模密集存放货物，减少了通道数量，可有效节约仓库面积；

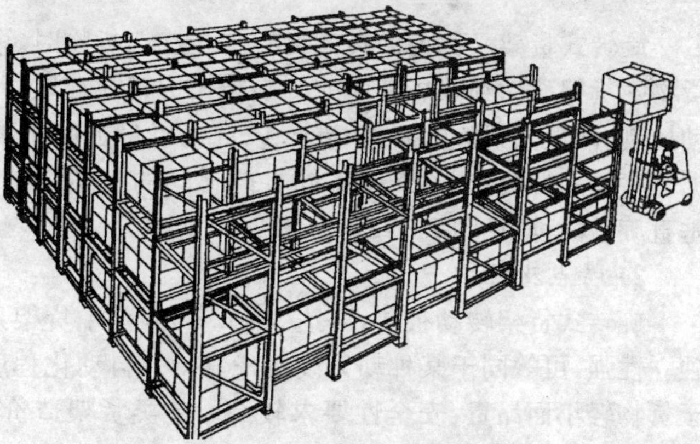

图2-10　重力式货架

重力式货架能保证先进先出，并且方便拣货，作为分拣式货架普遍应用于配送中心作业中；重力式货架其拣货端与入货端分离，能提高作业效率和作业的安全性；重力式货架还可以根据需要设计成适合托盘、纸箱、单件货物储存的结构和形式。

2.3.2.7 驶入、驶出式货架

1）结构

驶入、驶出式货架单用钢质结构，钢柱上有向外伸出的水平的突出构件或悬轨，叉车将托盘送入，由货架两边的悬轨托住托盘及货物。货架上无货时可方便叉车及人出入。驶入式货架只有一端可以出入，驶出式货架则两端均可出入，见图 2－11(a)，图 2－11(b)。

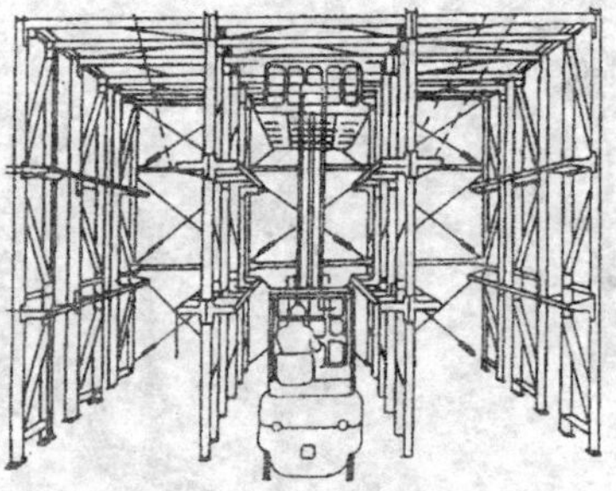

图 2－11(a) 驶入式货架

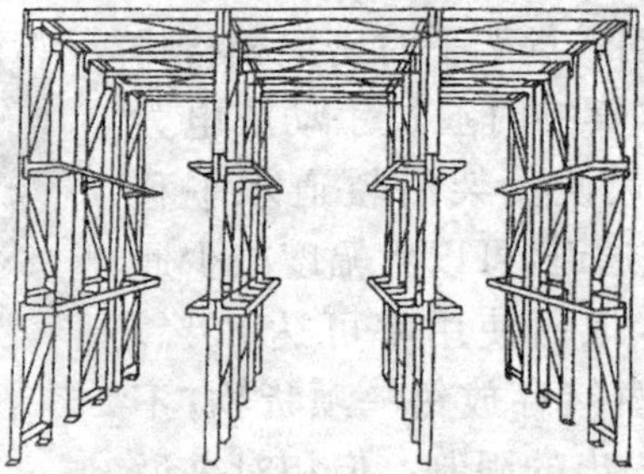

图 2－11(b) 驶出式货架

2）特点及用途

驶入/驶出式货架属高密度配置，高度可达 10 m，库容利用率可以高达 90%以上，适用于大批量少品种配送中心使用。但不太适合太长或太重物品。驶入式货架存取货时受先后顺序的限制。

2.3.2.8 旋转式货架

1）结构

旋转式货架又称为回转式货架。在拣选货物时，取货者不动，通过货架的回转，货物随货架移动到取货者面前。旋转式货架在存取货物时，可以通过计算机进行自动控制，即根据下达的货格指令，该货格以最近的距离自动旋转至拣货点停止。依据储存物品的要求，可采用不同方向移动的货架联结组成，一般可分为水平旋转和垂直旋转两种，见图 2－12(a)，图 2－12(b)。

2）特点及用途

旋转式货架转动很快，可达 30 m/min，单个货架系统规模较小，单体自动控制，独立性强，可等同于某种动力设备来看待。自动化程度要求较高，密封性要求高，适于货物轻小而昂贵、安全性要求较高。此类货架造价较高，主要用于存放贵重物品如刀具等的场所。

图2-12(a)　水平旋转货架

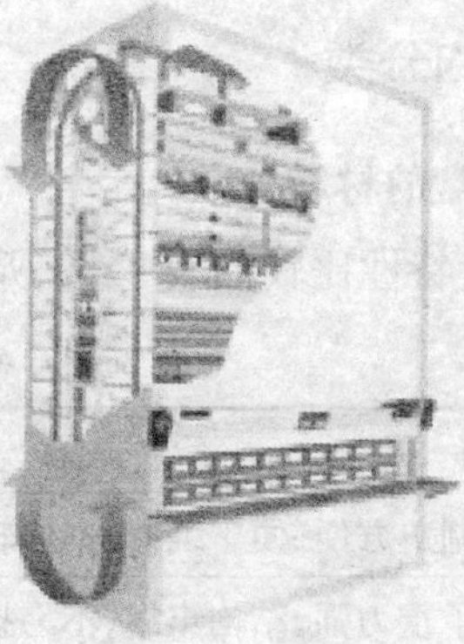

图2-12(b)　垂直旋转货架

2.3.2.9　后推式货架

1）结构

后推式货架由托盘式货架演变而成，是利用货物本身的重量和叉车的推力，将原有货物由前方往储道内部后推，产生新空间以放置新货物；取货时从前方进行，由于货架滑轨向前方倾斜，所以后方的货物自动滑向前方，以待拣取，见图2-13。

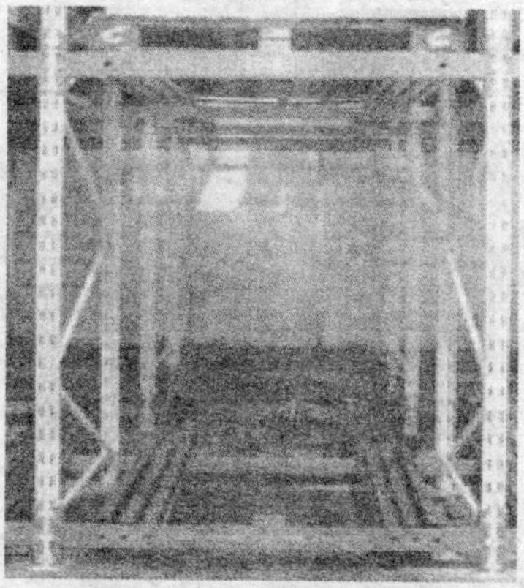

图2-13　后推式货架

2）特点及用途

与一般托盘货架相比，后推式货架可节省近1/3的空间，空间利用率很高，但造价较高，存取性差，无法实现先进先出的管理，适用于大批量少品种的货物存储。

2.4　托盘

托盘是一种便于机械化装卸、搬运和堆存的集装单元工具，是用来放置货物和制品的水平平台装置。这种台面有供叉车从下部叉入并将台板托起的叉入口。以这种结构为基本结构的台板和在这种基本结构基础上形成的各种集装器具都统称为托盘。以托盘作为仓储货物集装单元化的装载工具，可始终用机械装备如叉车等来装卸、搬运、保管货物。在这几个物流环节中，同一托盘连续使用，不需更换，从而大大提高了物流生产效率。

2.4.1 托盘的分类

2.4.1.1 按托盘的材料分

具体分类及特性比较如表 2－3 所示。

表 2－3　各类材料的托盘比较

种　类	优　点	缺　点
木托盘	制造方便、便于维修、本体轻、使用广	有节疤
金属托盘	承重力强、结构牢靠、不易损坏	自重大、易锈蚀
塑料托盘	质轻、平稳、整体性好、不腐烂、可回收、使用寿命长	承重力差
纸托盘	无虫害、环保、价格低、承重力较强	易受潮、变形
胶合托盘	质量轻	承重力差、耐久性差
复合材料托盘	良好的防潮、防腐性能	自重较大、连接件强度不高

2.4.1.2 按托盘的结构分

1）平托盘

平托盘没有上层结构，用途广泛，品种较多。按叉车货叉的插入口可分为两向进叉托盘和四向进叉托盘。按使用面可分为单面托盘和双面托盘。各种平托盘的特征如图 2－14 所示。

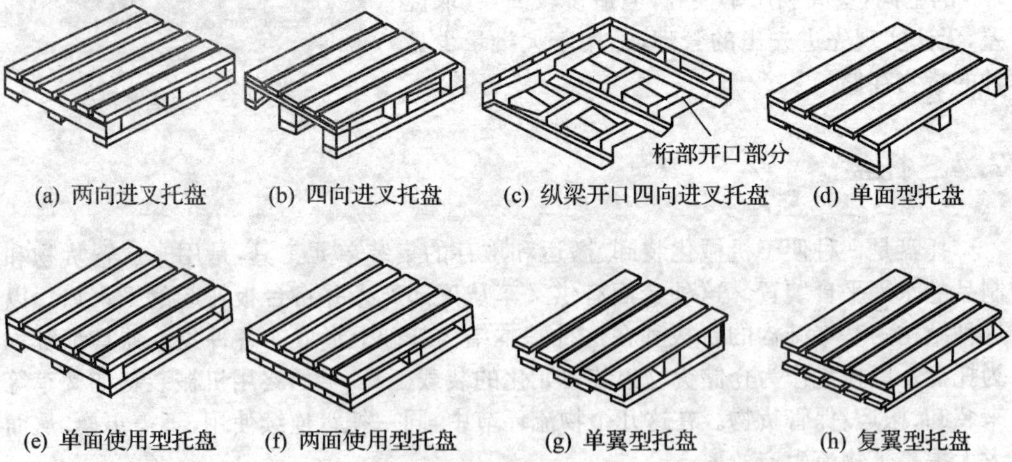

(a) 两向进叉托盘　(b) 四向进叉托盘　(c) 纵梁开口四向进叉托盘　(d) 单面型托盘

(e) 单面使用型托盘　(f) 两面使用型托盘　(g) 单翼型托盘　(h) 复翼型托盘

图 2－14　平托盘

2）柱式托盘

柱式托盘是在平托盘的四个角安装四根立柱后形成的，立柱可以是固定的，也可以是拆卸的。柱式托盘多用于包装件、桶装货物、棒料和管材等的集装，还可以作为可移动的货架、货位。该托盘因立柱的顶部装有定位装置，所以堆码容易，堆码的质量也能得到保证；而且多层堆码时，因上部托盘的载荷通过立柱传递，下层托盘货物可不受上层托盘货物的挤压，如图 2-15 所示。

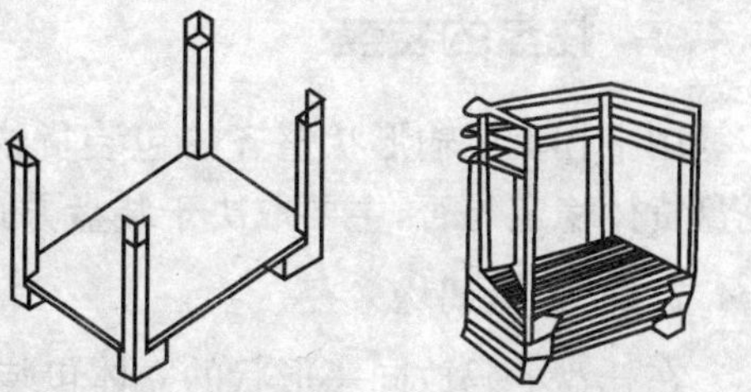

(a) 固定柱式托盘　　(b) 可套叠柱式托盘

图 2-15　柱式托盘

3）箱式托盘

箱式托盘是在平托盘基础上发展起来的，多用于装载一些不易包装或形状不规则的散件或散状货物，也可以装载蔬菜、瓜果等农副产品，金属箱式托盘还用于热加工车间集装热料。这种托盘的下部可叉装，上部可吊装，可使用托盘搬运车、叉车、起重机等作业；并可进行码垛，码垛时可相互堆叠四层；空箱可折叠，见图 2-16。

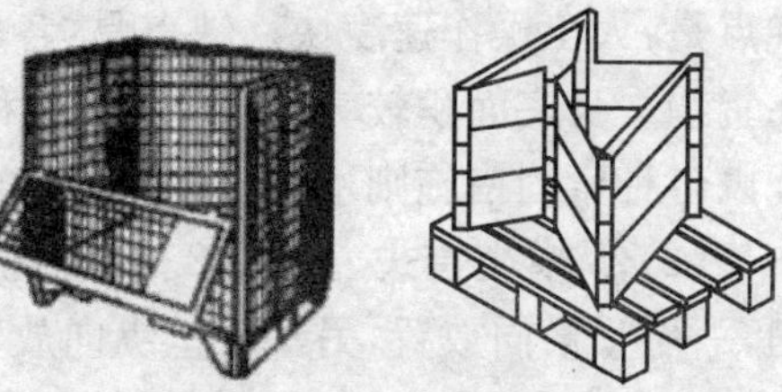

图 2-16　箱式托盘

4）轮式托盘

轮式托盘是在平托盘、柱式托盘或箱式托盘的底部装上脚轮而成，既便于机械化搬运，又宜于短距离的人力移动。适用于企业工序间的物料搬运；也可在工厂或配送中心装上货物运到商店，直接作为商品货架的一部分，见图 2-17。

5）专用托盘

专用托盘是一种集装特定货物（或工件）的储运工具。它和通用托盘的区别在于它具有适合特定货物（或工件）的支承结构。如图 2-18 所示的用于长件物品的储运托盘。

图 2-17　轮式托盘

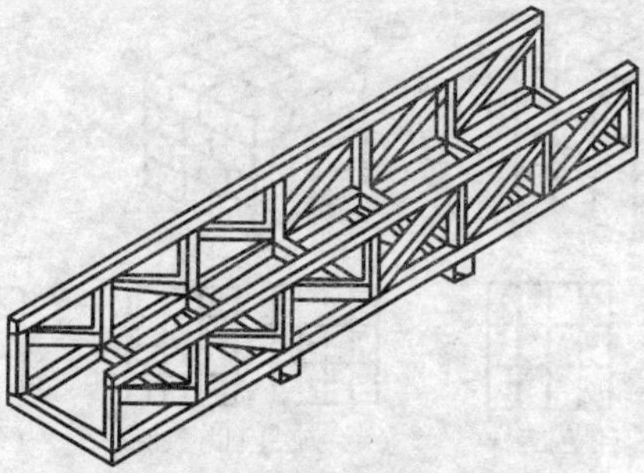

图 2-18　长件货物的储运托盘

2.4.2 托盘的装盘

用平托盘运输形状整齐的包装货物，装盘是一项重要的操作，整个物流过程的托盘货体稳定与否，主要取决于装盘方式和稳固方式。

2.4.2.1 装盘码垛

在托盘上码放同一形状的立体包装货物，可以采用多种交错咬合的办法进行码放，以保证托盘货垛有足够的稳定性；码放良好的托盘货垛，甚至可以不再需要其他方式的加固。货物在托盘上码放的方式有很多，其中主要有 4 种码放方式：

(1) 重叠式。如图 2－19(a)所示，即各层码放方式相同，上下对应。这种方式的优点是：人工操作速度快。缺点是：各层之间缺少咬合，稳定性较差，容易发生塌垛。在货物本身底面积较大时，可采用这种方式进行码放。一般情况下，重叠式码放再配以各种紧固措施则不但能保持货垛的稳固，而且还可以发挥其高效省力的优点。

(2) 纵横交错式。如图 2－19(b)所示，即相邻两层货物的码放方向相互交错 90°角，一层呈横向放置，另一层呈纵向放置。一般是装完一层之后，利用转向器将托盘旋转 90°角再装另一层。这样码放的各层之间有一定的咬合效果，但咬合强度不高。这种码放的装盒作业过程也较简单，如果配以托盘转向器，则工人只需用同一装盘动作便可实现纵横交错的效果，劳动强度和重叠式相似。

重叠式和纵横交错式都适合采用自动装盘机进行装盘操作。

(3) 正反交错式。如图 2－19(c)所示，即在同一层中，不同列的货物相互垂直，而相临两层的货物码放形式则相互交错 180°。这种方式类似于建房砌砖的方式，不同层之间的咬合强度较高。其缺陷是：操作较为麻烦。

(4) 旋转交错式。如图 2－19(d)所示，即第一层相邻的两个包装体都互为 90°角，两层间的码放又相差 180°角，这样相邻两层之间相互咬合交叉，托盘货体稳定性较高，不易塌垛。其缺点是：码放难度较大，且中间形成孔穴，会降低托盘的装载能力。

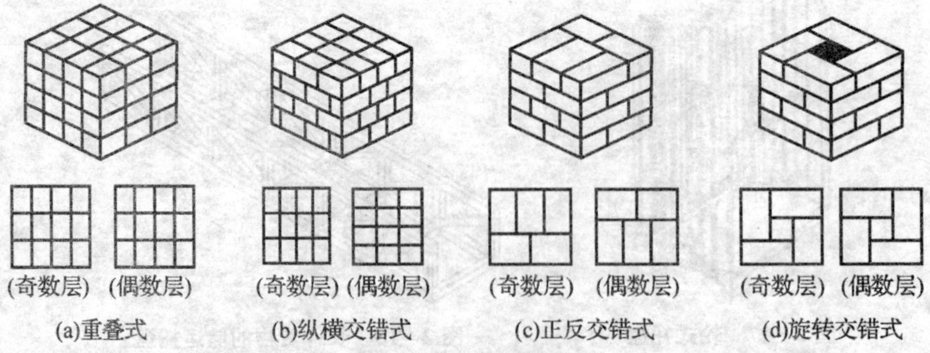

图 2－19 托盘码放的方式

2.4.2.2 托盘的塌垛

托盘塌垛是物流管理中要重点防范的问题。一旦出现塌垛，不但会造成货损，而且破坏了物流过程的贯通性，阻缓了物流速度，降低了物流效率。

发生塌垛危险的主要原因有两个，一是运输工具、运输线路及路况意外事故等外部原因，二是码放不当的内部原因。比较而言，在不发生特殊运输事故情况下，码垛问题是发生塌垛的重要因素。另外，包装表面的材质也起一定的作用，表面摩擦力大的包装物则较不易发生塌垛。

在物流过程中的塌垛大体有4种情形：货体倾斜；货体整体移位；货体部分错位外移，部分落下；全面塌垛。

2.4.2.3 托盘货体的紧固

托盘货体的紧固是保证货体稳固性、防止塌垛的重要手段。托盘货体紧固方法有如下若干种：

(1) 捆扎。用绳索、打包带等对托盘货体进行捆扎以保证货体的稳固，捆扎方式有水平捆扎、垂直捆扎等方式。

(2) 网罩。用网络罩盖托盘货体起到紧固作用。这种方法多用于航空托盘。

(3) 框架。用框架包围整个托盘货体再用打包带或绳索捆紧以起到稳固作用。

(4) 中间夹摩擦材料。将摩擦系数大的片状材料，如麻包片、纸板、泡沫塑料等夹入货物层间，起到加大摩擦力、防止层间滑动的作用。

(5) 专用金属具。对某些托盘货物，最上部如可伸入金属夹卡，则可用专用夹卡将相邻的包装物卡住，以便每层货物通过金属夹卡形成一个整体，防止个别分离滑落。

(6) 粘合。在每层之间贴上双面胶条，可将两层通过胶条粘合在一起，这样便可防止在物流中，托盘上货物从层间发生滑落。

(7) 胶带粘扎。托盘货体用单面不干胶包装带粘捆，即使胶带部分损坏，由于全部贴于货物表面，也不会出现散捆。而绳索、包装带捆扎，一旦一处断裂，全部捆扎便失去作用。

(8) 平托盘周边垫高。将平托盘周边稍微垫高，托盘上放置的货物会向中心互相依靠，在物流中，发生摇动、振动时，可防止层间滑动错位，防止货垛外倾，因而也会起到稳固作用。

(9) 收缩薄膜。将热缩塑料薄膜置于托盘货体之上，然后进行热缩处理，塑料薄膜收缩后，便将托盘货体紧箍成一体。这种方法不但能起到固紧、防塌垛作用，而且因塑料薄膜具有不透水的特点，还可起到防水、防雨作用。这有利于克服托盘货体不能露天放置，需要仓库的缺点，可大大扩展托盘的应用领域。

(10) 拉伸薄膜。用拉伸塑料薄膜缠绕捆扎在货体上，外力撤除后，拉伸塑料薄膜收缩,固紧托盘货体。

2.4.3 托盘的标准化

托盘与搬运的产品、集装箱、货架、运输车辆的货台以及搬运设施等有直接关系,是实现装卸搬运、包装、运输和保管作业机械化,自动化的决定因素,没有托盘规格尺寸的统一和以托盘为基础的相关设施、设备、装置、工具等的系列化标准只能做到局部物流的合理化,难以达到整体物流的合理化。

目前,全世界主要的工业国家都有自己的标准托盘,但所用尺寸各国不同。每个国家都希望自己国内已普遍使用的规格成为国际标准,以便在国际经济交流中更为有利。国际标准组织无法统一,只能接受既成事实,做到相对统一。ISO 标准(ISO 6780)原来有 4 种托盘标准规格,即 1 200×800,1 200×1 000,1 219×1 016(48×40),1 140×1 140。2003 年 ISO 规格又通过了新方案,增加了 1 100×1 100 和 1 067×1 067(42×42)两种规格(单位均为 mm),变为 6 种标准规格。

中国联运通用平托盘主要尺寸及公差国家标准(GB/T 2934－1996)目前套用原 ISO 规定的 4 种并列的标准,即 1 200×800,1 200×1 000,1 219×1 016(48×40),1 140×1 140(单位均为 mm)。

考虑到托盘在将来使用的通用性,应该尽可能地选用这几种规格的托盘,以便于日后托盘的交换与使用。当然各行业由于长期以来形成了自己固有的包装尺寸,会对托盘的规格尺寸有一些不同的要求,但是从长远的角度看还是应该选择国标尺寸。

2.4.4 托盘的使用及管理

1) 托盘的使用

托盘的使用有两种方法。

(1) 托盘联运

托盘联运又称一贯托盘运输,其含义是将载货托盘货体,从发货人开始,通过装卸、运输、转运、保管、配送等物流环节,将托盘货体原封不动地送达收货人的一种"门到门"运输方法。

由于采用了托盘,物流过程中的各个环节可以以托盘货体整体作为处理对象,而不需逐个处理每件货物,这样就可大大减少人力装卸次数,节省劳务费用,防止事故及货损的发生,节省包装及包装费用,加快物流速度。

托盘联运是社会化的问题,很难在一个行业、一个部分或一个小地区自行解决,因此,要解决托盘联运问题,必须实行全社会统一的托盘技术标准和托盘管理制度。

实行联运的托盘有固定的尺寸标准和有限的种类,不是上述列举的所有托盘都进入联运领域,所以,实行托盘联运也就限制了托盘在专业领域和特殊场合的运用。非联运托盘必然有其应用领域和存在的优势。

联运用托盘都采用平托盘，以便于叉车、货架、仓库的标准化。

(2) 托盘专用

各产业领域，各流通领域，各工厂、车间、仓库内部都有提高工效、追求物流合理化的问题。因此，托盘专用也是拓宽托盘使用领域不可忽视的手段。

托盘专用即是按某一领域的要求，在这一领域的各个环节，采用专用托盘作为贯通一气的手段。实际上，这是一个小领域的托盘联运。

托盘专用可按这一领域的特殊性选择和设计效率最高的专运托盘，而无需照顾社会物流标准化的要求，因而托盘的选择更合理，在这一领域中有别的领域无法比拟的技术经济效果。

在较大的托盘自用领域也可参照托盘联运的管理方式，组织托盘交换，以在这一领域中用尽可能少的托盘数量解决问题。

平板玻璃专用托盘的物流是典型例子。平板玻璃产量很大，也有较广阔的流通领域，但是这种产品不可能利用通用联运平托盘，其他形式的托盘也很难采用，平板玻璃专用托盘解决了其他种类不能解决的立装、紧固等问题，形成了这一领域的“门到门”的贯通运输。

但是，专用托盘的流通，有时要配以专用机具、设施，这样会降低这些机具设施的使用效率，限制了它的发展，这是专用托盘的缺点。

在工厂物流系统中，为配合流水线作业，专用托盘使用领域也很广泛。如汽车工厂的零部件专用托盘，其流程是托盘装入零部件后，进入立体仓库保管，按装配计划，从立体仓库取出托盘进入装配流水线，内置的零件在一定装配位置装配完后，空盘再回送至供应部门，如此往复使用。

2) 托盘的管理和联营体系

托盘在联运系统中的管理和集装箱有很大的不同，主要在于联运托盘种类少，尺寸及材料大体相同，托盘价格相差不大，因此，不需像集装箱那样严格计划返运，不需像集装箱那样有明确的不可变的归属。基于这个特点，托盘可只保留一个数量的归属权，具体托盘则可在联营系统中广泛进行交换，而不强调个别托盘的归属和返盘。

联营共用托盘有以下几种方式。

(1) 对口交流方式

有关单位之间签订协议，各单位所属托盘可在若干有关单位之间运营，共同承担接收、回送等义务，到一定时期清算。

(2) 即时交换方式

以运输承担人和发货人为双方。当发货人发出一批托盘后，运输承担人则给予发货人同等批量托盘。这种方式在趋近一体化的欧洲采用颇为广泛。

(3) 租赁方式

托盘由托盘公司所拥有，托盘公司在各地设营业点，货主自己不备托盘，使用时从附近租赁公司租用，接货后空盘就近归还租赁公司，托盘公司拥有全部托盘并调配、维修、更新托盘。这是一种社会化很强的托盘管理形式。

(4) 租赁交换并用方式

这种方式是运输当事人与货主之间采用交换方式，而与托盘公司之间采用租赁方式。

(5) 结算交换方式

这种方式是针对即时交换的缺点而制定的。即时交换方式容易出现现场空托盘数量不足的情 况，空托盘无法及时回收与返还，致使托盘货物滞留，而影响整个发送过程的进行。采用结算交换方式，托盘流动方式与即时交换方式程序相同，只是不需在现场交换托盘，通过传票处理，在规定的日期内返还即可。对不能按期返还的或造成丢失的要支付赔偿金。由于该方式对托盘回收、返还的责任范围等均有明确规定，因而较即时交换方式更有优越性。

2.5 叉车

叉车是车站、码头、仓库和货场广泛用来承担装卸、搬运、堆码作业的特种搬运车辆。叉车在企业的物流系统中扮演着非常重要的角色，是物料搬运设备中的主力军。特别是随着中国经济的快速发展，大部分企业的物料搬运已经脱离了原始的人工搬运，取而代之的是以叉车为主的机械化搬运。它不仅可以将货物叉起进行水平运输，还可以叉取货物进行垂直堆码，具有适用性强、机动灵活、效率高等优点。按照性能和功用分类，有平衡重式叉车、插腿式叉车、前移式叉车、侧面式叉车、集装箱式叉车、高货位拣选式叉车等。

1) 平衡重式叉车

平衡重式叉车的货叉位于叉车的前部，为了平衡货物重量产生的倾翻力矩，在叉车的后部装有平衡重，以保持叉车的稳定。平衡重式叉车主要用于室外作业，最大起重量达 40 t，是目前应用最广泛的叉车，占叉车总量的 80%左右。平衡重式叉车的外形如图 2-20 所示。

(a)

(b)

图 2-20 平衡重式叉车

2）插腿式叉车

插腿式叉车的两条腿向前伸出，支撑在很小的车轮上。支腿的高度很小，可同货叉一起插入货物底部，由货叉托起货物。货物的重心落到车辆的支撑平面内，因此稳定很好，不必再设平衡重。插腿式叉车一般由电动机驱动，蓄电池供电。它的作业特点是起重小、车速低、结构简单、外形小巧。适用于通道狭窄的仓库内作业，起重量一般在2 t以下，如图2－21所示。

图2－21　插腿式叉车

3）前移式叉车

前移式叉车的门架或者货叉架可以前后移动，其中门架前移式叉车是指作业时门架带动货叉前移，伸出到前轮之外取或放下货物，行走时货叉带货物收回，使货物中心在支撑面内，而货叉前移式叉车是指货架带动货叉前移至前轮之外进行作业，行走时叉架带动货叉缩回到支撑面内。

前移式叉车有两条前伸的支腿，支腿较高，支腿前端有两个轮子，支腿的作用是确保叉车在负载时的稳定性。与插腿式叉车比较，前轮较大，支腿较高，作业时支腿不能插入货物底部，而门架可以带着整个起升机构沿着支腿内侧的轨道移动，这样货叉叉取货物后稍微起升一个高度即可缩回，保证叉车运行时的稳定性。前移式叉车与插腿式叉车一样，都是货物的重心落到车辆的支撑平面内，因此稳定性好。其最大起重量为5 t，起重高度最大为3 m，最高速度为15 km/h，适用于车间、仓库内作业，如图2－22所示。

图2－22　前移式叉车

4）侧面式叉车

侧面式叉车的门架和货叉在车体的一侧，如图2－23所示。其作业的主要特点有两个：

图2－23　侧面式叉车

（1）在出入库作业的过程中，车体进入

通道,货叉面向货架或货垛,这样,在进行装卸作业时不必再转弯然后再作业,这个特点使侧面叉车适合于窄通道作业。

(2) 有利于装卸长尺寸条形货物,因为长尺寸货物与车体平行,不受通道宽度的限制。

侧面式叉车在室外工作时一般采用充气轮胎,室内工作一般采用实心轮胎。侧面叉车能以较快的速度搬运长件货物,最大起重量为 40 t,最大起升高度为 3 m,最高速度为 30 km/h。

5) 集装箱式叉车

集装箱式叉车专门用于集装箱的装卸搬运,也有正面式和侧面式两类。它的主要特点是可搬运较大重量的货物,如图 2-24 所示。

(a) 集装箱正面吊

(b) 五层空箱作业叉车

图 2-24 集装箱式叉车

6) 高货位拣选式叉车

高货位拣选式叉车的主要作用是高位拣货。操作台上的操作者可与装卸装置一起上下运动,并拣选存储在两侧货架内的货物,适用于多品种少量出库的特选式高层货架仓库。起伸高度一般为 4～6 m,最高可达 13 m,大大提高仓库空间的利用率,如图 2-25 所示。

图 2-25 高货位拣选式叉车

2.6 自动化分拣设备

随着社会生产力的提高,商品品种的日益丰富,在生产和流通领域中的物品分拣作业,已成为耗时、耗力、占地大、差错率高、管理复杂的物流作业。自动分拣系统具有能连续、大批量地分拣货物,分拣误差率极低,分拣作业基本实现无人化等特点,越来越多的配送中心、物流中心、仓储中心引进了自动化分拣设备,来提高工作效率和准确性。

2.6.1　自动分拣系统的组成

自动分拣系统一般由控制装置、分类装置、输送装置及分拣道口组成。

控制装置的作用是识别、接收和处理分拣信号，根据分拣信号的要求指示分类装置，按商品品种、商品送达地点或货主的类别对商品进行自动分类。这些分拣需求可以通过不同方式，如可通过条形码扫描、色码扫描、键盘输入、重量检测、语音识别、高度检测及形状识别等方式，输入到分拣控制系统中去，根据对这些分拣信号的判断，来决定某一种商品该进入哪一个分拣道口。

分类装置的作用是根据控制装置发出的分拣指示，当具有相同分拣信号的商品经过该装置时，该装置动作，改变商品在输送装置上的运行方向进入其他输送机或进入分拣道口。分类装置的种类很多，一般有推出式、浮出式、倾斜式和分支式几种，不同的装置对分拣货物的包装材料、包装重量、包装物底面的平滑程度等有不同的要求。

输送装置的主要组成部分是传送带或输送机，其主要作用是使待分拣商品鱼贯通过控制装置、分类装置，并输送至装置的两侧。输送装置一般要连接若干分拣道口，使分好类的商品滑下主输送机（或主传送带）以便进行后续作业。

分拣道口是已分拣商品脱离主输送机（或主传送带）进入集货区域的通道，一般由钢带、皮带、滚筒等组成滑道，使商品从主输送装置滑向集货站台，在那里由工作人员将该道口的所有商品集中后或是入库储存，或是组配装车并进行配送作业。

以上四部分装置通过计算机网络联结在一起，配合人工控制及相应的人工处理环节构成一个完整的自动分拣系统。

2.6.2　自动分拣系统的种类

自动分拣系统的分拣作业与传统的分拣系统有很大差别，可分为三大类：自动分拣机分拣、机器人分拣和自动分类输送机分拣。

2.6.2.1　自动分拣机分拣

自动分拣机一般称为盒装货物分拣机，如图 2 - 26 所示。这种分拣机有两排倾斜的用于放置盒状货物的货架，架上的货物用人工按品种、规格分别分列堆码，货架的下方是皮带输送机，根据集货容器上条码的扫描信息控制货架上每列货物的投放，投放的货物可直接装进集货容器，或将货物投放在皮带上后，再由皮带输送进入集货容器。自动分拣机分拣时，货物的拣选是并行的，分拣效率可达 2～5 件/s，皮带输送机的输送速度为 1 m/s；在皮带输送机的出口处，还有一个称量装置，检查每个集货容器的总重量是否与标准重量一致，以避免分拣错误的发生。

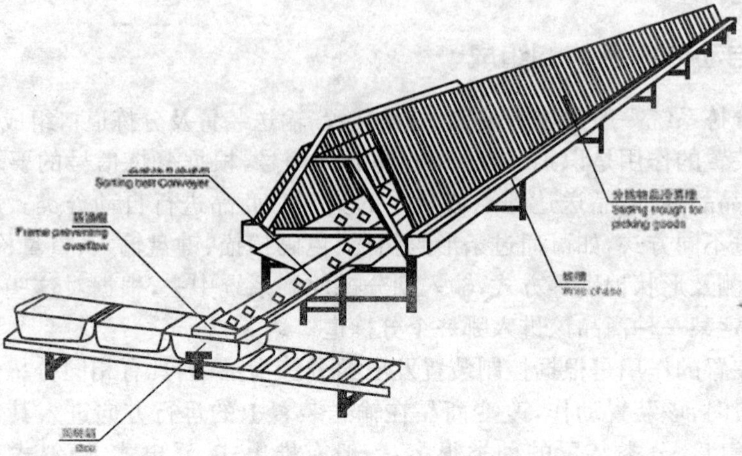

图 2-26　自动分拣机分拣

自动分拣机分拣时，货架投料口处皮带输送机的转动受计算机控制，当某投料口接到计算机出货要求后开始转动，通过皮带输送机附带的推杆，将货物推出。

2.6.2.2　机器人分拣

与自动分拣机分拣相比，机器人分拣具有很高的柔性。如果机器人分拣所需的拣选货物的储位和数量等信息是通过配送中心的计算机信息系统提供的，则货物的存放地点不能随意变动，活动货架也不能应用。为了保证机器人作业的效率，包装的样式要统一，尺寸误差也不能过大。但如果采用了 CCD（电子耦合器件），则机器人就可通过传感系统了解货物储位和包装的变化。控制系统向机器人发出指令，机器人就可自行变更预定的运动路线，系统可获得更大的灵活性。

2.6.2.3　自动分类输送机分拣

当供应商或货主通知配送中心按订单发货时，自动分类输送机在最短的时间内从庞大的存储系统中准确找到要出库的货物所在的位置，并按所需数量、品种、规格出库，如图 2-27 所示。

图 2-27　自动分类输送机分拣

2.6.3　自动分拣系统的分类装置

自动分拣系统的分类装置种类很多，下面重点介绍六种。

1）横向货物分类装置（图 2-28）

横向货物分类装置是由多条短平带式输送机并联组成的分类系统，输送机的运动方向与分类装置的运动方向垂直，每条短平带式机的驱动装置独立，可分别驱动，整套装置由牵引链拖动。整套装置的价格取决于该分拣装置的分拣效率要求。该装置对一般货物的分拣具有良好的适应性，但如果货物的重心较高、底面不平整，则对装置的正常运行会有相当大的影响。

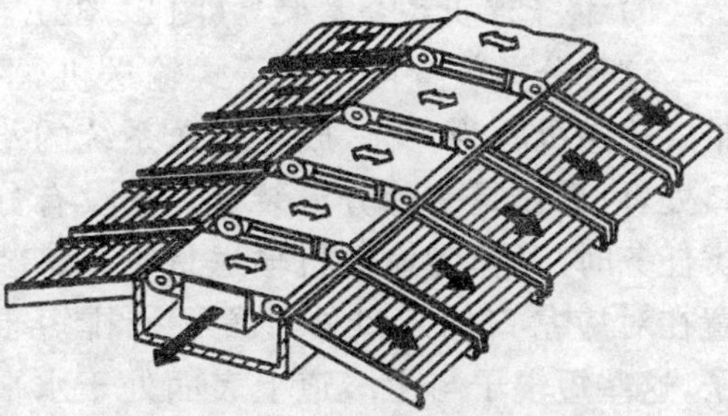

图 2-28 横向货物分类装置

2）*活动货盘分类装置*（图 2-29）

活动货盘分类装置由圆管或金属板条组成，每块板条或管子上都有一个活动的货物托盘作横向运动，当货物到达分类装置出口时，将货物分到指定的岔道实现分类。这种分类装置的分拣效率很高，但仅适于较轻、较小货物的分拣。

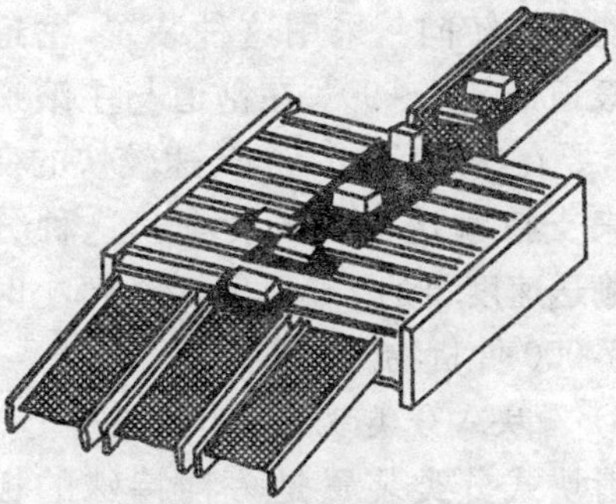

图 2-29 活动货盘分类装置

3）*翻盘式分类装置*（图 2-30）

翻盘式分类装置由牵引链牵引，翻盘到达指定的分岔道口时，向左或向右倾斜，被拣货物靠重力滑入分岔道口。这种分类装置的牵引链能在水平和垂直两个平面转向；工作时，被拣货物通过喂料输送机送入托盘，送入角度可以是斜角或直角，因此，翻盘式分类装置的布置十分灵活，或水平、或倾斜、或隔层布置，组成一个变化多样的空间分拣系统。此类装置的翻盘一般都做成马鞍形，因而对底面不平整的软包装货物有良好的适应性。

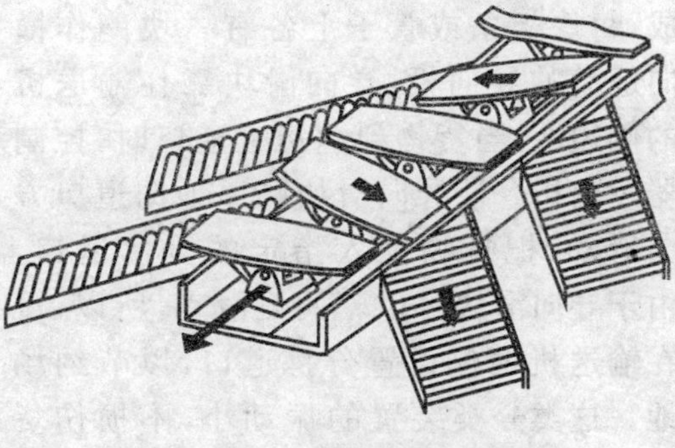

图 2-30 翻盘式分类装置

4）*直落式分类装置*（图 2-31）

和翻盘式分类装置一样，直落式分类装置也是通过牵引链驱动的。所输送的货物放在一些底部有活门的托盘上。当托盘到达预定位置后，由分拣系统发出信号，活门打开，货物落入指定的容器。采用这种装置不需要辅助作业，就能够很容易地实现分拣货物的集中。此类装置一般用于对扁平状的货物进行分类，如书籍和扁平包裹。

5) 辊子浮出式分类装置(图 2-32)

这种分类装置可与辊子式输送机、平带式输送机融为一体,放在输送系统的岔口处,可看作是一种分流装置。在没有分类任务时,可作为输送机输送货物。该装置在对应岔口的入口处设置了一排短辊子,这些短辊子与主滚道上表面处于水平位置,可通过气动元件向两侧摆动和浮出主滚道的上平面。这些短辊子通过表面上胶或是采用聚氨酯材料,增大摩擦力,从而带动货物转向。采用这种装置,岔道可与主滚道成 45°～90°,在岔道与主滚道成 90°时,要在岔道前加一个转速较快的变向辊子来支持输送货物的变向。这种分类装置输送速度可达 2～2.5 m/s,每小时可分流 7 000 件货物。

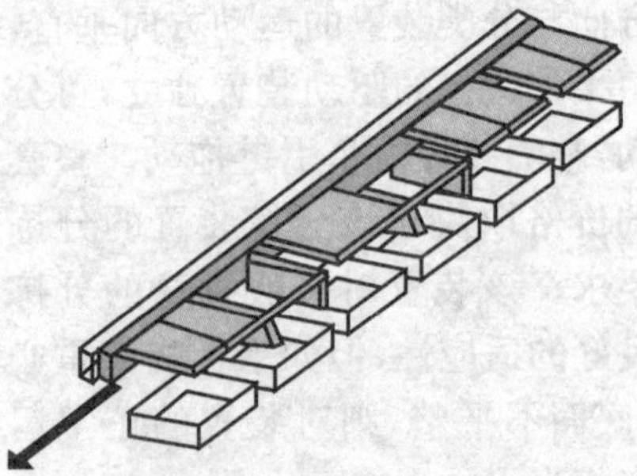

图 2-31　直落式分类装置

图 2-32　辊子浮出式分类装置

6) 滑块式分类装置(图 2-33)

滑块式分类装置是一种特殊的板式输送机,它通过货物分流来实现货物分类的目的。其板面由金属板或管子组成,每块板条或管子上各有一块能作横向运动的导向板,导向滑块靠在输送机的侧边上,当货物到达指定道口时,控制器发出指令使导向滑块顺序地向道口方向滑动,把货物推入指定的分岔道口。由于导向滑块可以朝两侧滑动,所以,可在输送机两侧设置分拣道口,以节约场地。这类分类装置的振动小,不损伤货物,适用于各种形状、体积的货物以及重量在 1～90 kg 之间的货物。这种分类装置的分拣能力可达每小时 12 000 件,准确率高达 99.9%。

图 2-33　滑块式分类装置

本章小结

仓储设备是指仓储业务所需的所有技术装置与机具，即仓库进行生产作业或辅助生产作业以及保证仓库及作业安全所必需的各种机械设备的总称，是完成货物进库、出库和储存的设备。仓储设备的配置与运用直接关系到仓库建设成本和运营费用，更关系到仓库的生产效率和效益。

本章首先介绍了仓库的概念和仓储设备的种类；接着介绍了货架的分类，常用货架的结构类型、特点及用途；然后介绍了托盘的分类，托盘的装盘知识，托盘的标准化，托盘的使用及管理；接着介绍了叉车的分类及常用叉车的特点；最后介绍了自动分拣系统的组成，自动分拣系统的种类和自动分拣系统的分类装置。

·案例分析·

海烟物流设施、设备的运用

2002 年，上海烟草集团、上海市糖业烟酒集团、上海捷强集团与上海市各区县烟草糖酒有限公司等 22 家企业，共同投资成立了上海海烟物流发展有限公司（以下简称“海烟物流”）。海烟物流以集约化经营为目标，整合了上海市烟草和糖酒业的优势资源，专注于烟草、酒类、食品、百货的分销与配送，通过建立采购中心、物流中心、商业信息中心、品牌营销中心，实现统一管理、统一经营、统一配送，逐步发展成为集现代物流、商品销售、信息服务为一体的供应链服务提供商。目前，海烟物流共有三大主营业务——食品百货批发、卷烟营销、物流配送。

海烟物流中心引进了国际先进水平的物流设备，实现了 WMS、ERP 系统的高度集成，做到了信息处理及时、配送流程优化、存取选拣自动化、物流管理智能化，可以面对多种连锁业态同时配送，并保证货物在上海市及沪宁杭地区 24 h 内送达，江浙其他地区 36 h 内送达，配送准确率接近 100%。

海烟物流中心包括两套不同的作业系统，分别担负成品烟的配送和食品百货的配送，作业区域也作了明确的划分。下面对卷烟物流所需主要设备与作业流程进行介绍。

一、卷烟物流设计目标

卷烟品种：300 种

设计最高储存托盘位：12 000 个（约 7.2 万大箱）

进货量：平均 95 万条/d(3 800 大箱)

年配送总量：市内 65 万大箱，市外 30 万大箱

日配送量：54 万条/d(2 160 大箱)

日配送客户：5 000 户/d

配送范围：对自有门店及所有社会大型客户，市区社会中型客户实行一级配送；市区社会小型客户及郊区中小型客户通过各区、县分中心分送。对上海地区（崇明县除外）的所有终端（门店）实行一级配送。

二、卷烟物流作业流程

海烟物流在头一天工作日的中午 12 点前接收客户订单，之后，ERP 系统查询库存、核对订单、进行订单匹配，再由 WMS 下达拣选任务，14 点开始拣选作业，22 点拣选结束，分拣过程同步装车，第二天早 7 点开始送货，绝大多数客户当日送达。

1）入库

卷烟厂将卷烟送到海烟物流中心后，操作人员用搬运车进入厢式货车将整托盘货物（一个托盘放 30 件烟）运出。由于沪产烟采用托盘运输，实现了与海烟物流中心的托盘共用，因此卸车效率很高，3 min 即可完成 300 件烟的卸车。

托盘货物经过人工整形后，由叉车送到高架库入库口（图 2－34）。入库前先要对托盘货物的外形尺寸、重量进行自动检测，符合条件者直接入库，不合格者则进入托盘货物整理输送线，位于整理台旁边的显示屏会指示出错原因，便于操作人员及时处理。

图 2－34　高架库入口

2）存储

30 m 高的高架库是目前国内最高的组合式立体货架系统，共分三大区域：卷烟存储区、非烟商品存储区（食品百货类）和非烟商品电子标签拣选区。其中，卷烟储存托盘货位 12 000 个，作为卷烟暂存区，在库时间 14 至 30 d，由 5 台堆垛机完成卷烟自动出入库作业（图 2－35）。

图 2－35　存储区

3）拣选

目前，海烟物流中心向包括 4 000 多家自有门店在内的 3 万家卷烟零售网点提供配送服务，平均每天出库卷烟 54 万多条，如此高的吞吐量要求是难以完全依靠人工操作来满足的。为提高效率，降低差错率，有必要采用自动化程度较高的拣选系统。

在对海烟物流中心出库的卷烟品种

数、出库频率以及配送订单结构进行了科学、细致的分析后，发现订单之间差异很大：某几个品种出库频率高，出库量很大，且对出库速度有很高要求；有些订单则是多品种、小批量的。针对这样的订单结构，系统集成商SWISSLOG推荐了4种不同的拣选系统，分别满足不同的需求。其中，整箱货物选取由机械手完成，大批量出库品种由SENZANI自动拣选系统处理，订单比较分散且数量小的品种由A-Frame高速拣选系统处理，其他品种使用电子标签拣选系统。运作实践证明，这4种不同的拣选形式相互配合、互为补充，达到了比较好的应用效果。

图2－36　开箱机

SENZANI自动拣选系统

上海市场对沪产烟需求的品牌集中度比较高，订单集中、出货量非常大的AA类卷烟约有十几个品种，适于采用SENZANI自动拣选系统。目前这套设备在国内外都是首次用于配送中心。

图2－37　储存柜

对应于大量高速自动拣选，SENZANI采用了自动拆箱方式（图2－36）、大容量储存柜（图2－37）或输送缓冲皮带。该系统共有3条主输送线，每条线有13个弹射器，可以处理13个品牌（图2－38）。系统根据订单要求，指挥弹射器将相应品牌、相应数量的烟条弹射出来，完成拣选。该系统拣选能力45 000条/h，年单班拣选能力44.78万大箱（每天以8 h、每年以311个工作日计算）。

图2－38　SENZANI自动拣选系统

这套系统采用了很多专利设计，以减少烟条的摩擦、撞击，避免烟条外包装划痕损伤。该系统的独特之处还在于，可以将订单先组合再分解，分解的目的是充分利用输送带的有效长度，因为系统拣选能力取决于输送带的运行速度和利用率，系统会让烟条在3条小道上的行走速度（每条小道对应一个订单)尽可能保持一致(图 2-39)。

按照订单拣选出来的烟条,经过输送线到达装箱区,以 5 条为单位自动装入周转箱,每个周转箱可以装 50 条烟。系统自动检查装箱的数量与订单是否相符,如果没有异常情况,系统自动在周转箱固定位置贴上条码和文字标签,内容包括客户、订单、产品及数量等信息,然后将箱子送到箱式分拣线。

图 2-39 订单分拣传送带

在 SENZANI 自动拣选系统运行的全过程中,设置了 3 种自动检查复核设施,只要系统检测到任一环节出现不正常情况,就给周转箱贴上不合格的条码,但是不合格的周转箱并不会导致整个系统停顿下来,而是与其他周转箱一起进入下一环节。只在最后审查环节,系统才会自动剔除不合格的周转箱,这样可以保证整个系统运行的连贯性和高效率。有了多种保障措施,所以烟条装箱以后不再需要重新复核即可出库。

另外,在订单分配时,WMS 会将少于 26 条的订单放在其他拣选区域处理,以充分利用 SENZANI 的能力,同时提高装箱率。

A-Frame 高速拣选系统

该系统适合订单多、批量小的卷烟拣选,年拣选能力 9 万大箱。共有 456 条道,最多可以同时处理 456 个品种香烟(图 2-40)。对出货量比较大的品种设置了 2 条甚至多条道存放同一品种烟条,扩大了工作面,使系统的灵活性更高,设备的利用率更为合理。

图 2-40 A-Frame 高速拣选系统

A-Frame 自动完成烟条拣选,但补货由工人完成。操作人员从近旁的流利货架上取货补充到 A-Frame 上。流利架上如显示缺货,补货人员就从缓存区或托盘货存放区域(图 2-41),取来相应品种整箱香烟,从流利架后面完成补货工作(图 2-42)。

图 2-41 托盘存放区

电子标签拣选系统

这是数字辅助人工拣选模式，主要用于非标卷烟拣选。周转箱沿输送线自动前进，在需要拣选的区域，周转箱被自动推出到位，操作人员先扫描周转箱上的条码，按照流利架上的显示灯与显示数量提示，取出相应的烟条放入周转箱，并按下“确认键”，即可进入下一品种烟条拣选(图2-43)。等到整个区域拣选结束，结束灯自动闪亮，提示操作人员将周转箱推入货架下面的输送线，周转箱就自动进入下一个拣选工位(图2-44)。再重复上述操作，直至整个订单拣选结束，周转箱进入输送线被分拣出库。

图2-42 流利架补货

图2-43 电子标签拣选区域Ⅰ

图2-44 电子标签拣选区域Ⅱ

电子标签拣选系统出口还设有称重检测装置。对周转箱装入烟条的数量进行自动核对(图2-45)。超过误差范围的周转箱会转由人工进行核对修改，以避免出现差错。

最终，上述3种拣选方式合格的周转箱由人工完成封箱，并加上一次性使用的锁扣(图2-46)，直至送到客户处都要保证锁扣的完整，这是确保订单处理正确率、保护客户利益的有效手段。

图2-45 称重检测装置

图2-46 一次性锁扣

机械手整箱拣选

海烟物流中心共有3台机械手，用于整箱货物拆垛及辅助拣选，并负责给其他子系统补货(图2-47)。

图2-47　机械手

值得一提的是，由于平均每天卷烟配送客户数量多达4 670家，地点也比较分散，一辆配送车可能要装运几百个订单的货物，必须通过配送路线的优化来提高配送效率。因此，WMS系统在收到客户订单时就要考虑到卷烟配送路线的优化处理，控制拣选系统的运行，使卷烟出货的顺序与配送路线相吻合。

4) 出库装车

封装好的周转箱被放入输送分拣线(图2-48)，运送到一楼出库指定区域，等待装车。由于卷烟配送采用规格统一的周转箱，条码粘贴位置也是基本固定的，标准化使得自动分拣系统高效运行得以实现(图2-49)。

图2-48　输送分拣线

图2-49　条码粘贴位置

为保证先送出的周转箱后装车，采用了深度达7 m的流利架用于卷烟出库前的周转箱暂存。流利架上的数字代表装车的先后次序(图2-50)。送货路线排程与装车顺序相符合，装车人员先扫描发货单上的条码，按照系统的指示确定哪些周转箱先装车。

卷烟配送采用自有车辆，共170辆。在与客户交接时，只需核对搬下来的箱数与发货单是否相符，而不必具体核对烟条的数量，所以大大加快了交接货的速度。

图2-50　标有装车次序的流利架

(案例来源：江宏. 先进高效的海烟物流中心. 物流技术与应用[J],2006(10))

案例思考题：

1. 海烟物流中心的卷烟物流采用了哪些物流设施与设备？
2. 电子标签拣选系统是如何运行的？

·复习思考题·

1. 说明5种常用货架的结构类型、特点及用途。
2. 托盘的堆码方式有哪些？
3. 托盘货体紧固有哪些方法？
4. 联营共用托盘有哪几种方式？
5. 列举3种主要叉车并说明其特点。
6. 自动分拣系统的组成有哪些？
7. 自动分拣系统有哪些种类？
8. 自动分拣系统有哪些分类装置？

·实训项目·

电子标签辅助分拣系统实训

技能目标

1. 掌握重力式货架的结构及其特点；
2. 熟悉电子标签分拣系统的结构和原理；
3. 能够利用电子标签系统熟练分拣货物。

项目任务

1. 根据实验室条件，制作10张或更多的订单；
2. 要求学生分别依据摘取式原理和播种式原理，对订单分别进行摘取式分拣和播种式分拣。

项目实施过程

1. 该实训以小组为单位，根据班级情况，每组5到10人，设1名组长；
2. 实训之前，每组同学需要掌握摘取式原理和播种式原理；
3. 摘取式分拣时以订单作为分拣处理单位；播种式分拣时，学生先将所有订单的内容按照品项进行汇总并集中取出，然后结合软件以品项作为分拣处理单位；

4. 每组详细记录订单内容和步骤数据；

5. 本项目时间安排：一般课时为 4 个学时。

项目实施结果评价

对学生实训项目实施结果给予评价，有利于激发学生的积极性，也可以通过评价找出项目实施过程中的不足和改进办法。有利于知识的掌握和总结。电子标签辅助分拣系统实训实施情况评价表，可以考虑以下几个因素：

电子标签辅助分拣系统实训实施情况评价表

被考评小组		考评组实训地点	
考评时间		考评地点	
考评内容	电子标签辅助分拣系统实训	标准分值	考评得分
考评标准	内　容		
	实训内容的真实性、准确性、全面性	25	
	实训过程中是否遵守纪律和礼仪是否符合要求	20	
	实训报告是否是真实的实训过程的结果	15	
	实训报告能正确的分析出实训的内容及其存在的问题	25	
	能够提出合理化建议	15	
合　计		100	

考评者：________

第3章　仓储经营管理

·教学目标·

1. 熟悉仓储经营管理的概念、意义，了解仓储经营计划和经营组织；
2. 掌握保管仓储、混藏仓储、消费仓储、仓库租赁经营、流通加工经营等仓储经营方法的特征；
3. 掌握运输中介、配载与配送、质押监管的基本内容；
4. 掌握仓储合同的定义、特征、当事人的权利和义务、主要条款；
5. 掌握仓单的功能及签发。

·导入案例·

某中转仓库的业务拓展

某地有一中转仓库是以仓储业务为主的中小型流通仓库。进入20世纪90年代后，该库领导已意识到若一直停留在传统储运业务上，早晚要被社会淘汰。为此，库领导积极探索新的业务领域，试图向现代化物流转化。早在1997年就成立了配送中心，此中心依靠原仓库已有的几辆运输车辆，以送货服务为主要内容，进行货物的配送。但收入并不理想，仓库面貌变化也不大。

进入21世纪后，该库进行了充分的调查研究，反复论证，分析了仓库所处的社会环境和经济环境，在此基础上，重新组建了物流配送中心，将原来仓库内部的汽车运输业务进行了剥离；依托仓库库存的大客户不占用仓库资产的有利条件，建立起运输信息系统；充分利用社会对配送业务的需求，做到运输车辆不空载，配送业务逐渐扩大，收到了良好的经济效益。例如该库原大客户“牡丹电视”占该库库房近

1 万 m^2 的面积，每月周转近 2 次，全国性配送业务量很大。但原来“牡丹电视”的配送业务是由另一家公司代理，该库只负责储存，在该库成立了新的配送中心以后，通过公关，迎合客户对配送要求高、同时又能满足降低客户成本的要求，取得了“牡丹电视”的配送业务权。他们提供了优质配送服务，使货物安全及时地到达目的地，受到客户的好评。同时他们还积极发展其他商品的配送，尤其是对一些技术含量与成本都很高的大件货物的配送。一般仓库都不愿意接受，而该配送中心克服困难，积极开展大件货物的配送，配送业务的收入逐渐成为该库收入的一大支柱。

（资料来源：商务培训网.[EB/OL]http://training.mofcom.gov.cn/jsp/sites/sitebaikes1.jsp?su_id=16015&bd_id=12000）

3.1 仓储经营管理概述

仓储经营管理是指在先进的管理理论的指导下，运用科学的方法，对仓储经营活动进行的计划、组织、指挥、协调、控制和监督，以降低仓储成本，提高仓储经营效益的活动过程。

3.1.1 仓储经营管理的意义

对于仓储经营者而言，仓储经营管理的过程是改变传统的经营理念，运用新技术，充分利用仓储资源，开发新的服务方式的过程。开展仓储经营管理具有重要意义。

(1) 搞好仓储经营管理能保证企业再生产活动的顺利进行。

(2) 搞好仓储经营管理，是提高仓储能力、加快资金周转、节约费用、降低成本、提高经济效益的有效途径。

(3) 仓储经营是物流发展的需要，可将仓储设施向社会开放，开展多样化经营，提高效益。

(4) 开展仓储经营管理可以加强企业基础工作，提高管理水平。

3.1.2 仓储经营计划

仓储经营管理工作的重要环节是制定仓储经营计划，即根据市场的需求和企业仓储经营能力确定经营目标，有计划、指挥、调节、控制企业各部门和各环节的活动，完成仓储经营任务，实现和提高仓储作业的经济效益。

仓储经营计划是仓储企业经营活动的总体安排，因此要在国家实现调控政策，市场调查、预测的基础上，结合企业的实际情况（如仓储结构、品种数量、仓储能力、组织结构等综合平衡）来制定仓储经营计划。

制定仓储经营计划需要具有超前创新的思想。了解社会发展的规律，合理预测社会对仓储产品消费需求的变化，根据消费的需求及时提供适应的产品。创新是企业生产得以高速发展的重要手段，是在市场竞争中取得优势的有力武器，仓储经营只有通过不断创新、不断满足和引导社会需要，才能使仓储企业得以蓬勃发展。

3.1.3 仓储经营组织

仓储经营组织是按照规定的经营目标和计划，将仓储作业人员与仓储作业手段科学的结合起来，完成仓储作业过程各环节的任务，为商品流通提供良好的仓储服务，实现仓储经营的高效益。

仓储经营组织的目标是实现仓储经营活动的“快进、快出、适度储存、多经营、保管好、费用省、收益高”。

“快进”是物资抵运到车站、码头、机场或仓库时，要以最快的速度完成物资的接运、验收和入库作业活动。“快出”是物资出库时，要及时迅速和高效地完成备料、复核、出库和交货清理等作业活动。快的目的是为了提高出入库的效率并减少意外的风险和损失。

“适度储存”是在库容合理规划的基础上，最大限度地利用有效的储存面积和空间，提高单位面积的储存量和面积利用率。但过高的仓容利用率有时会降低仓库货物的周转速度。

“多经营”是仓储采用多种经营方式提高企业的收益，如商品交易中介、运输中介、配送与配载、物流金融等。

“保管好”是按照物资性质要求和储存条件，合理安排储存货位与设备设施，采用经济、安全、高效的保管方法，保证提供优良的仓储服务水平，使其在保质期内质量完好，数量准确。

“费用省”是物资输入和输出以及保管的整个过程都要优化安排，在保证预定的服务水平的前提下，以最低的仓储成本取得最好的经济效益。

“收益高”是指要开展高附加值的仓储经营服务，对能带来丰厚利润的大客户要在服务上给予重点倾斜。

在仓储经营组织时，应综合考虑各方面的因素，并注意以下几个方面：一是保证仓储作业过程的平顺性；二是实现仓储作业过程的精细性；三是采取仓储经营方法的多样性；四是对人员和活动具有良好的激励和监督；五是具有良好的风险防范控制。

3.2 仓储经营方法

随着各企业购、销、存经营活动连续不断地进行，商品的仓储数量和仓储结构也在不断变化，为了保证商品的仓储趋向合理化，必须采用一些科学的方法，对商品的仓储及仓储经营进行有效的动态控制。仓储经营的方法根据仓储的目的不同可分为：保管仓储、混藏仓储、消费仓储、仓库租赁经营、流通加工等。

3.2.1 保管仓储、混藏仓储和消费仓储

3.2.1.1 保管仓储、混藏仓储和消费仓储的概念

1）保管仓储

保管仓储是指仓库经营人提供完善的仓储条件，接受存货人的仓储物资进行保管，在保管期届满，将原先收保的仓储物原样交还给存货人的仓储保管方式。在保管仓储中，仓储经营人以获得仓储保管费最多为经营目标，仓储保管费与仓储物的数量、仓储时间和仓储费率三者密切相关。

2）混藏仓储

混藏仓储是指存货人将一定品质、数量的种类物交付保管人储藏，而在储存保管期限届满时，保管人只需以相同种类、相同品质、相同数量的替代物返还的一种仓储经营方法。混藏仓储经营人的收入依然来自于仓储保管费，存量越多、存期越长收益越大。

例如：农民将玉米交付给仓储企业保管，仓储企业可以混藏玉米，仓储企业将所有收存的玉米混合储存于相同品种的玉米仓库，形成一种保管物为混合物（所有权的混合）状况，玉米的所有权并未交给仓储企业，各寄存人对该混合保管物按交付保管时的份额，各自享有所有权。在农民需要时，仓储企业从玉米仓库取出相应数量的存货交还该农民。

3）消费仓储

消费仓储是指存货人在存放商品时，同时将商品的所有权转移给保管人，保管期满时，保管人只需将相同种类、品质、数量的替代物归还给存货人的仓储方式。

3.2.1.2 保管仓储、混藏仓储和消费仓储的差别

保管仓储、混藏仓储、消费仓储的相同之处在于3种仓储经营方式都是由仓储经营人提供仓储设备、实施仓储保管，到期需向存货人交付仓储物。但3种方式存在着差异（见表3-1），仓储企业要根据不同经营方式的特点进行选择。

表3-1 保管仓储、混藏仓储、消费仓储的差别

仓储方式	仓储对象	仓储物的所有权	仓储经营人的收益	适用范围
保管仓储	特定物	不转移	仓储费	数量大、体积大、质量高的大宗货物，如粮食、工业制品、水产品等
混藏仓储	种类物	不转移	仓储费	品质无差别、可以准确剂量的商品，主要适用于农村、建筑施工、粮食加工等行业
消费仓储	种类物	转移	主要是对仓储物消费的收益，仓储费只是次要收益	主要在期货仓储中开展

3.2.2　仓库租赁经营

仓库租赁经营是通过出租仓库、场地、仓库设备，由存货人自行保管货物的仓库经营方式。进行仓库租赁经营时，最主要的一项工作是签订一个仓库租赁合同，在法律条款的约束下进行租赁经营，取得经营收入。

仓库租赁经营中，租用人的权利是对租用的仓库及仓库设备享有使用权，并保护仓储设备设施，按约定的方式支付租金。出租人的权利是对出租的仓库及设备设施拥有所有权，并享有收取租金的权利，同时必须承认租用人对租用仓库及设备设施按约定的使用权，并保证仓库及设备设施的完好性能。

仓储租赁经营可以是整体性的出租，也可以采用部分出租、货位出租等分散方式进行。在分散出租形式下，仓库所有人需要承担更多的仓库管理工作，如环境管理、保安管理等。例如，目前正迅速发展的箱柜委托租赁保管业务。

仓储租赁经营的经营方在经营方法上要注意以下一些问题：

(1) 仓储经营人应该根据市场需要提供合适的仓库、场地和仓储设备，并保证所提供的仓储资源质量可靠。

(2) 仓储经营人应该加强环境管理、安全管理工作，协助租用人使用好仓储资源，必要时可为租用人提供仓储保管的技术支持。

(3) 应该签订仓储租赁合同，以明确双方的权利义务关系。

3.2.3　流通加工经营

流通加工是指从生产地到使用地的过程中，根据需要施加包装、分割、计量、分拣、刷标志、拴标签、组装等简单作业的总称。流通加工是为了提高物流速度和物品的利用率，在物品进入流通领域后，按客户的要求进行的加工活动，即在物品从生产者向消费者流动的过程中，为了促进销售、维护商品质量和提高物流效率，对物品进行一定程度的加工。随着经济的增长，国民收入的增多，消费者的需求出现多样化，促使在流通领域开展流通加工。目前，在世界许多国家和地区的物流中心或仓库经营中都大量存在流通加工业务，在日本、美国等物流发达国家则更为普遍。

3.2.3.1　流通加工的作用

(1) 克服生产和消费之间的分离，更有效地满足消费需求。这是流通加工功能最基本的内容。现代经济中，生产和消费在质量上的分离日益扩大和复杂。流通企业利用靠近消费者，信息灵活的优势，从事加工活动，能够更好地满足消费需求，使少规格、大批量生产与小批量、多样性需求结合起来。

(2) 提高加工效率和原材料利用率。集中进行流通加工，可以采用技术先进、加工量大、效率高的设备，不但提高了加工质量，而且提高了使用率和加工效率。集中进行加工还可以将生产企业生产的简单规格产品，按照客户的不同要求，进行集中下料，做到量材使用，合理套裁，减少剩余料。同时，可以对剩余料进行综合利用，提高原材料的利用率，使资源得到充分合理的利用。

（3）提高物流效率。有的产品的形态、尺寸、重量等比较特殊，如过大、过重产品不进行适当分解就无法装卸运输，生鲜食品不经过冷冻、保鲜处理，在物流过程中就容易变质腐烂等。对这些产品进行适当加工，可以方便装卸搬运、储存、运输和配送，从而提高物流效率。

（4）促进销售。流通加工对于促进销售也有积极的作用，特别是在市场竞争日益激烈的条件下，流通加工成为重要的促销手段。例如，将运输包装改换成销售包装，改变商品形象以吸引消费者；将蔬菜、肉类洗净切块分包以满足消费者的要求；对初级产品和原材料进行加工以满足客户的需要，赢得客户信赖，增强营销竞争力。

3.2.3.2 典型的流通加工方法

（1）钢材流通加工。型钢的融断、薄板的切断、厚钢板的切割、线材冷拉加工等，可以提高加工效率和原材料利用率，降低成本。

（2）水泥流通加工。集中搅拌混凝土优于直接供应或购买水泥在工地现制混凝土的技术经济效果。

（3）木材流通加工。在林木生产地就地将原木磨成木屑，然后采取压缩方法，使之成为容易装载、易于运输的形状，提高运输效率。集中开木下料，提高出材率。

（4）平板玻璃流通加工。主要方式是集中套裁、开片供应，可提高平板玻璃的利用率；简化玻璃生产厂家的规格，实现大量生产，提高生产效率。

（5）煤炭流通加工。矸加工可提高煤炭运输效益，减少运输能力浪费。煤炭液化后采用管道运输，可减少煤炭损耗，减少环境污染。

（6）组装产品的流通加工。对于一些组装技术不高的产品，如自行车、家具等在流通过程中组装，既可以提高运输及装卸效率，又可以保证产品的质量。

（7）生产延续的流通加工。纤维制品的缝制和整烫、贴标签等既提高客户服务水平，又提高物流效率。

（8）食品的流通加工。食品流通加工项目很多，如冷冻加工、分选加工、精致加工、分装加工等。

3.2.3.3 仓储企业开展流通加工在经营方法上要注意的问题

（1）采用合适的加工方法，充分利用原材料和加工设备。如钢材流通加工，可采用集中剪板、集中下料方式，避免单独剪板下料的缺点，提高材料利用率。

（2）合适的资金支持。仓储企业开展流通加工，需要投入一定原材料、加工设备、场所和人力资源，这比单纯的仓储经营需要投入更多的成本，因此仓储企业需要在资金投入上给予更多的保证。

(3) 注意和流通中其他环节的紧密结合。流通加工可以在仓储、运输等环节进行,因此,仓储企业开展流通加工需要和其他环节紧密配合。

3.3 仓储多种经营

仓储多种经营是指仓储企业为了实现经营目标,采用多种经营方式来经营。如在开展仓储业务的同时,还开展运输中介、质押监管、配载与配送、商品交易、仓储增值服务等。下面简单介绍运输中介、配载与配送和质押监管。

3.3.1 运输中介

运输中介即运输服务中间商,他们通常不拥有运输设备,但向其他厂商提供间接服务。他们的职能类似营销渠道中的批发商。他们从各种托运人手中汇集一定数量的货源,然后购买运输。

中间商主要有货运代理人、经纪人。

3.3.1.1 货运代理人(简称货代)

货运代理人是以赢利为目的的,他们把来自各种顾客手中的小批量装运整合成大批量装载,然后利用专业承运人进行运输。到达目的地,货代把大批量装载拆成原来的装运量。货代的主要优势在于大批量的装运可以获得较低的费率,而且在很多时候可以使小批量装运的速度快于个别托运人直接和专业承运人打交道的速度。

货运代理人有以下优点:①使专业承运人的规模经济效益提高,货代使小批量货物可以集中到发运地,便于整合运输;②缩短专业承运人发出货物的时间,减少货物在专业承运人处的储存时间,提高作业效率;③使托运人的发货时间缩短,货代收集的大批量货物可以让专业承运人快速发货而不必等待集货发运;④货代收集的大量货物可以集中一次发运到目的地,不用中途重新装运,减少工作量,减少货物二次装运的破损率;⑤货运代理人具有熟练的运输专业技能,充分掌握运输市场的信息,且与众多的实际承运人有着密切的关系和简单而有效的业务流程。

3.3.1.2 经纪人

经纪人实际上是运输代办,通常按佣金条件进行经营,主要协调托运人、收货人和承运人之间的运输安排,还可以提供诸如装运配载、费率谈判、结账和跟踪管理等。

货运中间商对整个物流活动来说相当于润滑油,他使托运人和承运人有机结合,并方便了小型托运人的托运活动,因为小型托运人无法得到承运人较好地服务。货运中间商同时也简化承运人的作业行为,中间商使无数的小托运人不再涌到承运人处办理托运。货运中间商会根据托运人的要求,最合理地安排运输方式,节约费用，可以避免物流浪费。

3.3.2 配载与配送

3.3.2.1 配送

配送是在经济合理区域范围内，根据用户要求，对物品进行拣选、加工、包装、分割、组配等作业，并按时送达指定地点的物流活动。配送几乎包括了所有的物流功能要素，是物流活动的一个缩影或在某小范围中物流全部活动的体现。一般的配送集装卸搬运、包装、保管、运输于一体，通过一系列物流活动将货物送达目的地。特殊的配送则还要以流通加工活动为支撑，严格来讲，整个物流活动，没有配送环节就不能成为完整的物流活动。

仓储企业从事配送活动具有极其便利的条件，仓库可以根据生产的进度和销售的需要将生产原材料、零部件或商品等仓储物不间断地、小批量地送到生产线和零售商店或收货人手中。仓储配送业务的发展，有利于企业减少资金投入、降低库存。对于仓储企业来说，有利于提高收益，其中包括配送的直接收益和配送的组合、加工收益，有利于提高仓储服务水平，也有利于吸引更多的仓储业务。仓储企业开展配送业务，配送的收益要超过开展配送的成本，但这也不是绝对的，如开展配送活动能吸引更多的客户，带来更多的仓储收益，且这些收益足以弥补配送单方面的亏本，仓储企业也应该向客户提供配送服务。

3.3.2.2 配载

配载是指向运输线路和运输工具安排货载的运输业务。交通运输工具的大型化货物和运输线路的细分是现代运输业的特征。大型化的运输工具需要大量的货载支持，需要经仓储集货。大量聚集在仓储中的货物需要高效的配载安排，保证运输工具的满载和所运货物的及时出运。合理的配载可充分利用运输工具，把所送的商品以最合理的方式安排在运输车辆上，充分利用车辆的容积和载重量，做到满载满装，降低运输成本。

在进行车辆配载时，要坚持方便装卸，充分利用运输工具，保证商品安全，满足用户需求的原则。简单的配载一般通过经验和手工计算来完成。在装载商品种类较多，车辆种类又较多的情况下，可采用计算机进行管理。

3.3.3 质押监管

质押监管业务是指出质人（货主）以合法占有的货物向质权人（一般为银行）出质，作为质权人向出质人授信融资的担保，监管人（一般为物流企业，主要是仓储企业）接受质权人的委托，在质押期间按质权人指令对质物进行监管的业务模式。货物是否解除质押，要视债务关系是否解除，监管人必须有质权人的指令才能放货。

质押监管业务有助于物流企业积极争取客户，拓宽服务领域，增加收益。仓储企业在质押监管业务中需要开展的工作包括：提供质押物仓储与监管、协助金融机构对需贷款企业进行信用评估、质押物信息提供及评估、质押物担保与处置。

3.4 仓储合同

3.4.1 仓储合同概述

3.4.1.1 仓储合同的定义

仓储合同，又称仓储保管合同，是保管人储存存货人交付的仓储物，存货人支付仓储费的合同。在仓储合同关系中，存入货物的一方是存货人，保管货物的一方是保管人，交付保管的货物为仓储物。

仓储合同按仓储经营方式不同可以分为一般仓储合同、消费仓储合同、混藏仓储合同与仓库租赁合同。

3.4.1.2 仓储合同的特征

仓储合同具有以下法律特征：

1）保管人须为有仓储设备并专门从事保管业务的人

仓储合同中为存货人保管货物的一方必须是仓库营业人。仓库营业人，它可以是法人，也可以是个体工商户、合伙、其他组织等，但必须具备一定的资格，即必须具备仓储设备和专门从事仓储保管业务的资格。仓储设备，是指可以用于储存和保管仓储的必要设施，这是保管人从事仓储经营业务必不可少的基本物质条件。从事仓储业务的资格，是指保管人必须取得专门从事或者兼营仓储业务的营业许可。

2）仓储合同的标的物须为动产

在仓储合同中，存货人应当将仓储物交付给保管人，由保管人按照合同的约定进行储存和保管，因此，依合同性质而言，存货人交付的仓储对象必须是动产。换言之，不动产不能成为仓储合同的标的物。

3）仓储合同为诺成合同

我国《合同法》第382条“仓储合同自成立时生效”的规定，确认了仓储合同为诺成性合同，即仓储合同自双方达成合意时起就成立，而不是等到仓储物交付才生效。

4）仓储合同为双务、有偿合同

由于仓储业是一种商业营业活动，因此，仓储合同的双方当事人互负给付义务，保管人提供仓储服务，存货人给付报酬和其他费用。这与一般的保管合同不同，因为保管合同既可有偿、也可无偿。

5）仓储合同存货人货物已交付或行使返还请求权以仓单为凭证

在仓储合同中，存货人按照合同约定将仓储物交付保管人时，保管人应当给付仓单。仓单是表示一定数量、品种的货物已经交付的法律文书，是有价证券的一种，其性质当为记名的物权凭证。

3.4.2 仓储合同当事人的权利和义务

仓储合同当事人的权利与义务是合同当事人在履行合同过程中有权要求对方采取的行为和自身需要进行的行为或不行为。当事人的权利和义务来自于合同的约定和法律的规定。

3.4.2.1 存货人的权利与义务

1）存货人的义务

（1）告知义务

存货人的告知义务包括两个方面：对仓储物的完整明确的告知和瑕疵告知。所谓完整告知，是指在订立合同时存货人要完整细致地告知保管人仓储物的准确名称、数量、包装方式、性质、作业保管要求等涉及到验收、作业、仓储保管、交付的资料，特别是危险货物，存货人还要提供详细的说明资料。存货人寄存货币、有价证券或者其他贵重物品的，应当向保管人声明，由保管人验收或者封存，存货人未声明的，该物品毁损、灭失后，保管人可以按照一般物品予以赔偿。存货人未明确告知的仓储物属于夹带品，保管人可以拒绝接受。

所谓瑕疵，包括仓储物及其包装的不良状态、潜在缺陷、不稳定状态等已存在的缺陷或将会发生损害的缺陷。保管人了解仓储物所具有的瑕疵可以采取针对性的操作和管理，以避免发生损害和危害。因存货人未告知仓储物的性质、状态造成的保管人验收错误、作业损害、保管损坏由存货人承担赔偿责任。在订立合同时，必须预先告知保管人。

（2）妥善处理和交存货物

存货人应对仓储物进行妥善处理，根据性质进行分类、分储，根据合同约定妥善包装，使仓储物适合仓储作业和保管。存货人应在合同约定的时间向保管人交存仓储物、并提供验收单证。交存仓储物不是仓储合同生效的条件，而是存货人履行合同的义务。存货人未按照约定交存仓储物，构成违约。

（3）支付仓储费和偿付必要费用

存货人应根据合同约定按时、按量地支付仓储费，否则构成违约。如果存货人提前提取仓储物，保管人不减收仓储费。如果存货人逾期提取，应加收仓储费。由于未支付仓储费，保管人有对仓储物行使留置权的权利，即有权拒绝将仓储物交还存货人或应付款人，并可通过拍卖留置的仓储物等方式获得款项。

仓储物在仓储期间发生的应由存货人承担责任的费用支出或垫支费，如保险费、货物自然特性的损害处理费用、有关货损处理、运输搬运费、转仓费等，存货人应及时支付。

(4) 及时提货

存货人应按照合同的约定，按时将仓储物提离。保管人根据合同的约定安排仓库的使用计划，如果存货人未将仓储物提离，会使得保管人已签订的下一个仓储合同无法履行。

2) 存货人的权利

(1) 查验、取样权

根据《合同法》有关规定：保管人在仓储物的占有期间，仓储物的所有权仍然属于存货人。存货人为了防止货物在储存期间变质或有其他损坏，有权随时检查仓储物或者提取样品，但检查仓储物或提取样品的行为，不得妨碍保管人的正常工作。如果保管人无正当理由拒绝存货人检查仓储物并提取样品，仓储物发生变质或有其他损害的，保管人应当承担赔偿责任。

(2) 保管物的领取权

当事人对保管期间没有约定或约定不明确的，保管人可以随时要求寄存人领取保管物；约定明确的，保管人无特别事由，不得要求寄存人提前领取保管物，但存货人可以随时领取保管物。

(3) 获取仓储物孳息的权利

《合同法》第377条规定："保管期间届满或者寄存人提前领取保管物的，保管人应当将原物及其孳息归还寄存人。"可见，如果仓储物在保管期间产生了孳息，存货人有权获取该孳息。

3.4.2.2　保管人的权利和义务

1) 保管人的义务

(1) 提供合适的仓储条件

仓储人经营仓储保管的先决条件就是具有合适的仓储保管条件，有从事保管货物的保管设施和设备。包括适合的场地、容器、仓库、货架、作业搬运设备、计量设备、保管设备、安全保卫设施等条件。同时还应配备一定的保管人员、商品养护人员，制定有效的管理制度和操作规程等。同时保管人所具有的仓储保管条件还要适合所要进行保管的仓储物的相对仓储保管要求，如保存粮食的粮仓、保存冷藏货物的冷库等。保管人若不具有仓储保管条件，则构成根本违约。

(2) 验收货物

保管人应该在接受仓储物时对货物进行理货、计数、查验，在合同约定的期限内检验货物质量，并签发验货单证。验收货物按照合同约定的标准和方法，或者按照习惯的、合理的方法进行。保管人未验收货物推定为存货人所交存的货物完好，保管人也要返还完好无损的货物。

(3) 签发仓单

保管人在接受货物后，根据合同的约定或者存货人的要求，及时向存货人签发仓单。保管人根据实际收取的货物情况签发仓单。保管人应根据合同条款确定仓单的责任事项，避免将来向仓单持有人承担超出仓储合同所约定的责任。在存期届满，根据仓单的记载向仓单持有人交付货物，并承担仓单所明确的责任。

(4) 合理化仓储

保管人应在合同约定的仓储地点存放仓储物，并充分使用先进的技术、科学的方法、严格的制度，高质量地做好仓储管理。使用适合于仓储物保管的仓储设施和设备，如容器、货架、货仓等，从谨慎操作、妥善处理、科学保管和合理维护等各方面做到合理化仓储。保管人对于仓储物的保管承担严格责任，因其保管不善所造成的仓储物在仓储期间发生损害、灭失，除非保管人能证明损害是由于货物性质、包装不当、超期等以及其他免责原因造成的，否则保管人要承担赔偿责任。

(5) 返还仓储物及其孳息的义务

保管人应在约定的时间和地点向存货人或仓单持有人交还约定的仓储物。仓储合同没有明确存期和交还地点的，存货人或仓单持有人可以随时要求提取，保管人应在合理的时间内交还存储物。作为一般仓储合同，保管人在交返仓储物时，应将原物及其孳息、残余物一同交还。

(6) 危险告知义务

当仓储物出现危险时，保管人应及时通知存货人或仓单持有人，并有义务采取紧急措施处置，防止危害扩大。包括在货物验收时发现不良情况、发生不可抗力损害、仓储物的变质、仓储事故的损坏以及其他涉及仓储物所有权的情况，都应该告知存货人或仓单持有人。

2) 保管人的权利

(1) 收取仓储费的权利

仓储费是保管人订立合同的目的，是对仓储物进行保管所获得的报酬，是保管人的合同权利。保管人有权按照合同约定收取仓储费或在存货人提货时收取仓储费。

(2) 保管人的提存权

《合同法》第 393 条规定：储存期间届满，存货人或者仓单持有人不提取货物的，保管人可以催告其在合理期限内提取，逾期不提取的，保管人可以提存仓储物。所谓提存，是指债权人无正当理由拒绝接受履行或下落不明，或数人就同一债权主张权利，债权人一时无法确定，致使债务人难于履行债务，经公证机关证明或法院的裁决，债务人可将履行的标的物提交有关部门保存。一经提存即认为债务人已经履行了其义务，债权债务关系即行终止。债权人享有向提存物的保管机关要求提取标的物请求权，但须承担提存期间标的物损毁灭失的风险并支付因提存所需要的保管或拍卖等费用，且提取请求权自提存之日起5 a内不行使而消灭。

提存程序一般来说，首先应由保管人向提存机关呈交提存申请书。在提存书上应当载明提存的理由、标的物的名称、种类、数量以及存货人或提单所有人的姓名、住所等内容。其次，仓管人应提交仓单副联、仓储合同副本等文件，以此证明保管人与存货人或提单持有人的债权债务关系。此外保管人还应当提供证据证明自己催告存货人或仓单持有人提货而对方没有提货，致使该批货物无法交付其所有人。

(3) 验收货物的权利

验收货物不仅是保管人的义务，也是保管人的一项权利。保管人有权对货物进行验收，在验收中发现货物溢短，对溢出部分可以拒收，对于短少的有权向存货人主张违约责任；对于货物存在的不良状况，有权要求存货人更换、修理或拒绝接受，否则需如实编制纪录，以明确责任。

3.4.3 仓储合同的主要条款

3.4.3.1 当事人

合同当事人是履行合同的主体，需要承担合同责任，需要采用完整的企业注册名称和登记地址，或者主办单位地址。主体为个人的必须明示个人的姓名和户籍地或常住地(临时户籍地)。有必要时可在合同中增加通知人，但通知人不是合同当事人，仅仅履行通知当事人的义务。

3.4.3.2 仓储物

仓储物必须是动产，能够进行移交，因而需要明确地将仓储物特定化或特定种类化。

仓储物条款一般包括仓储物的品种、数量、质量、包装、件数和标记。仓储物的品种需采用完整的商品名称或种类名称表达；货物的数量应使用标准的计量单位，而且计量单位应准确到最小的计量单位，比如以包、扎、捆、把等计算的，就必须明确每包、扎、捆、把有多重或多少根、块。总之，对计量单位要防止有不同理解，产生歧义。仓储物的质量应当使用国家或有关部门规定的质量标准，也可以使用经过批准的企业标准，还可以使用行业标准，上述质量标准均可以由存货人与保管人在仓储合同中约定，而在没有质量标准时，双方当事人可自行约定质量标准。至于仓储物的包装，一般应由存货人负责，有国家或专业标准的，按照国家或者专业标准的规定执行，没有国家或专业包装标准的，应当根据仓储物便于保管的原则而由存货人与保管人商定。

3.4.3.3 仓储物验收的内容、标准、方法、时间

保管人验收仓储物的项目有：仓储物的品种、规格、数量、外包装状况，以及无需开箱、拆捆而直观可见可辨的质量情况。包装内的货物品名、规格、数量，以外包装或货物上的标记为准；外包装或货物上无标记的，以供货方提供的验收资料为准。散装货物按国家有关规定或合同规定验收。依照惯例验收期限，国内货物不超过10 d，国外到货不超过30 d，法律另有规定或当事人另有约定的除外。

货物验收期限，是指自货物和验收资料全部送达保管人之日起，至验收报告送出之日止。货物验收期限的日期均以运输或邮政部门的戳记或送达的签收日期为准。超过验收期限所造成的实际损失，由保管人负责。如果保管人未能按照合同约定或者法律法规规定的项目、方法和期限验收仓储物或验收仓储物不准确，应当负责因此造成的损失。存货人未能提供验收资料或提供资料不齐全、不及时，所造成的验收差错及贻误索赔期由存货人负责。

3.4.3.4 仓储条件和要求

合同双方当事人应根据货物性质、要求的不同，在合同中明确规定保管条件。保管人如因仓库条件所限，不能达到存货人要求，则不能接受。对某些比较特殊的货物，如易燃、易爆、易渗漏、有毒等危险物品，保管人保管时，应当有专门的仓库、设备，并配备有专业技术知识的人负责管理。必要时，存货人应向保管人提供货物储存、保管、运输等方面的技术资料，防止发生货物毁损、仓库毁损和人身伤亡事故。存货人在交存特殊货物时，应当明确告知保管人货物有关保管条件、保管要求。否则，保管人可以拒绝接收存货人所交付的危险货物。

3.4.3.5 货物进出库手续、时间、地点、运输方式

仓储合同的当事人双方，应当重视货物入库环节，防止将来发生纠纷。因此在合同中，要明确入库应办理的手续、理货方法、入库的时间和地点以及货物运输、装卸搬运的方式等内容。

出库时间由仓储合同的当事人双方在合同中约定，当事人对储存期间没有约定或者约定不明确的，存货人可以随时提取仓储物，保管人也可以随时要求存货人提取仓储物，但是应当给予必要的准备时间。另外提货时应办理的手续、验收的内容、标准、方式地点、运输方式等也要明确。

3.4.3.6 仓储物的损耗标准及损耗的处理

仓储物的损耗标准是指货物在储存过程中，由于自然原因（如干燥、风化、散失、挥发、粘结等）和货物本身的性质等原因，不可避免地要发生一定数量的减少、破损，而由合同当事人双方事先商定一定的货物自然减量标准和破损率等。在确定仓储物的损害标准时，要注意易腐货物的损耗标准应该高于一般货物的损耗标准。除了对货物按照保管条件和要求保管外，损耗标准应当根据储存时间的长短来确定，损

耗的处理是指仓储物实际发生的损耗，超过标准或没有超过标准规定的，应当如何处理的问题。例如，仓储物出库时与入库时实际验收数量不一致，在损耗标准范围之内的视为货物完全交付。如果损耗数量超过约定的损耗标准，应核实后作出验收记录，由保管人负责处理。

3.4.3.7　计费项目、标准和结算方式、银行、账号、时间

计费项目包括：保管费、转仓费、出入库装卸搬运费、车皮、站台、专用线占有、包装整理、商品养护等费用。此条款中除明确上述费用由哪一方承担外，还应明确各种费用的计算标准、支付方式、支付时间、地点、开户银行、账号等。

3.4.3.8　责任划分和违约处理

仓储合同中可以从货物入库、货物验收、货物保管、货物包装、货物出库等方面明确双方当事人的责任。

仓储合同中保管人的违约责任：①保管人验收仓储物后，在仓储期间发生仓储物的品种、数量、质量、规格、型号不符合合同约定的，承担违约赔偿责任；②仓储期间，因保管人保管不善造成仓储物毁损、灭失，保管人承担违约赔偿责任；③仓储期间，因约定的保管条件发生变化而未及时通知存货人，造成仓储物的毁损、灭失，由保管人承担违约损害责任。

仓储合同中，存货人的违约责任：①存货人没有按合同的约定对仓储物进行必要的包装或该包装不符合约定要求，造成仓储物的毁损、灭失，自行承担责任，并由此承担给仓储保管人造成的损失；②存货人没有按合同约定的仓储物的性质交付仓储物，或者超过储存期，造成仓储物的毁损、灭失，自行承担责任；③危险有害物品必须在合同中注明，并提供必要的资料，存货人未按合同约定而造成损失，自行承担民事和刑事责任，并承担由此给仓储人造成的损失；④逾期储存，承担加收费用的责任；⑤储存期满不提取仓储物，经催告后仍不提取，仓储人承担由此提存仓储物的违约赔偿责任。

针对双方当事人的违约责任应规定其承担的违约责任。承担违约责任有：支付违约金、损害赔偿以及采取其他补救措施。

3.4.3.9　合同的有效期限

合同的有效期限，即货物的保管期限。合同有效期限的长短，也与货物本身的有效储存期有关。所谓有效储存期，是指某些货物由于本身的特性，不能长时间存放，例如药品、胶卷、化学试剂等，一般都注明了有效使用期限。根据有效使用期限确定的储存保管期限，称为有效储存期。对于仓库保管人员来说，保管这种产品不仅要注意仓库温度、湿度的变化，还应注意其储存期限。特别是对一些接近失效期的产品，应及时通知存货人要按时出库，出库前还要注意留给产品调运、供应和使用的时间，以使其在失效之前能够进入市场，投入使用。根据有关规定，储存的货物，

在临近失效期时，保管人未通知存货人及时处理，因超过有效储存期限所造成的货物损失，保管人负有赔偿责任。保管人通知后，如果存货人不及时处理，以致超过有效储存期限而造成货物损坏、变质的，保管人不负赔偿责任。

3.4.3.10 变更和解除合同

仓储合同的当事人如果需要变更或解除合同，必须事先通知另一方，双方一致即可变更或解除合同。变更或解除合同的建议和答复，必须在法律规定或者合同约定的期限内提出。如果发生了法律或合同中规定的可以单方变更或解除合同的情形，那么，拥有权利的一方可以变更或解除合同。

上述内容，一般为通常的仓储合同所应具备的主要条款。但是，合同毕竟是当事人双方的合意，签订合同是当事人自己所为的法律行为，因此，基于双方的利益考虑，当事人之间还可以就更多的、更为广泛的事项达成一致，充实仓储合同的具体内容，如争议的解决方式、合同的履行地点、是否允许转保管储存等等。只要是一方要求必须规定的条款，而又与另一方达成一致意思表示，都应当是仓储合同的重要条款。

仓储合同（示范文本 GF－2000－0901）

合同编号：__________

保管人：__________　　签订地点：__________

存货人：__________　　签订时间：____年____月____日

第一条　仓储物

品名	品种规格	性质	数量	质量	包装	件数	标记

第二条　储存场所、储存物占用仓库位置及面积：__________。

第三条　仓储物(是/否)有瑕疵。瑕疵是：__________。

第四条　仓储物(是/否)需要采取特殊保管措施。特殊保管措施是：__________。

第五条　仓储物入库检验的方法、时间与地点：__________。

第六条　存货人交付仓储物后，保管人应当给付仓单。

第七条　储存期限：从____年____月____日至____年____月____日。

第八条　仓储物的损耗标准及计算方法：__________。

第九条　保管人发现仓储物有变质或损坏的，应及时通知存货人或仓单持有人。

第十条　仓储物(是/否)已办理保险，险种名称：＿＿＿＿＿＿＿；保险金额：＿＿＿＿＿＿；保险期限：＿＿＿＿＿＿；保险人名称：＿＿＿＿＿＿。

第十一条　仓储物出库检验的方法与时间：＿＿＿＿＿＿。

第十二条　仓储费(大写)：＿＿＿＿＿＿元。

第十三条　仓储费结算方式与时间：＿＿＿＿＿＿。

第十四条　存货人未向保管人支付仓储费的，保管人(是/否)可以留置仓储物。

第十五条　违约责任：＿＿＿＿＿＿＿＿＿＿。

第十六条　合同争议的解决方式：本合同在履行过程中发生的争议，由双方当事人协商解决；也可由当地工商行政管理部门调解；协商或调解不成的，按下列第＿＿＿＿＿种方式解决：

(一) 提交＿＿＿＿＿＿仲裁委员会仲裁；

(二) 依法向人民法院起诉。

第十七条　其他约定事项：＿＿＿＿＿＿＿＿＿＿

存货人 存货人(章)： 住所： 法定代表人： 委托代理人： 电话： 开户银行： 账号： 邮政编码：	保管人 保管人(章)： 住所： 法定代表人： 委托代理人： 电话： 开户银行： 账号： 邮政编码：	鉴(公)证意见： 鉴(公)证机关(章) 经办人： 年　月　日

监制部门：＿＿＿＿＿＿＿＿印制单位：＿＿＿＿＿＿＿＿

3.4.4　仓储合同的纠纷预防

3.4.4.1　注意仓储合同与保管合同的区别

如前所述，仓储合同有其法定的特点，所以在签订、履行时要注意自已权利义务的内容、起始时间，这决定着承担责任的内容和开始时间，例如合同生效时间二者不同，前者为成立时生效，后者为交付时生效；前者均为有偿，而后者有偿与否则由当事人自行约定。

3.4.4.2　认真审查仓储保管人的资格

仓储合同对保管人的资格严格限制，存货人在签订合同之前应对仓储营业人的资格和保管能力有所了解,防止无资力的营业人签订合同以骗取保管费。

3.4.4.3 特别注意货物品名、种类与数量

不同的货物有着不同的保管条件和保管要求,针对不同的保管难度,仓储营业人有着不同的收费标准,存货人往往因想少交保管费而在品名、数量、质量等项目中填写模糊或与实际情况不符,这就为日后发生纠纷埋下祸端,因此存货人在填写时一定要注意准确清楚,不要产生歧义。

3.4.4.4 充分行使检查仓储物或提取样品的权利

合同法赋予了货物所有人随时检查或提取样品的权利,有的仓储合同期限较长,仓储物在仓储过程中可能发生某些变化,若等到提取时才发现问题不仅不能避免损失还会发生承担损失的争议,所以行使该权利无疑为避免纠纷打下良好基础。

3.4.4.5 存货人应防止仓储营业人在合同中滥用免责条款

免责条款是指当事人以协议排除或者限制其未来责任的合同条款。这与法律规定的不可抗力致使合同不能履行的免责不同。根据《合同法》及《仓储保管合同实施细则》规定的法定免责事由只能是不可抗力、自然原因和货物本身的性质引起的货损,当事人也可以对免责条款进行协商达成协议。由于仓储合同往往采用格式合同的形式,免责条款的问题应尤加注意,存货人要仔细阅读合同中的免责条款事项,如果发现对方利用其优势地位未经对方同意加入了超出法定范围的免责事由,应及时表示异议,要求予以修改或拒绝签订合同,以防步入免责陷阱对自己的利益造成损害。

3.5 仓单

3.5.1 仓单的概念和性质

仓单,是指由保管人在收到仓储物时向存货人签发的表示已经收到一定数量的仓储物的法律文书。仓单证明存货人已经交付了仓储物和保管人已经收到了仓储物的事实,它作为物品证券,在保管期限届满时,存货人或者仓单持有人可凭仓单提取仓储物,也可以背书的形式转让仓单所代表的权利。

3.5.1.1 仓单为有价证券

《合同法》第 387 条规定:“仓单是提取仓储物的凭证。存货人或者仓单持有人在仓单上背书并经保管人签字或者盖章的,可以转让提取仓储物的权利。”可见,仓单表明存货人或者仓单持有人对仓储物的交付请求权,故为有价证券。

3.5.1.2 仓单为要式证券

《合同法》第386条规定，仓单须经保管人签名或者盖章，且须具备一定的法定记载事项，故为要式证券。

3.5.1.3 仓单为物权证券

仓单上所载仓储物的移转，必须自移转仓单后，仓储物所有权才发生转移，故仓单为物权证券。

3.5.1.4 仓单为文义证券

所谓文义证券是指证券上权利义务的范围以证券的文字记载为准。仓单的记载事项决定当事人的权利义务，当事人须依仓单上的记载主张权利义务，故仓单为文义证券，非要因证券。

3.5.1.5 仓单为自付证券

仓单是由保管人自己填发的，又由自己负担给付义务，故仓单为自付证券。

3.5.2 仓单的内容

根据《合同法》第386条规定，仓单包括下列事项：

(1) 保管人的签字或者盖章；

(2) 存货人的名称及住所；

(3) 仓储的品种、数量、质量、包装、件数和标记等物品状况，以便作为物权凭证，代物流通；

(4) 仓储物的损耗标准；

(5) 储存场所和储存期间；

(6) 仓储费及仓储费的支付与结算事项；

(7) 若仓储物已经办理保险的，仓单中应写明保险金额、保险期间及保险公司的名称；

(8) 仓单的填发人、填发地和填发的时间。

仓单由仓储保管人向存货人签发。当存货人将仓储物交给仓储保管人时，仓储保管人应对仓储物进行验收，确认仓储物的状态，在全部仓储物收妥后，填制并签发仓单经仓储保管人签署的仓单才能生效。

根据《合同法》规定，仓储保管人只签发一式两份仓单，一份为正式仓单，交给存货人；另一份为存根底单，由仓储保管人保管。仓单副本则根据业务需要复制相应份数，但需注明为“副本”。目前，仓单由各仓储单位自行编制，因此没有统一的格式。表3-2是某仓储企业仓单的正面，表3-3是该仓单的反面。

表 3-2　仓单(正面)

公司名称： 公司地址：	
电话： 账号： 储货人： 银主名称：	传真： 批号： 发单日期： 起租日期：

兹收到下列货物依本公司条款(见后页)仓储

唛头及号码	数量	所报货物	每件收费	每月仓租	进仓费	出仓费

总件数：	经手人：
总件数(大写)：	
备注： 核对人：	

表 3-3　仓单(反面)

存货记录

日　期	提单号码	提货单位	数　量	结　余	备　注

储货条款

一、本仓库所载之货物种类、唛头、箱号等，均系按照储货人所称填理，本公司对货物内容、规格等概不负责。

二、货物在入仓交接过程中，若发现与储货方填列内容不符，我公司有权拒收。

三、本仓库不储存危险物品，客户保证入库货物绝非为危险品，如果因储货人的货物品质危及我公司其他货物造成损失时，储货方必须承担因此而产生的一切经济赔偿责任。

四、本仓单有效期一年，过期自动失效。已提货之分仓单和提单档案保留期亦为一年。期满尚未提清者，储货人须向本公司换领新仓单。本仓单须经我公司加印硬印方为有效。

五、客户(储货人)凭背书之仓单或提货单出货。本公司收回仓单和分提单，证明本公司已将该项货物交付无误，本公司不再承担责任。

3.5.3 仓单的转让

仓单作为有价证券，可以流通，流通的方式可以是转让仓单项下仓储物的所有权，即转让仓单；还可以是按照《担保法》的规定，以仓单出质，即以仓单设定权利质押，使质权人在一定条件下享有提取仓单项下仓储物的权利。仓单转让或者仓单出质，均须符合法律规定的形式，才能产生相应的法律效力。

仓单持有人需要转让仓储物时，可以采用背书转让的方式进行。作为记名单证，仓单的转让通过背书的方式进行。背书是指存货人在仓单的背面或者粘单上记载被背书人(即受让人)的名称或姓名、住所等有关事项的行为。背书转让的出让人为背书人，受让人为被背书人。背书格式为：

兹将本仓单转让给×××(被背书人的完整名称)

×××(背书人的完整名称)

背书经办人签名、日期

仓单可以进行多次背书转让，第一次背书的存货人为第一背书人。在第二次转让时第一次被背书人就成为第二背书人，因而背书过程是衔接的完整过程，任何参与该仓单转让的人都在仓单的背书过程中记载。存货人转让仓单必须在仓单上背书并经保管人签字或者盖章，若只在仓单上背书但没有保管人签字或者盖章，即使交付了仓单，转让行为也不能生效。因而，背书与保管人签章是仓单转让的必要的形式条件，缺一不可。保管人的签字或盖章则是确保仓单及仓单利益，明确转让仓单过程中法律责任的手段。

存货人以仓单出质，应当与质权人签订质押合同，在仓单上背书并经保管人签字或者盖章，将仓单交付质权人，质押合同生效。当债务人不履行被担保债务时，质权人就享有提取仓储物的权利。

3.5.4 仓单的分割

一般认为，仓单的分割，是指仓单的持有人，请求保管人将保管的货物分为数部分，分别填发该部分的仓单。仓单分割的，仓单持有人应将原仓单交还。实际上，不一定是已经持有仓单人要求对仓单进行分割。存货人在交付货物的时候，就可以要求保管人分别填发、交付仓单，以利仓储物的处分(买卖、出质等)。仓单的分割不仅只是单证的处理，还意味着仓储保管人需要对仓储物进行分劈，应该说是仓储保管人提供额外的服务。

本章小结

本章首先介绍了仓储经营管理的概念、意义、仓储经营计划和经营组织；接着介绍了保管仓储、混藏仓储、消费仓储、仓库租赁经营、流通加工经营等仓储经营方法；

然后对运输中介、配载与配送、质押监管等仓储经营方式作了介绍；并重点介绍了仓储合同的相关内容，包括定义、特征、当事人的权利和义务、主要条款；最后介绍了仓单的相关内容。

·案例分析·

仓储合同的订立

某汽车装配厂从国外进一批汽车零件，准备在国内组装、销售。1994 年 3 月 5 日，与某仓储公司签订了一份仓储合同。合同约定，仓储公司提供仓库保管汽车配件，期限共为 10 个月，从 1994 年 4 月 15 日起到 1995 年 2 月 15 日止，保管仓储费为5 万元。双方对储存物品的数量、种类、验收方式、入库、出库的时间和具体方式、手续等作了约定。还约定任何一方有违约行为，要承担违约责任，违约金为总金额的 20%。

合同签订后，仓储公司开始为履行合同做准备，清理了合同约订的仓库，并且从此拒绝了其他人的仓储要求。1994 年 3 月 27 日，仓储公司通知装配厂已经清理好仓库，可“开始送货入库”。但装配厂表示已找到更便宜的仓库，如果仓储公司能降低仓储费的话，就送货仓储。仓储公司不同意，装配厂明确表示不需要对方的仓库。4 月 2 日仓储公司再次要求装配厂履行合同，装配厂再次拒绝。

4 月 5 日，仓储公司向法院起诉，要求汽车装配厂承担违约责任，支付违约金，并且支付仓储费。

汽车装配厂答辩合同未履行，因而不存在违约的问题。

（资料来源：仓储合同与合同违约. http://jpkc1.zjvtit.edu.cn/ccgl/wlkc/jdal.asp）

案例思考题：

1. 仓储合同是否生效？
2. 仓储公司的要求是否合理？为什么？
3. 如果你是法官，会做怎样的判决？

·复习思考题·

1. 什么是仓储经营管理？
2. 保管仓储、混藏仓储、消费仓储有什么区别？
3. 什么是流通加工？流通加工有什么作用？
4. 什么是仓储合同？它有哪些特征？
5. 作为仓储合同当事人，存货人与仓储保管人分别有哪些权利和义务？
6. 什么是仓单？仓单有何用途？

·实训项目·

订立仓储合同

技能目标

通过本次实训，使学生掌握仓储合同相关的知识，熟知仓储合同中双方当事人的权利和义务及发生违约的处理方式，掌握仓储合同的格式与主要条款，并具备履行合同的基本知识和实践技能。

项目任务

2008年6月3日，某市盛达粮油进出口有限责任公司（下称盛达公司）与该市东方储运公司签订一份仓储保管合同。合同主要约定：由东方储运公司为盛达公司储存保管小麦60万kg，保管期限自2008年7月10日至11月10日，储存费用为50 000元，任何一方违约，均按储存费用的20%支付违约金。请小组内同学分别以盛达粮油进出口有限责任公司、东方储运公司的身份模拟签订仓储合同。

项目实施过程

1. 学生每6人为一小组，每小组任命一名组长，3人扮演盛达粮油进出口有限责任公司，另外3人扮演东方储运公司；
2. 准备纸张、笔等工具；
3. 以小组为单位起草仓储合同；
4. 以小组为单位模拟仓储合同的洽谈和签订。

项目实施结果评价

对学生项目实施结果给予评价，有利于激发学生的积极性。同时，通过评价找出项目实施过程中的不足并提出改进办法，有利于知识的总结和掌握。以下订立仓储合同情况评价表可供评价时参考。

订立仓储合同情况评价表

被考评小组		考评组调查对象	
考评时间		考评地点	
考评内容	订立仓储合同		
考评标准	内　容	标准分值	考评得分
	仓储合同编写是否完整、合理	35	
	角色模拟是否形象	20	
	谈判是否注重礼仪	10	
	合同签订过程中相关知识的灵活运用	35	
合　　计		100	

考评者：＿＿＿＿＿＿

第4章　入库管理

·教学目标·

1. 理解并掌握商品入库准备工作的主要内容；
2. 掌握货物接运的概念和常见的接运方式；
3. 理解货物验收的标准和确定抽检比例的依据，掌握货物验收的方法和作业流程；
4. 了解货物入库资料管理中的各种单据。

·导入案例·

未验收货物使用　造成损失自负

俞某是江阴某金属企业的负责人，从2007年起，俞某的企业开始从秦某的工厂购买一定标准的合金轧辊。一年多时间的业务往来，双方合作得相当愉快。2008年3月，双方签订了一份买卖合同，约定由秦某的工厂提供48只轧辊，总价20余万元。俞某企业的工作人员带款提货后，仓库未在规定的时间内验收货物，并很快组织加工，随后便将加工好的产品卖出。不幸的是，这批轧辊并不符合约定的质量标准，导致俞某的业务单位成批退货。于是俞某向法院提起诉讼，要求秦某的工厂退货，并赔偿包括加工费在内的损失共计32万元。

法院审理查明，秦某工厂提供的48只轧辊中，确实有47只未能达到合同标准，但是这些质量问题均属于检验即能发现的质量瑕疵。依照《中华人民共和国合同法》的规定，买受人收到标的物时应当在约定的检验期限内检验，没有约定检验期限的，应当及时检验。检验既是买受人的权利同时也是买受人的义务，如果买受人放弃检验，应视为原货物产品质量符合合同的约定。据此，法院对原告的诉讼请求不予支持。

（资料来源：罗子文律师工作室，未验收货物使用 造成损失自负[EB/OL]http://www.luoziwen.cn/article.asp? id=351）

4.1 入库准备

商品入库是指接到商品入库通知单后，经过接运提货、装卸搬运、检查验收、办理入库手续等一系列作业环节所构成的工作过程。入库业务具体分为货物入库准备、货物接运、货物验收、货物入库交接和登记，其作业流程如图 4-1 所示。在入库作业时，仓库应根据仓储文件（如仓储合同、入库单、入库计划）及时地进行库场准备，以便货物能按时入库，保证入库过程顺利进行。仓库的入库准备需要由仓库的业务部门、仓库管理部门、设备作业部门分工合作，共同做好以下工作。

4.1.1 编制商品入库计划

所谓商品入库计划，是根据商品供应业务部门提供的商品采购进货计划来编制的，有关各类商品的进库时间、品种、规格、数量等的计划，通常也叫商品储存计划。仓储部门可以根据供应计划部门提交的采购进度计划，结合仓库本身的储存能力、设备条件、劳动力情况和各种仓库业务操作过程所需用的时间，来确定仓库的入库业务计划。

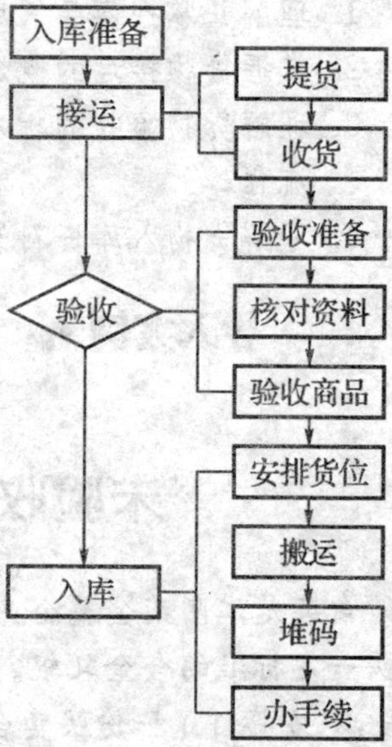

图 4-1 商品入库流程图

4.1.2 入库准备工作

入库准备工作，是指仓储保管部门接收商品入库的具体实施方案，这种具体方案，是根据入库业务计划并通过日常与供应业务部门、商品运输部门的联系，在掌握入库商品的品种、数量、到货地点、到货日期等具体情况的基础上来确定的。其主要内容为：

1）熟悉入库货物

仓库业务员和管理人员应认真查阅入库货物资料，必要时向存货人询问，掌握入库货物的品种、规格、数量、包装状态、单个体积、到库确切时间、货物存期、货物的理化特性、保管的要求等。据此进行精确和妥善的库场安排和准备。

2）掌握仓库库场情况

了解在货物入库期间、保管期间仓库的库容、设备、人员的变动情况，以便安排工作。必要时对仓库进行清查，清理归位，以便腾出仓容。如有必须使用重型设备操作的货物，一定要确保该货位可使用设备。

3）制定仓储计划

仓库业务部门根据货物情况、仓库情况、设备情况，制定仓储计划。并将任务下达到各相应的作业单位、管理部门。

4）仓库妥善安排货位

仓库部门根据入库货物的性能、数量、类别，结合仓库分区分类保管的要求，核算货位大小，根据货位使用原则，妥善安排货位、验收场地，确定堆垛方式、苫垫方案。

5）做好货位准备

仓库员要及时进行货位准备，彻底清洁货位，清除残留物，清理排水管道（沟），必要时安排消毒、除虫、铺地。仔细检查照明、通风等设备，发现损坏及时报修。

6）准备苫垫材料、作业用具

在货物入库前，根据所确定的苫垫方案，准备相应的材料，并组织衬垫铺设作业。对作业所需的用具要准备妥当，以便能及时使用。

7）验收准备

仓库理货人员根据货物情况和仓库管理制度，确定验收方法。准备好验收所需的点数、称量、测试、开箱装箱、丈量、移动照明等工具、用具。

8）装卸搬运工艺设定

根据货物、货位，设备条件、人员等情况，合理科学地制定卸车搬运工艺，保证作业效率。

9）文件单证准备

仓库员对货物入库所需的各种报表、单证、记录簿等，如入库记录、理货检验单、料卡、残损单等预填妥善，以备使用。

由于不同仓库、不同货物的性质不同，入库准备工作会有所差别，需要根据具体实际和仓库制度做好充分准备。

4.2 货物接运

4.2.1 概念

货物接运也称之为接货，是接货方与托运方或承运方办清业务交接手续，保质保量及时地将货物安全地接运回库。

货物到达仓库的形式除了一小部分由供货单位直接运到仓库交货外，大部分要经过铁路、公路、航空和短路运输等运输工具转运。凡经过交通运输部门转运的货物，均需经过仓库接运后，才能进行入库验收。因此，货物接运是货物入库业务流程的第一道作业环节，也是仓库直接与外部发生的经济联系。其工作好坏直接影响商品的验收和入库后的保管保养。

接运的主要任务是及时而准确地向交通运输部门提取入库商品，在接运由承运人转运的物品时，必须认真检查，分清责任，取得必要的证件，避免将一些在运输过程中或运输前就已经损坏的物品带入仓库，造成验收中责任难分和在保管工作中的困难或损失。

4.2.2 接运方式

货物接运方式是指仓库物品来源的方式。接运可在车站、码头、仓库或专用线进行，因而可以简单分为到货和提货两种方式。到货形式下，仓库不需组织库外运输。提货形式下，仓库要组织库外运输，除要选择路线、确定派车方案外，更需注意物品在回库途中的安全。

通常的接运方式包括到承运单位提货、到供货单位提货、供货或托运单位送货到库、铁路专用线接货、过户、转库和零担到货等。

4.2.2.1 到承运单位提货

这是由外地托运单位委托铁路、水运、民航、邮局等部门将货物运达到本埠车站、码头、民航站、邮局后，仓库依据到货通知单派车提运货物的作业活动。在提货时，提货人应注意做好以下几项工作：

1) 提货前的准备

提货人应对所提取的商品的品名、型号、特性和一般保管知识、装卸搬运注意事项等进行了解。在提货前应做好接运货物的准备工作，如准备好相应的运输装卸工具，腾出货物存放的场地等。提货人应主动了解到货时间和交货情况，以便组织相应的装卸人员、机具和车辆按时前往提货。

2) 提货时

提货人应根据提单、运单以及有关资料，在承运单位现场详细核对品名、规格、数量等，并要注意货物的外观质量，查看包装、封印是否完好，有无玷污、受潮、水渍、油渍等异状。若有短缺、损坏、疑点或货票不符，应当场要求运输部门检查，并做出记录，由承运部门运输员签字，以便以后处理。

随车装卸人员要时刻注意物品的安全，严防混号、破损、丢失等情况发生。对于腐蚀性物品、易燃易碎物品和放射性物品等，应严格按有关搬运规定办理，精密仪器仪表、贵重物品、怕潮物品、怕冻物品不宜在露天卸货。若条件所限必须露天卸货时，要采取必要的防护措施并严加管理。

3) 货物到库后

提货员应与保管员密切配合，尽量做到提货、运输、验收、入库、堆码成一条龙作业，从而缩短入库验收时间，并办理内部交接手续。

4.2.2.2 到供货单位提货

这是仓库受托运方的委托，直接到供货单位提货的一种形式。这种提货形式的作业内容和程序主要是：当仓库接到托运通知单后，做好提货准备，并将提货与货物的初步验收工作结合进行。因此，接运人员要按照验收注意事项提货，必要时可由验收人员参与提货。

仓库应根据提货通知，了解所提货物的性能、规格、数量，准备好提货所需的机械、工具、人员，配备验收人员或保管员在供方当场检验质量、清点数量，并做好验收记录，接货与验收合并一次完成。

4.2.2.3 供货或存货单位送货到库

供货单位或存货单位将商品直接送到仓库储存时，仓库保管员或验收人员根据采购部门或货主提供的采购订单、合同或入库通知单作为收货的依据，直接与送货人在收货现场办理接货手续，当面点验所送物品的品名、规格型号、件数和数量以及有关单证、资料，并查看物品的外观质量，无法当面完成全部验收项目的，要在送货单回执联内注明具体内容待验。

在验收、检查过程中如发现短缺损坏等问题时，要会同送货人员查实，由送货人出具书面证明、签章确认，留作处理问题时的依据。

4.2.2.4 铁路专用线接货

仓库备有铁路专用线，大批整车或零担到货接运的形式。它是公路、铁路联合运输的一种形式。其作业内容与程序为：

(1) 仓库接到专用线到货通知后，应立即确定卸货货位，力求缩短场内搬运距离；组织好卸车所需要的机械、人员以及有关资料，做好卸车准备。接到确报后，整车运输员要在现场接车引位，根据运单和有关业务凭证进行到货检查。

(2) 车皮到达后，引导对位，进行检查。看车皮封闭情况是否良好，车门、车窗、铅封和盖等有无异状；根据运单和有关资料核对到货品名、规格、标志和清点件数；检查包装是否损坏或有无散包；检查到货是否有进水、受潮、污染、弯曲等损坏现象。若发现异常，应请铁路部门派员复查，作出记录，记录内容应与实际情况相符，以便交涉。

(3) 卸车时要注意为商品验收和入库保管提供便利条件，要遵循“安全、快速、准确、方便”的收卸原则。做到：分清车号、品名、规格，不混不乱；保证包装及捆扎完好；不碰坏，不压伤，更不得自行打开包装；根据商品的性质合理堆放，以免混淆；做好所卸物品临时下垫上盖。

(4) 填写到货台帐，编制卸车记录，记明卸车货物品名、规格型号、数量、到货日期、物品始发站、发货单位、送货车皮号、物品有无异状、有无记录等，连同有关证件和资料，尽快与保管员办好内部交接手续。

（5）物品卸完后，整车运输员要及时向车站报空，等待“排空”，并将报空时间和铁路接报时间记录下来备查。卸车后整车运输员要及时准确地做好收卸物品标记，在商品上标明车皮号、件数和卸车日期，以便验收时识别。

4.3 验收管理

货物验收是按照验收业务作业流程，核对凭证等规定的程序和手续，对入库货物进行数量和质量检验的经济技术活动的总称。凡货物进入仓库储存，必须经过验收，只有验收后的货物，方可入库保管。验收工作的基本要求是必须做到及时准确，即在尽可能短的时间内，准确地验收商品的数量、质量和包装。

4.3.1 货物验收的标准

为准确及时地验收货物，首先，必须明确货物验收的标准和依据，在实际进货作业过程中通常依据以下标准来验收货物：

（1）买卖双方约定的货物接收标准；

（2）采购合同或订单所规定的具体要求和条件；

（3）以议价时的合格样品为标准；

（4）以各类产品的国家品质标准或国际标准为依据。

4.3.2 确定抽检比例的依据

在仓库进货验收工作中，货物通常是整批、连续到库，而且品种、规格较复杂，在有限的时间内不可能逐件查看，这就需要确定一个合理的抽查比例，验收抽查比例的大小，一般根据货物的特性、货物的价值大小、品牌信誉、物流环境等因素而定，具体可以依据和综合考虑以下条件：

（1）供应商的质量保证体系是否完善。稳定的供应链系统中，供应商的质量保证体系的完整程度是货物的长期保证。

（2）货物的理化性能。不同的货物具有不同的物理化学性能，有些货物理化性能不稳定，对物流环境适应能力较差，如易碎、易腐蚀、易挥发的货物，验收中抽查的比例可适当加大；

（3）货物价值的大小。对较贵重的货物，其验收检查的比例要大；

（4）生产技术条件及品牌信誉。通常生产技术条件好，则产品质量稳定，品牌信誉也就越好，这类货物在进货时验收抽查的比例可以小些；反之，抽查的比例则需要大些；

（5）物流环境。物流环境包括储运过程中的气候、地理环境及储运、包装条件等。货物的质量越稳定，物流环境与货物性能越相宜，验收抽查的比例可以越小。

4.3.3 货物验收的方法

货物验收的方法由仓储合同来约定，合同没有约定的，按照货物的特性和仓库的习惯确定。由于新产品不断出现，不同货物具有不同的质量标准，仓库应认真研究各种检验方法，必要时要求客户、货主提供检验方法，或者要求收货人共同参与检验。仓库成立专职检验队伍是提高检验水平的有效方法。货物验收的主要方法有以下6种：

视觉检验：在充足的光线下，利用视力观察货物的状态、颜色、结构等表面状况，检查有无变形、破损、脱落、变色、结块等损害情况，以判定其质量。

听觉检验：通过摇动、搬运操作、轻度敲击，听取声音，判定质量。

触觉检验：利用手感鉴定货物的细度、光滑度、黏度、柔软程度等，判定质量。

嗅觉、味觉检验：通过货物所特有的气味、滋味测定，判定质量。

测试仪器检验：利用各种专用测试仪器进行货物性质测定，如含水量、容量、黏度、成分、光谱等测试。

运行检验：对货物进行动作操作，如电器、车辆等，检查操作功能是否正常。

4.3.4 验收的作业流程及其作业内容

货物验收工作包括验收准备、核对证件和实物检验3个作业环节。

4.3.4.1 验收准备

仓库接到到货通知后，应根据货物的性质和批量提前做好验收前的准备工作，大致包括以下内容：

人员准备。安排好负责质量验收的技术人员或用料单位的专业技术人员，以及配合质量验收的装卸搬运人员。

资料准备。收集并熟悉待验货物的有关文件，例如技术标准、订货合同等。

器具准备。准备好验收用的检验工具，例如衡器、量具等，并检验其准确性。

货位准备。确定验收入库时存放的货位，计算和准备堆码垫垛材料。

设备准备。大批量货物的数量验收，必须要由装卸搬运机械的配合，因此应做设备的申请调用。此外，对于特殊货物的验收，例如：有毒物品、腐蚀品、放射品等，还要准备相应的防护用品。

4.3.4.2 核对凭证

入库货物必须具备下列凭证：

(1) 入库通知单和订货合同副本，这是仓库接受货物的凭证；

(2) 供货单位提供的材质证明书、装箱单、磅码单、发货明细表等；

(3) 货物承运单位提供的运单，若商品在入库前发现残损情况，还要有承运部提供的货运记录或普通记录，作为向责任方交涉的依据；

(4) 核对凭证，也就是将上述凭证加以整理全面核对。入库通知单、订货合同要与供货单位提供的所有凭证逐一核对，相符后才可进行下一步的实物检验。

4.3.4.3 实物检验

实物检验就是根据入库单和有关技术资料对实物进行数量和质量的检验。

1) 数量检验

这是保证物资数量准确不可缺少的重要步骤，一般在质量检验之前，由仓库保管职能机构组织进行。按照货物性质和包装情况，数量检验分为 3 种方法：计件法、检斤法、检尺求积法。

(1) 计件法

计件法是按件数供货或以件数为计量单位的货物，做数量验收时清点件数。计件法包括标记计件法、分批清点和定额装载 3 种方法。标记法是在清点大批量货物入库时，每一定件数的货物作一标记，待全部清点完毕，再按标记计算总的数量；分批清点是对包装规则、批量不大的货物入库时，将货物按行、列或层堆码，每行、列或层堆码的件数相同，清点完后，再统一计数；定额装载的方法主要用来清点包装规则、批量大的货物，可以用托盘、平板车或其他装载工具实行定额装载，最后计算出入库货物的件数。

(2) 检斤法

检斤是对按重量供货或以重量为计量单位的货物，做数量验收时的称量。检斤法包括衡器称重和理论换算两种方法。衡器称重是将检斤货物在衡器上称重后再进行核对的方法；理论换算主要适用于规格、长度较一致、批量大的五金、钢材和以根、支、颗粒为单位的散装货物的计重。按理论换算重量供应的货物，先要通过验尺，例如，金属材料中的板材、型材等，检尺后再按规定的换算方法换算成重量验收。对于进口商品，原则上应全部检斤，但如果订货合同规定理论换算重量交货，则按合同规定处理。所有检斤的货物，都应填写磅码单。

(3) 检尺求积法

检尺求积法是对以体积为计算单位的货物，例如，木材、竹材、砂石等，先检尺、后求积所做的数量验收。凡是经过数量检验的货物，都应填写磅码单。

在做数量验收之前，还应根据货物的来源，包装的好坏或有关部门的规定，确定对到库货物是采用抽验还是全验的方式。在一般情况下，数量检验应全验，即按件数全部进行点数，按重量供货的全部检斤，按理论重量供货的全部检尺，然后换算为重量，以实际检查结果的数量作为实收数。但如果货物管理机构有统一规定时，则可按规定办理。

2) 质量检验

质量检验包括外观检验、尺寸检验、机械物理性能检验和化学成分检验等形式。

仓库一般只做外观检验和尺寸精度检验，后两种检验如果有必要，则由仓库技术管理职能机构取样，或委托专门检验机构检验。

（1）外观检验

在仓库中，质量验收主要指商品外观检验，由仓库保管职能机构组织进行。外观检验是指通过人的感觉器官，检验商品的包装外形或装饰有无缺陷；检查商品包装的牢固程度；检查商品有无损伤，如撞击、变形、破碎等；检验商品是否被雨、雪、油污等污染，有无潮湿、霉毒、生虫等。外观有缺陷的商品，有时可能影响其质量，所以，对外观有严重缺陷的商品，要单独存放，防止混杂，等待处理。凡经过外观检验的商品，都应填写"检验记录单"。商品的外观检验，即通过直接观察商品包装或商品外观来判别质量情况，大大简化了仓库的质量验收工作，避免了各个部门反复进行复杂的质量检验，从而节省大量的人力、物力和时间。

（2）尺寸检验

尺寸检验由仓库的技术管理职能机构组织进行。进行尺寸精度检验的商品，主要是金属材料中的型材、部分机电产品和少数建筑材料。不同型材的尺寸检验各有特点，例如，椭圆材主要检验直径和圆度；管材主要检验壁厚和内径；板材主要检验厚度及其均匀度等。对部分机电产品的检验，一般由用料单位派人员进行。尺寸精度检验是一项技术性强，很费时间的工作，全部检验工作量大，并且有些产品质量的特性只有通过破坏性的检验才能测定，所以一般采用抽验的方式进行。

（3）理化检验

理化检验是对商品内在质量和物理化学性质所进行的检验，主要是针对进口商品。对商品内在质量的检验要求一定的技术知识和检验手段，目前大多数仓库不具备这些条件，所以一般由专门的技术检验部门进行。

以上的质量检验是在货物交货时或入库前的验收。在某些特殊情况下，还有完工时期的验收和制造时期的验收，即在供货单位完工和制造过程中，由需方派人员到供货单位检验。应当指出，即使是供货单位检验过的货物，由于运输条件差，或者货物质量不稳定，也会在入库时发生质量问题，所以交货时和入库前的检验，在任何情况下都是有必要的。

4.3.5 货物验收的范围和程度

货物验收方式分为全验和抽验。在进行数量和外观验收时一般要求全验。在质量验收时，若货物批量小、规格复杂、包装整齐或要求严格验收，通常采用全验的方式。全验需要大量的人力、物力和时间，但是可以保证验收的质量。当批量大、规格简单、包装整齐，供货单位的信誉好，人工验收条件有限的情况下，通常采用抽验的方式。

1）数量检查的范围

（1）不带包装的（散装）物的检斤率为100%，不清点件数时检斤率为100%，回皮率为5%～10%，清点件数为100%。

（2）定尺钢材检尺率为10%～20%，非定尺钢材检尺率为100%。

（3）贵重金属材料100%过净重。

（4）有标量或者标准定量的化工产品，按标量计算，核定总重量。

（5）同一包装、规格齐整、大批量的货物，包装严密、符合国家标准且有合格证的货物采取抽查无实据方式验量，抽查率为10%～20%。

2）质量检验的范围

（1）带包装的金属材料，抽验5%～10%；无包装的金属材料全部目测查验。

（2）入库量10台以内的机电设备，验收率为100%；100台以内，验收率不小于10%；运输、起重设备100%查验。

（3）仪器仪表外观质量缺陷查验率为100%。

（4）易于发霉、变质、受潮、变色、污染、虫蛀、机械性损伤的货物，抽验率为5%～10%。

（5）外包装质量缺陷检验率为100%。

（6）对供货稳定，信誉、质量较好厂家的产品，特大批量货物可以采用抽查的方式检验质量。

（7）进口货物原则上100%逐件检验。

4.3.6 验收差异的作业处理

对验收产生差异的货物可采取如表4-1所示的处理方式。

表4-1 货物验收作业常见问题处理

问题 处理	数量 溢余	数量 短缺	质量 不合格	包装 不合格	规格 不合格	单据与 实物不符
通知供应商	√	√			√	√
按实数签收		√				
维修整理			√	√		
查询等候处理	√				√	√
改单签收	√				√	√
拒绝签收	√		√	√	√	√
退单退货	√		√	√	√	√

4.4 入库资料管理

入库货物经过点数、查验之后，可以安排卸货、入库堆码，表示仓库接收货物。卸货、搬运、堆垛作业完毕，与送货人办理交接手续，并建立仓库台账。

4.4.1 交接手续

交接手续是指仓库对收到的货物向送货人进行的确认，表示已接收货物。办理完交接手续，意味着划清了运输、送货部门和仓库的责任。完整的交接手续包括：

1) 接收货物

仓库以送货单(见表4-2)为依据，通过理货、查验货物，将不良货物剔出、退回或者编制残损单证等明确责任，确定收到货物的确切数量、货物表面状态良好。

表4-2 送货单

送 货 单						
送货单位：______		日期：____年____月____日			编号：______	
品名	规格	单位	数量	单价	金额	说明
合计						
合计金额(人民币大写)____万____千____百____拾____元____角____分						
收货单位：(盖章)______		制单：______			经手人：______	

2) 接收文件

接收送货人送交的货物资料、运输的货运记录、普通记录等，以及随货的在运输单证上注明的相应文件，如图纸、准运证等。

3) 签署单证

仓库与送货人或承运人共同在送货人交来的送货单、到接货交接单(见表4-3)上签署和批注，并留存相应单证，提供相应的入库、查验、理货、残损单证、事故报告，由送货人或承运人签署。

表 4-3 到接货交接单

到接货交接单											
收货人	发站	发货人	物资名称	标志标记	单位	件数	重量	存放地	车号	运单号	提货单号
备注:											
提货人:				经办人:				接收人:			

4.4.2 登账

货物查验中,仓库根据查验情况制作入库单(见表 4-4)。详细记录入库货物的实际情况。对短缺、破损等在备注栏填写和说明。

表 4-4 入库单

入库单						编号:______	
送货单位:______		日期:___年___月___日				入货仓库:______	
货物编号	品名	规格	单位	数量	检验	实收数量	备注
仓库收货人:		会计:			制单:		
本单一式三联,第一联:送货人联;第二联:财务联;第三联:仓库联							

货物入库,仓库应建立详细反映物资仓储的明细账,登记货物进库、出库、结存的详细情况,用以记录库存货物的动态和出入库过程。

登账的主要内容有:物资名称、规格、数量、累计数或结存数、存货人或提货人、批次、金额,注明货位号或运输工具、接(发)货经办人。

4.4.3 立卡

货物入库或上架后,将货物名称、规格、数量或出入状态等内容填在料卡上,称为立卡。料卡又称为货卡、货牌(见表 4-5),插放在货物下方的货架支架上或摆放在货垛正面的明显位置。

表4-5 料卡

料　卡　　　　编号:________

物资名称:________　规格:________　单位:________　单价:________

年		送(提)货单位	入库量（+）	出库量（−）	库存	经手人
月	日					

4.4.4 建档

仓库应对所接收的货物或者委托人建立存货档案或者客户档案，以便于货物管理和保持客户联系，也为将来可能发生的争议保留凭据。同时有助于总结和积累仓库保管经验，研究仓储管理规律。

存货档案应一货一档设置，将该货物入库、保管、交付的相应单证、报表、记录、作业安排、资料等的原件或者附件、复制件存档。存货档案应统一编号、妥善保管，长期保存。

存货档案的内容包括：

（1）货物的各种技术资料、合格证、装箱单、质量标准、送货单、发货清单等。

（2）货物运输单据、普通记录、货运记录、残损记录、装载图等。

（3）入库通知单、验收记录、磅码单、技术检验报告。

（4）保管期间的检查、保养作业、通风除湿、翻仓、事故等直接操作记录；存货期间的温度、湿度、特殊天气的记录等。

（5）出库凭证，交接签单、送出货单、检查报告等。

（6）回收的仓单、货垛牌，仓储合同、存货计划、收费存根等。

（7）其他有关该货物仓储保管的特别文件和报告记录。

本章小结

本章第一节首先介绍了商品入库准备的主要内容，包括熟悉入库货物、掌握仓库库场情况、制定仓储计划、仓库妥善安排货位、做好货位准备、准备苫垫材料、作业用具、验收准备、装卸搬运工艺设定和文件单证准备。第二节介绍了货物接运的概念和接运方式，常见的接运方式包括到承运单位提货、到供货单位提货、供货或存货单位送货到库、铁路专用线接货等。第三节介绍了货物验收的标准、确定抽检比例的依据、货物验收的方法、验收的作业流程及其作业内容、货物验收的范围和程度、验收差异的作业处理等内容。第四节介绍了入库作业过程中涉及到的入库资料管理工作，如交接手续的办理、登账、立卡、建档等，涉及到的入库资料有送货单、接收的各种单证、入库单、到接货交接单、料卡、存货档案等。

·案例分析·

某实业公司商品入库作业规范

该实业公司的主要产品是糖。公司认为把好商品入库关，是确保商品储存质量完好的前提。因此对于商品入库环节，制定了如下作业规范：

1. 根据入库商品的性能、品种、数量、包装，做好入库前的准备。即准备货位，做好垛底的清扫和铺垫工作；检查库房门窗是否严紧，房顶是否漏雨，发现问题及时申报。
2. 对商品的品种、数量、规格、水份、包装等做好感观验收，并做详细记录。
3. 站台入库作业时，严格落实"站台保管—装卸队—仓库保管"三方签字验收制度，逐车对入库商品进行清点交接。
4. 商品入库时，保管员必须加强现场管理，指导装卸队按"商品装卸、苫垫、堆码作业标准"进行作业；做到按批逐层堆码，垛型规范整齐，层批清楚。
5. 及时剔出湿、卤及污染包，单独码放。对破损包及时串整，并随时回收土糖。
6. 及时填制垛卡，垛卡内容包括存货单位、入库时间、天气情况，商品名称、数量、规格、产地、装卸作业队等，做到账、货、卡三相符。
7. 入库作业完毕，仓库保管必须及时清理作业现场，保持作业现场的整洁，并根据商品实收情况协同站台保管、运输人员办理商品入库签收手续。
8. 露天垛商品入库作业完毕，保管员应监督装卸人员将货垛按标准苫盖整齐。经确认苫盖无误后方可离开作业现场，并及时将所用苫垫器材登记入账。

（案例来源：商品入库作业规范. http://www.ztjhf.com/gzzd1.htm）

案例思考题：

1. 该公司准备货位应做哪些工作？
2. 该公司如何验收货物？

·复习思考题·

1. 简述入库准备工作的主要内容。
2. 货物接运方式有哪几种？
3. 货物验收的主要方法有哪几种？其特点是什么？

4. 货物的验收内容有哪些？
5. 数量检验的方法主要有哪几种？其适用范围是什么？

·实训项目·

商品验收入库实训

技能目标

验收是保证入库货物不出差错的第一道关键环节，是仓库提出退换货和索赔的依据。凡货物进入仓库储存，必须经过及时认真、全面准确地检查验收。通过本项目的实训，让学生掌握货物验收的要点及货物入库的程序。

项目任务

腾达仓储有限公司 2009 年 8 月 25 日收到宜家超市的入库通知单，该批货物的详细情况如下表，请小组同学分别以收货人和送货人的身份做好这批货物的交接、验收及入库工作。

品　名	规　格	单　位	数　量	包　装
金龙鱼油	5 L	桶	48	4 桶/箱
红富士苹果	80 mm	箱	10	10 kg/箱
沙宣洗发水	200 g	瓶	24	12 瓶/箱
碧浪洗衣粉	500 g	袋	96	24 袋/箱

项目实施过程

1. 学生每 6 人为一个小组，每个小组任命 1 名组长，以小组为单位完成商品入库准备工作的实施方案；
2. 小组成员分别担当送货人和收货人的角色，准备好入库通知单、送货单、入库验收单、入库单、产品合格证、入库货物异常报告、料卡、货物保管账页等资料；
3. 验收货物、填写相应单证；
4. 办理交接手续，完成货物入库，完成登账、立卡、建档工作。

项目实施结果评价

商品验收入库实训结果评分表，见表 4 - 6。

表 4 - 6　商品验收入库实训结果评分表

被考评小组		考评组调查对象	
考评时间		考评地点	
考评内容	商品验收入库实训		
考评标准	内　容	标准分值	考评得分
	入库准备工作充分	20	
	接收与验收操作程序正确	10	
	凭证审核认真、全面，没有遗漏	20	
	验收结果处理得当	10	
	单证填写、签署规范、正确	30	
	登账、立卡、建档资料正确	10	
合　计		100	

考评者：＿＿＿＿＿＿

第 5 章 在库管理

·教学目标·

1. 了解储位管理的原则、对象、要素,理解并掌握储位的规划相关内容,了解商品储存方法和储位分配方式;
2. 理解物品编码的原则,理解并掌握几种物品编码的方法;
3. 理解并掌握堆码的基本原则、基本方法,了解堆垛的基本要求,理解并掌握堆垛设计的主要内容,了解垫垛的目的和基本要求,掌握如何确定衬垫的数量,了解苫盖的目的和基本要求;
4. 理解并掌握装卸搬运的种类和合理化措施;
5. 了解库存商品质量变化的种类和因素,理解并掌握商品养护的基本要求,理解并掌握仓库的温湿度调控、商品霉烂防治、金属商品锈蚀防治以及仓库害虫防治的各种方法;
6. 了解盘点作业的目的,理解并掌握盘点作业的内容和实施步骤。

·导入案例·

某实业公司商品在库管理作业规范

一、商品装卸苫垫堆码作业规范

1) 铺垫标准

(1) 商品堆码前,装卸人员须将存放商品的货位清扫干净,保管员根据所储商品的数量及养护性能等要求,决定堆码方案。

(2) 货垛铺底有两种:

①库房内货垛铺底，先根据货垛的大小铺壹层木排，在木排上铺两层苇席，苇席上铺壹层塑料地膜，塑料地膜上再铺两层苇席；塑料地膜四周分别比垛底大出1.5 m。

②露天货垛先在地面上铺两层条石，条石高度不低于0.4 m，在条石上铺苇席和塑料薄膜，方法与库房内铺垫相同。

除以上铺垫方法外，视具体情况做适当调整，但必须保证隔潮、通风、排水性能好。

2）装卸标准

(1) 运货车辆所经路线，应事先清除各种障碍，夜间作业配备好照明设备，雨雪天应停止作业或视实际情况配备苫布及相应的安全措施，在确保质量的前提下进行作业。

(2) 装卸商品时要轻取轻放，严格按包装标志进行操作，严禁野蛮作业。

(3) 对破损包装，要及时检斤、串整、归垛，装卸作业过程中应尽量减少损失。

(4) 装卸搬运设备，如运输车辆、传送带等，投入运行前要加强检查，确保安全运转，不损坏原包装，严禁违章操作，造成商品损失。

(5) 坚持“安全第一、质量第一”的原则，严格按操作规程作业，做到不超高、不超载、安全用电。

(6) 及时清整散落在地的商品，提高回收率，减少损失。

3）堆码标准

(1) 严格按商品的品种、储存单位进行分垛堆码。

(2) 商品堆垛时，应合理利用仓容，并按防火规范留出“五距”，即墙距不少于0.8 m，顶距不少于0.5 m，垛距不少于1 m，灯距不少于0.5 m，柱距不少于0.5 m，主要通道和宽度不少于2 m。

(3) 堆码过程中，破、湿、污染包及时剔出，单独码放；并有专人随时对破损包进行串整，及时清扫散落在地的商品，减少商品损失。

(4) 商品堆垛必须稳固整齐，包口向里，四角成线，垂直地面，不超地坪负荷。商品包装上有堆码标志的，必须按标志上的规定进行堆码；一般情况下，100 kg麻袋装原糖，堆码高度不应超过28个高，50 kg编织袋装白砂糖、绵白糖，堆码高度不应超过25个高，而50 kg编织袋装赤砂糖，堆码高度不应超过22个高，操作中可视具体情况做适当调整。

(5) 商品堆垛无论采取何种堆码方式，必须做到层批清楚，以利清点和拆垛作业。

(6) 露天货垛商品的堆码，货垛必须在垛顶起脊形成坡度，做到无低凹处。

4）苫盖标准

根据商品的保管养护要求和本地气候变化情况，对储存在露天货场的商品，采取如下苫盖标准：首先将铺底的塑料膜向上翻起，用线将其与商品包装缝牢，然后从垛顶用二层苇席苫盖，直到垛底，苇席重叠部分不少于0.5 m，并与商品包装缝牢；其次在苇席上再苫盖一层苫布，苫布连接处重叠部分不少于1.2 m，苫盖好后，将苫布四周用绳子与垛底拉环拴紧拴牢。做到"风刮不开、雨水渗不进、垛顶有斜度、货垛整齐牢固"，苫垫器材的缝、钉、系等都必须做到牢固。

对于库房内储存的商品，一般不苫盖，但塑料围子必须标高一致，与货垛栓挂牢固，货垛必须保持整洁、干净。

二、商品保管养护规范

(1) 加强商品的在库保管养护与检查，坚持"一日三查"，检查的内容包括：商品状态是否正常，门、窗、通风孔有无异状，堆垛有无倾斜、压损包装或其他异状，库房有无异味、鼠迹或虫飞，各种消防、通风、吸潮、检测设备及防盗、防鼠工具是否齐全有效，是否存在易燃物，露天垛是否苫盖牢固，苫布有无破损等；雨雪天气还应检查门、窗、通风孔及墙面、库顶是否漏雨、飘雪、渗水，食糖有无水湿受损等情况，发现问题及时申报处理，并做好记录。

(2) 做好库房温湿度检测与调节。坚持"早、中、晚"一日三次检查温湿度情况，并做好记录，加强分析。根据商品状况和室内外温湿度变化采取自然通风、强行通风、强行吸湿、密封等措施。使库房内温度控制在30 ℃以下，最高不超过35 ℃，相对湿度控制在60%以下，最高不超过70%。

(3) 保持检测仪器的正常使用和灵敏有效。对干湿球温度表，要定期更换纱布，一般情况下，应每月更换一次，温度高、湿度大的季节应每周更换一次，并保持水盂内的水清洁、充足，做好温湿度的检测和分析。

(4) 保持储存区域的整洁卫生，做到库房无杂物，垛上无污迹。

(5) 坚持定期检查与季节检查相结合、全面检查与重点检查相结合的方法，确保在库商品的安全与完整。

(6) 按规定操作通风去湿设备，设备运行期间必须加强现场巡查，发现问题及时停机报修，严防设备带病作业，确保安全，并做好设备运行记录。

（资料来源：商品装卸苫垫堆码作业规范. http://www.ztjhf.com/gzzd2.htm）

5.1 储位管理

5.1.1 储位管理的概念

在仓库商品由入库到最后出库，其中最重要的环节就是商品在库时的管理。也就是说，当商品进入仓库后，应该如何放置、放置何处，这些都属于储位管理的内容。储位管理的好坏，影响到整个作业的顺畅与否。

所谓储位管理，就是在把将来要使用或者要出货的商品保管好的前提下，经常对库存进行检查、控制与管理。

5.1.2 储位管理的原则

1) 明确标识储位

先将储存区域经过详细规划区分，并标示编号，让每一种预储存的商品都有位置可以存放。储位的具体地点必须加以明确，边界含糊不清（如走道、楼上、角落、或某某商品旁等）会使储位管理发生混乱。很多仓库常把走道当成储区来使用，虽然短期之内得到了一些方便，但长此以往就会影响库内作业，违背了储位管理的基本要求。

2) 有效定位商品

依据商品保管方式的不同，应该为每种存货确定合适的储存单位、储存策略、分配法则，以及其他储存中要考虑的因素，把商品合理安排在预先准备的储位上。例如，冷藏货就该放冷藏库，流通速度较快的商品应该放在靠近出口处，洗衣粉不应该和饼干放一起等等。

3) 及时更新记录

当商品按规划就位后，接下来的工作就是储位维护。无论是因为出货、淘汰，还是受其他因素的影响，使商品的位置或数量发生改变时，必须及时、准确地记录变动前后的情况，使库存记录与实际数量能够完全吻合。由于记录更新工作非常繁琐，所以是储位管理工作中最困难的部分，也是目前各仓库储位管理作业效率高低的关键所在。

5.1.3 储位管理的对象

1) 保管商品

保管商品包括：以托盘为单位的保管商品、以箱为单位的保管商品、以单品为单位的保管商品及其他。在仓库保管的商品，由于对作业、储放搬运、拣货等方面有特殊要求，使得商品在保管时呈现出很多保管形态。例如托盘、箱、单品或其他包装方式，这些虽然在保管单位上有很大差异，但都必须按储位管理原则加以管理。

2) 非保管商品

(1) 包装材料

包装材料主要是指一些卷标、包装纸等包装材料。由于卖场促销、特卖及赠品等活动的增加，使得在仓库进行贴标、重新包装、组合包装等流通加工的活动比以前大大增加。流通加工的作业增多，使用的包装材料就越多。因此，对这部分商品必须加以管理，避免缺货影响整个流程的运转。

(2) 辅助材料

辅助材料指托盘、容器等搬运器具。目前由于流通器具的普及化，使仓库对托盘这些辅助材料的需求越来越多。为了不影响商品的搬运流通，就必须对这些辅助材料进行管理。有很多仓库已经发现了辅助材料管理的重要性，制定了专门管理托盘的规章制度。

(3) 回收材料

回收材料指由于补货或拣货作业，拆箱剩下的空纸箱。虽然这些空纸箱都可以回收利用，但由于纸箱形状不同、大小不一，若不加管理，很容易造成混乱，而影响其他作业的正常进行，所以为了避免由于回收材料管理不善而影响其他作业的事情发生，就必须加以重视与管理。

5.1.4　储位管理的要素

1) 储位管理的基本要素

(1) 商品

如何管理放置在储位上的商品，首先必须考虑的是商品本身的影响因素。这些影响因素有：

①供应商：即商品的供应渠道，是本公司生产的还是外购的，有无行业特性及影响；

②商品特性：商品的体积、重量、单位、包装、周转快慢、季节性分布及自然属性(腐蚀或溶化等)，温湿度要求，气味的影响等；

③进货规定：采购提前期，采购作业特殊要求；

④数量：如生产量、进货量、库存决策、安全库存等；

⑤品种：种类类别、规格大小等。

然后考虑如何摆放。摆放时需考虑：

①储位单位：储位的单位是单品、箱，还是托盘，及其商品特性；

②储位策略：是定位储放、随机储放、分类储放、分类随机储放，或者其他的分级、分区储放；

③储位分配原则：靠近出口，以周转率为基础；

④商品特性；

⑤补货的方便性；

⑥单位在库时间；

⑦订购频率。

将商品放置在正确的储位后，接下来就是开展有效的在库管理工作，了解其品种、数量、位置、出入库情况等，随时掌握库存状况。

(2) 储位空间

不同类型仓库的主要功能也不尽相同，有的强调保管功能，有的强调配送功能。因此，仓库对储位空间的处理上也不一样：如果在重保管的仓库，主要是仓库保管空间的储位分配;而在重配送的仓库,则为便于拣货及补货而进行储位配置。在储位规划时,首先要确定储位空间,那就必须考虑空间大小、柱子排列、梁下高度、走道、机器回旋半径等基本因素,再配合其他外在因素,才能合理安排库存商品。

(3) 人员

规模较大的仓库,人员分工也比较细致,包括保管员、搬运员、拣货/补货员等。保管员负责管理及盘点作业,拣货员负责拣货作业,补货员负责补货作业,搬运员负责入库、出库作业、库内搬运。而一般仓库的仓储人员实行统一调配,不细分作业工种。在存、取、搬运商品时,追求的是省时、省力、高效。因此,作业流程要设计合理化;储位配置及标示要简单、清楚,一目了然;储位上的商品要好放、好拿、好找。另外,库内储位分布要简单、统一、标准化。

2) 储位管理的关联要素

除了上述3项基本要素:商品、储位空间、人员以外,其他关键要素还有储放设备,搬运及输送设备。如果商品不是直接堆放在地板上,就需要考虑相关的托盘、货架等;如果不是仅仅依靠人力搬运,则必须考虑使用叉车、输送机、笼车、堆高机等输送与搬运设备。

(1) 搬运与输送设备

在选择搬运与输送设备时,需要考虑商品特性、商品的单位、容器、托盘等因素,以及作业流程与状况,储位空间的配置等,选择适合的搬运与输送设备。同时还要考虑设备成本与使用操作的方便性。

(2) 储放设备

选择储放设备同选择搬运与输送设备考虑的基本内容一样,都包括商品特性、商品的单位、容器、托盘等基本条件,然后再选择适当的设备配合使用。例如:自动仓库设备,或者对固定货架、流动货架的选择使用;拣货作业可以使用电子辅助卷标;出货、点货可以利用无线电传输设备(RFDC)。设备问题解决后,需要将各储位及货架等统一编码,方便管理。编码原则必须明确易懂,便于操作。

5.1.5 储位的规划

在存储作业中,为有效对商品进行科学管理,必须根据仓库、存储商品的具体情况,实行仓库分区、商品分类和定位保管。仓库分区就是根据库房、货场条件将仓库分为若干区域;分类就是根据商品的不同属性将存储商品划分为若干大类;定位就是在分区、分类的基础上固定每种商品在仓库中具体存放的位置。

5.1.5.1 仓库分区

仓库分区是根据仓库建筑形式、面积大小、库房、货场和库内道路的分布情况,并结合考虑商品分类情况和各类商品的储存量,将仓库划分为若干区域,确定每类商品储存的区域。库区的划分一般在库房、货场的基础上进行,多层库房分区时也可按照楼层划分货区。

5.1.5.2 安排储位空间

1) 充分利用库房高度

当合理设置好梁柱后，在有限的立体空间中，面积固定，要增加利用空间就是向上发展。虽然仓库空间向上发展带来了商品搬运工作安全、盘点困难等问题，但在物流技术快速发展的当代，存储空间在高度上发展已经得到了较好地解决。可以利用货架进行堆垛，例如驶入式货架便于工作可叠高 10 m 以上，而窄道式货架可叠高 15 m 左右，利用这些可叠很高的货架把重量较轻的商品储放于上层，而把较笨重的商品储放于下层，或用托盘来多层堆放以提高储存量，提高空间利用率。

2) 有效利用平面区域

在空间利用上，如果能有效利用二维平面区域，就可以争取到三维空间的最大利用，要提升二维平面的经济效用有以下 4 个要点：

(1) 非储存空间设在角落：所谓非储存空间就是一些厕所、楼梯、办公室、清扫工具室等设施，应尽量把这些地方设置在保管区域的角落或边缘，以免影响保管空间的整体性，增加库存商品的保管空间。

(2) 减少对货架安置的影响：保管空间上部的通风管道及配电线槽，适于安装在最不影响存取作业的角落上方，以减少对货架安置的影响。减少安置影响，相对地就可以增加货架储位数量，增大保管使用空间。

(3) 采用方形货架：应尽量采用方形货架，以减少因货架外形与空间形状不符而剩下的一些无法使用的空间。

(4) 减少通道面积：减少通道面积相对而言即增加保管面积，但可能会因通道的变窄变少而影响作业车辆通行及回转，所以在空间利用率与对作业影响的二者中，应该根据实际情况选取平衡点，不要因为扩展保管空间而影响了整个作业的方便性。一般的做法是把通道宽度设定成保管区中行走搬运车辆的最小宽度，再另外留出一条较宽的通道以供搬运车辆回转，如表 5-1 所示。

表 5-1 廊道宽度与适用的搬运车辆类型

通道类型	通道宽度(m)	搬运车辆类型
宽道式	3.0～4.5	配重式叉车 驶入式叉车
窄道式	2.1～3.1	跨立式叉车 转柱式叉车
超窄道式	2.1 以下	转叉式叉车 拣货机

5.1.5.3 储位确定

在进行储区规划时应充分考虑商品的特性、轻重、形状及周转率情况，根据一定的分配原则确定商品在仓库中具体存放的位置。

1）根据商品周转率确定储位

计算商品的周转率，将库存商品周转率进行排序，然后将排序结果分段或分列。将周转率大、出入库频繁的商品储存在接近出入口或专用线的位置，以加快作业速度和缩短搬运距离。周转率小的商品存放在远离出入口处，在同一段或同列内的商品则可以按照定位或分类储存法存放。

2）根据商品相关性确定储位

有些库存的商品具有很强的相关性，相关性大的商品，通常被同时采购或同时出仓，对于这类商品应尽可能规划在同一储区或相近储区，以缩短搬运路径和拣货时间。

3）根据商品特性确定储位

为了避免商品在储存过程中相互影响，性质相同或所要求保管条件相近的商品应集中存放，并相应安排在条件适宜的库房或货场。即将同一种货物存在同一保管位置，产品性能类似或互补的商品放在相邻位置。将相容性低，特别是互相影响其质量的商品分开存放。这样既提高作业效率，又防止商品在保管期间受到损失。

对有些特殊商品，在进行储区规划时还应特别注意的是：

（1）易燃物品必须存放在具有高度防护作用的独立空间内，且必须安装适当的防火设备；

（2）易腐物品需储存在冷冻、冷藏或其他特殊的设备内；

（3）易污损物品需与其他物品隔离；

（4）易窃物品必须隔离封闭管理。

4）根据商品体积、重量特性确定储位

在仓库布局时，必须同时考虑商品体积、形状、重量单位的大小，以确定商品所需堆码的空间。通常，重大的物品保管在地面上或货架上的下层位置。为了适应货架的安全并方便人工搬运，人的腰部以下的高度通常宜储放重物或大型商品。

5）根据商品“先进先出”的原则确定储位

“先进先出”即指先入库的商品先安排出库，这一原则对于寿命周期短的商品尤其重要，如食品、化学品等。在运用这一原则时，必须注意在产品形式变化少，产品寿命周期长，质量稳定不易变质等情况下，要综合考虑先进先出所引起的管理费用的增加，而对于食品、化学品等易变质的商品，应考虑的原则是“先到期的先出货”。

除上述原则外，为了提高储存空间的利用率，还必须利用合适的积层架、托盘等工具，使商品储放向空间发展。储放时尽量使货物面对通道，以方便作业人员识别标号、名称、提高货物的活性化程度。保管商品的位置必须明确标示，保管场所必须清楚，易于识别、联想和记忆。另外，在规划储位时应注意保留一定的机动储位，以便当商品大量入库时可以调剂储位的使用，避免打乱正常储位安排。

5.1.5.4　储位编码

在根据一定的规则完成储位规划以后，接下来的任务就是对储位进行编码。储位编码就是对商品存放场所按照位置的排列，采用统一标记编上顺序号码，并作出明显标志。实际上，储位编码就如同商品的住址，而商品编号就如同姓名一样，一封信在住址、姓名都写清楚的条件下，才能迅速正确地送到收信人手中。每种商品都要有一个地址及姓名，才能在需要时马上找到它。

储位编码应按一定的规则和方法进行。首先确定编码的先后顺序规则，规定好库区、编排方向及顺序排列；其次是采用统一的方法进行编排，要求在编排过程中所用的代号、连接符号必须一致，每种代号的先后顺序必须固定，每一个代号必须代表特定的位置。常用的储位编码方法主要有以下几种。

1）地址式

利用保管区仓库、区段、排、行、层、格等，进行编码。如在货架存放的仓库，可采用4组数字来表示商品存在的位置，四组数字代表库区的编号、货架的编号、货架层数的编号和每一层中各格（或货位）的编号，此种方法通常被称之为“四号定位”法。例如1-11-1-5即指1号库区，第11个货架，第1层中的第5格（或货位），根据储位编号就可以迅速地确定某种商品具体存放的位置。

（1）货架货位编号，如图5-1所示。

①库区号：整个仓库的分区编号。

②货架号：面向货架从左至右编号，如图5-2所示。

③货架层次号：从下层向上层依次编号，如图5-3所示。

④货架列号：面对货架从左侧起横向依次编号，如图5-4所示。

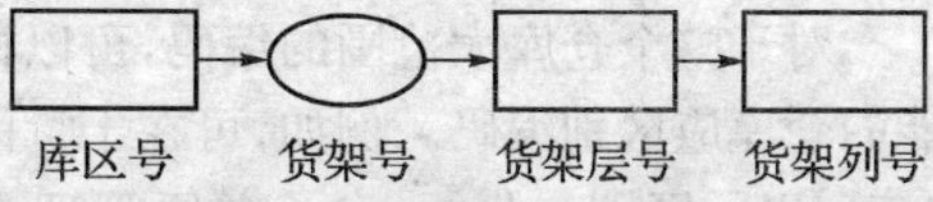

图5-1　货架货位“四号定位”法

A通道

3	2	1
4	5	6

B通道

9	8	7
10	11	12

图5-2　货架号编号示意图

图5-3　货架层次号编号示意图

1	2	3	4	5

图5-4　货架列号编号示意图

编号时，为防止出现错觉，可在第一位数字后加上拼音字母“K”、“C”或“P”来表示，这 3 个字母分别代表库房、货场、货棚。如 13K－15－2－26，即为 13 号库，15 号货架，第 2 层，第 26 号。

(2) 货场货位编号：表示方法如图 5－5 所示。

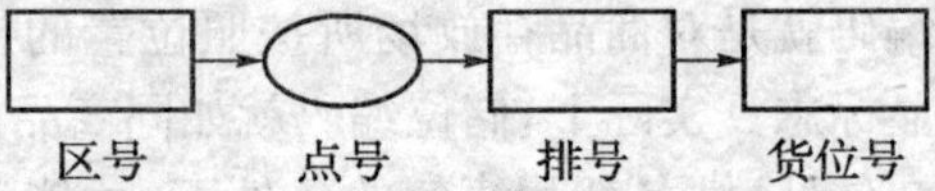

图 5－5 货场货位“四号定位”法

2) 区段式编码

把储存区分成几个区段，再对每个区段编号。这种方式是以区段为单位，每个号码代表的储区较大，区段式编号适用于单位化商品和大量商品或保管期短的商品。在 ABC 分类中的 A、B 类货品也很适合此种编码方式。物品以物流量大小来决定其所占的区段大小；以进出货频率次数来决定其配置顺序。

3) 品项群式

把一些相关性强的商品经过集合后，分成几个品项群，再对每个品项群进行编码。这种方式适用于容易按商品群保管和品牌差异大的商品，如服饰群、五金群等。

4) 坐标式

利用空间概念来编排储位之方式，此种编排方式由于其对每个储位定位切割细小，在管理上比较复杂，对于流通率很小、需要长时间存放的货品即生命周期较长的物品比较适用。

对于整个仓库大范围的编码，可以根据仓库建筑物的平面、垂直布局，对不同功能的仓库应区别编码。例如，可在干货区和冷冻区分别在各号首或号末注以“干”或“冻”，以示区别。此外，为了方便管理，储位编号和储位规划可以绘制成平面布置图，这样不但可以全面反映库房和货场的商品储存分布情况，而且也可以及时掌握商品储存动态，便于仓库结合实际情况调整安排。

5.1.6 商品储存方法

5.1.6.1 定位储存

每一项储存商品都有固定储位，商品之间不能互用储位，因此必须规定好每一项商品的储位容量，而且这个量不能小于其可能的最大库存量。

进行定位储存的条件：

(1) 储区安排时要考虑商品尺寸及重量(不适于随机储放时)；

(2) 储存条件对商品储存非常重要时，例如，有些商品必须控制温度；

(3) 储区容易记忆，从而方便提取；

(4) 有重要商品需要保护时；

(5) 由管理或其他政策规定某些商品必须分开储放时，例如肥皂，化学原料和药品；

(6) 易燃商品严格规定储放于一定高度以满足保险标准及防火法规时。

5.1.6.2 随机储存

随机储存指每一个商品被分配的储存位置都是由随机过程产生的,而且可以经常改变。也就是说,任何品种可以被存放在任何可利用的位置上。该随机原则一般是由储存人员按习惯来存放,并且通常与靠近出口的原则综合使用,按商品入库的时间顺序放在靠近出入口的储位。

适用情况:

储位系统采用随机储存方式后,能使货架空间得到最有效的利用,减少需要的储位数目。根据模拟研究的结果,随机储存系统与定位储存比较,可节省35%的移动储存时间、增加30%的储存空间,但较不利于商品的拣货作业。因此随机储存方式适用于库房空间有限,并且商品种类少或体积较大的情况。

5.1.6.3 分类储存

所有的商品可以按照一定特性进行分类,每一类商品都有固定的存放位置,而同属一类的不同商品又按一定的规则来分配储位。分类储存通常按商品的相关性、流动性、商品尺寸、重量、商品特性来分类。

适用情况:

(1) 相关性较大的商品,而且经常被同时订购;

(2) 产品尺寸相差较大的商品;

(3) 周转率差别较大的商品。

5.1.6.4 分类随机储存

每一类商品有固定存放的储区,但在各类储区内,每个储位的分配是随机的。

5.1.6.5 共同储存

在可以确定各商品进出库时间的情况下,不同的商品可共用相同储位的方式称为共同储存。共同储放在管理上虽然较复杂,但能大大提高储位的利用率,当然,适用条件也比较苛刻。

5.1.7 储位分配方式

储位分配方式根据计算机化的程度可分3种:人工分配方式,计算机辅助分配方式及计算机全自动分配方式。分配方式若是以人工操作时,都是依据库存储位报表来决定商品摆放位置,并记录商品储位变动情形。计算机辅助分配是在进货批次作业时,管理者由计算机查询出库存储位状况,指示进货人员摆放商品。在商品摆放完毕后,根据读取条形码的手持终端机跟踪储位变动记录。计算机全自动分配则是储位分配由计算机运算后指示进货人员,进货人员由无线电终端机(RF)接收储位摆放指示将商品上架,并将储位变动信息输入RF后传入计算机,以便进行下一次进货作业分配。

5.1.7.1 人工分配方式

由于以人工分配储位，所凭借的是管理者的知识和经验，其效率会因人而异。而另一方面虽然人工分配可以依据报表，但报表的传递速度和准确度会影响人工分配的结果。人工分配方式的管理要点如下：

(1) 分配决策者必须熟记这些储位分配原则、并且灵活运用。例如，进行 ABC 分析来排列货架，因为从货架上存取货物以腰部的高度最容易取出商品，而在人体工程学上也认为此高度最适合存取作业，因此若将货架分成 3 段，把经常存取的 A 类商品放在中段，下段则放置出货量仅次于 A 类品的 B 类商品，而进出货频率不高的 C 类商品则放在上段。若以缩短取货的距离观点来看，就要把 A 类商品分配到靠近出口处、其次是 B 类品，而货架的最里面则放置 C 类品。若有笨重商品则要考虑分配到储架底层，而贵重商品流通就要考虑另存放至可封闭隔离的储区中。总之，对于商品的分配，在事先就必须先经一番规划，定出一套自己公司所保存商品的特性需求规则表。

(2) 仓储人员必须严格遵守分配者的指示(最好能以书面方式指示，避免以口头交代)，将商品存放于指定的储位上，并且及时更新储位信息。仓管人员每完成一个储位分配的内容后，就必须把这个储位内容确实记录至表格中，相同的，货物因补货或拣货从储位移出后也必须登录消除，这个登录工作虽然很繁琐，但必须确实执行以保证账物相符。为了简化登录工作，可利用计算机及配合一些自动读取登录设备来达成，如条形码扫描读取机等。图 5-6 为人工分配储位作业的流程图。

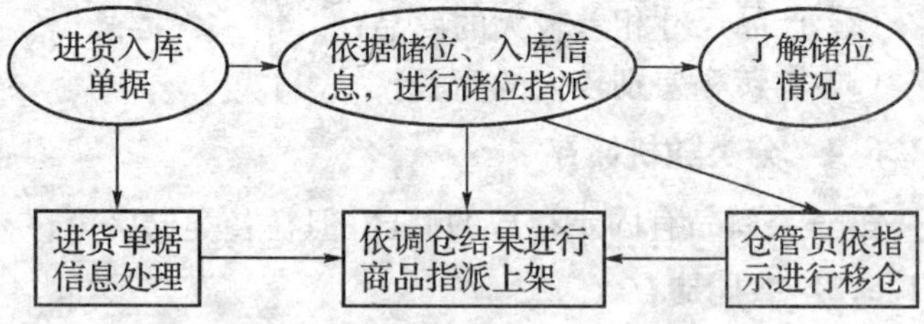

图 5-6 人工分配储位的作业流程

5.1.7.2 计算机辅助分配方式及计算机全自动分配方式

在仓库储位管理中以计算机来分配储位依靠的是现代信息技术。利用自动读取或辨识设备来读取资料，透过无线电或网络，再配合储位监控或储位管理软件来控制储位分配，这两种方式由于其中的资料输入/输出(I/O)均由条形码读取机扫入，故错误率低，均为实时控制。资料录入后，通过无线电或网络把信息传回。其中储位移动位置用软件明确指定，不会有人为主观影响，因此在执行上效率高于人工分配方式。

收集在库储位信息后利用一些图形监控软件，实时的转换显示在库各储位的使用情况。提供给储位分配者实时查询，为储位分配提供参考。因为还是由人工下达储位分配指示，所以仍需调仓作业。图 5-7 为计算机辅助分配方式的作业流程图。

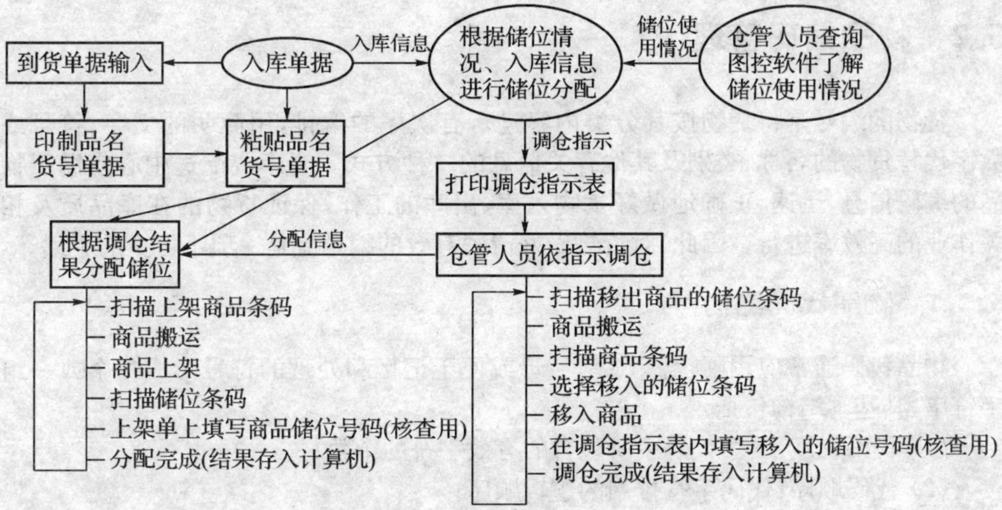

图5-7 计算机辅助分配储位的作业流程

5.1.7.3 计算机全自动分配方式(不需调仓作业)

利用一些图形监控及储位管理软件,经收集在库储位信息及其他入库指示后,经计算机运算下达储位分配指示。由计算机自动下达储位分配指标,任何时段都可以保持储位处于合理分配中,所以不需调仓。图5-8为计算机全自动分配方式的作业流程图。

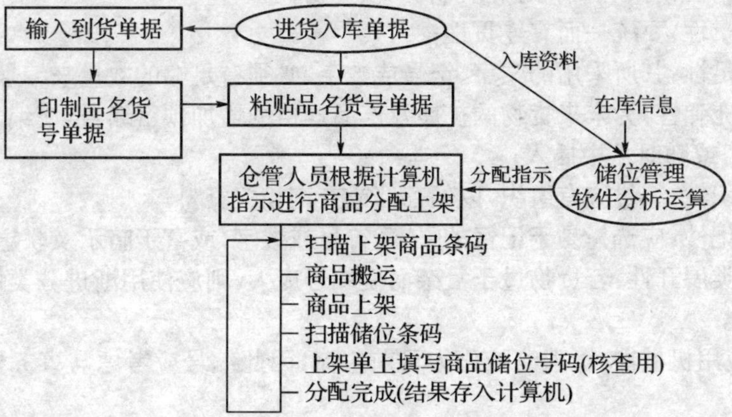

图5-8 计算机全自动分配储位的作业流程

5.2 物品编码管理

货物的编号是将货物按其分类内容进行有次序的编排，用简明的文字、符号或数字代替货物的名称、类别及其他有关信息的一种方式。仓库或配送中心借助于物品的编码信息，迅速、正确地做好货物入库、出库的工作，保证货物的在库品质及相关作业的高效率进行。因此，对货物做好清楚有效的编号应是一项不可少的手续。

5.2.1 物品代码结构

物品代码通常应用阿拉伯数字、字母或便于记忆和处理的符号形成一个或一组字符串，其基本结构包括：

(1) 代码长度：一个代码中所包含的有效字符的个数；

(2) 代码顺序：代码字符排列的逻辑顺序；

(3) 代码基数：编制代码时所选用的代码字符的个数，如阿拉伯数字代码的字符为 0～9，基数为 10。

5.2.2 物品编码的原则

物品编号应遵循以下原则：

(1) 简易性：应将货物化繁为简，便于货物活动的处理；

(2) 完全性：要使每一项货物都有一种编号代替；

(3) 单一性：每一个编号只能代表一项货物；

(4) 一贯性：要统一而有连贯性；

(5) 充足性：其所采用的文字、记号或数字，必须有足够的数量来编号；

(6) 扩充弹性：为未来货物的扩展及产品规格的增加预留编号，使编号能按照需要自由延伸，或随时从中插入；

(7) 组织性：编号应有组织，以便存档或查询相关资料；

(8) 易记性：应选择易于记忆的文字、符号或数字，或富于暗示及联想性；

(9) 分类展开性：若货物过于复杂而使编号庞大，则应使用渐进分类的方式作层次式的编号；

(10) 应用机械性：管理电脑化为目前主流，因此编号应考虑与事务性机器或电脑的配合。

5.2.3 物品编码的方法

货物编号的方法大致可以分为以下几种：

1) *流水号编法*

这是一种最简单的编号方法。由 1 开始，按数字顺序一直编下去。这种方法又称为延伸式编号，常用于账号或发票编号。

例如：　　编号　　　　货物名称

编号	货物名称
1	洗面奶
2	肥皂
3	牙刷

2）数字分段法

数字分段法是指把数字分成多个段，让每一段数字代表有共同特性的一类货物。

例如：

编号	货物名称
	1-5预留给袜子用
1	男士袜子
2	女士袜子
3	
4	
5	
	6-10预留给服装用
6	休闲装
7	童装
8	运动装
9	
10	

3）分组编号法

分组编号法是依货物的特性分成多个数字组，每一数字组代表此项货物的一种特性，例如第一数字组代表货物的类别，第二数字组代表货物的形状，第三数字组代表货物的供应商，第四数字组代表货物的尺寸，至于每一个数字组的位数多少可视实际需要而定。此方法目前较为常用。

例如：	类别	形状	供应商	尺寸
编号	07	4	006	110

编号意义如下：

货物	类别	形状	供应商	尺寸	意义
编号	07				饮料
		4			方形
			006		康师傅
				110	4′×9′×15′

4）实际意义编号法

实际意义编号法是依货物的名称、重量、尺寸、分区、储位、保存期限或其他特性的实际情况来考虑编号。

编号		意义
FO4915B1	FO	表示 Food，食品类
	4915	表示 4′×9′×15′，尺寸大小
	B	表示 B 区，货物所在储区
	1	表示第一排货架

5）后数位编号法

后数位编号法是运用编号末尾的数字，来对同类货品作进一步的细分，也就是从数字的层级关系来看货物的归属类别。

例如：

编号	货物类别
260	服饰
270	女装
271	上衣
271.11	红色

6）暗示编号法

暗示编号法是用数字与文字的组合来编号，编号本身虽不直接指明货物的实际情况（与实际意义编号法不同），但却能暗示货物的内容，这种方法的优点是容易记忆，但又不易让外人了解。

例如：

编 号

货物名称	尺寸	颜色与型式	供应商
By	003	BB	9

By	表示自行车（Bicycle）
003	表示大小型号　5 号
B	表示黑色（Black）
B	表示小孩型（Boy's）
9	表示供应商号码

7）混合编号法

混合编号法是联合使用英文字母与阿拉伯数字来做货物编号，而多以英文字母代表货物的类别和名称，其后再用十进位或其他方式编排阿拉伯数字号码。

总结货物编号大致有下列两种形式：①延展式：即对货物分级的级数不加限制，视实际需要而任意延长，但排列上难求整齐，是美中不足之处。②非延展式：货物分类级数及所用数字均有一定的限制，不能任意伸展，虽能维持整齐划一的形式，但缺乏弹性，难以适应实际增减需要。

为识别货物而使用的编号标示可置于容器、产品或储位上，且用明显的颜色、字体、大小表示，让作业人员很容易获得信息。

5.3 物品堆码

5.3.1 物品堆码

堆码是指根据物品的包装、外形、性质、特点、重量和数量，结合季节和气候情况，以及储存时间的长短，将物品按一定的规律码成各种形状的货垛。堆码的主要目的是便于对物品进行维护、查点等管理和提高仓容利用率。

5.3.1.1 堆码的基本原则

1）分区分类存放

分类存放是仓库储存规划的基本要求，是保证物品质量的重要手段，因此也是堆码需要遵循的基本原则。这里包括：

（1）不同类别的物品分类存放，甚至需要分区分库存放；

（2）不同规格、不同批次的物品也要分位、分堆存放；

（3）残损物品要与原货分开；

（4）对于需要分拣的物品，在分拣之后，应分位存放，以免混串。分存还包括不同流向物品、不同经营方式的物品分类分存。

2）选择适当的搬运活性

为了减少作业时间、次数，提高仓库物流速度，应根据物品作业的要求，合理选择物品的搬运活性。对搬运活性高的入库存放物品，也应注意摆放整齐，以免堵塞通道，浪费仓容。

3）面向通道、不围不堵

面向通道包括两方面意思，一是货垛以及存放的物品的正面，尽可能面向通道，以便察看，物品的正面是指标注主标志的一面。二是所有物品的货垛、货位都有一面与通道相连，处在通道旁，以便能对物品进行直接作业。只有在所有货位都与通道相通时，才能保证不围不堵。

4）尽可能码高、货垛稳固

为充分利用仓容，存放的货物要尽可能码高，包括采用码垛码高和使用货架在高处存放，以使货物占用地面最少面积，充分利用空间。货物堆垛必须稳固，避免倒垛、散垛，要求叠垛整齐、放位准确，必要时采用稳固方法，如垛边、垛头采用纵横交叉叠垛，使用固定物料加固等。只有在货垛稳固的情况下才能码高。

5）“五五化”堆码

“五五化”堆码是一种科学的堆码方法，它是以5为基本计算单位，堆码成各种总数为5的倍数的货垛，即大的商品堆码成五五成方，小的商品堆码成五五成包；长的商品堆码成五五长行，短的商品堆码成五五成堆，带眼的商品堆码成五五成串。这种堆垛方式过目成数，清点方便，数量准确，不易出现差错，收发快，效率高。

5.3.1.2 堆码的基本方法

根据物品的特性、包装方式和形状、保管的需要确保物品质量、方便作业和充分利用仓容以及仓库的条件确定存放方式。

1) 散堆法

散堆法适用于露天存放的没有包装的大宗物品，如煤炭、矿石、黄沙等，也可适用于库内的少量存放的谷物、碎料等散装物品。

散堆法是直接用堆扬机或者铲车在确定的货位后端，直接将物品堆高，在达到预定的货垛高度时，逐步后退堆货，后端先形成立体梯形，最后成垛，整个垛形呈立体梯形状。由于散货具有的流动、散落性，堆货时不能堆到太近垛位四边，以免散落使物品超出预定的货位。散垛法决不能采用先堆高后平垛的方法堆垛，以免堆超高时压坏场地地面。

2) 堆垛法

对于有包装(如箱、桶、袋、箩筐、捆、扎等包装)的物品，包括裸装的计件物品，采取堆垛的方式储存。堆垛方法储存能充分利用仓容，做到仓库内整齐，方便作业和保管。物品的堆码方式主要取决于物品本身的性质、形状、体积、包装等。一般情况下多采取平放(卧放)，使重心最低，最大接触面向下，易于堆码，稳定牢固。但也有些物品不宜平放堆码，必须竖直立放。常用的堆垛方法有以下几种：

(1) 重叠式堆垛。逐件逐层向上重叠码高而成货垛，此垛形是机械化作业的主要垛形之一，适于中厚钢板、集装箱等商品。重叠式堆垛在第2章托盘的装盘中已经作过介绍。

(2) 纵横交错式堆垛。将长短一致，宽度排列能够与长度相等的商品，一层横放，一层竖放，纵横交错堆码，形成方型垛。长短一致的锭材、管材、棒材、狭长的箱装材料均可用这种垛形。有些材料，如铸铁管、钢锭等，一头大、一头小的，要大、小头错开。锭材底面大顶面小，可仰伏相间。化工、水泥等，如包装统一，可采用“3顶2”，“4顶1”等方法，在同一平面内纵横交叉，然后再层层纵横交错堆垛，以求牢固。这种垛形也是机械堆垛的主要垛形之一。纵横交错式堆垛在第2章托盘的装盘中已经作过介绍。

(3) 仰伏相间式堆垛。对于钢轨、槽钢、角钢等商品，可以一层仰放、一层伏放，仰伏相间而相扣，使堆垛稳固。也可以伏放几层，再仰放几层，或者仰伏相间组成小组再码成垛。但是，角钢和槽钢仰伏相间码垛，如果是在露天存放，应该一头稍高，一头稍低，以利于排水(见图5-9)。

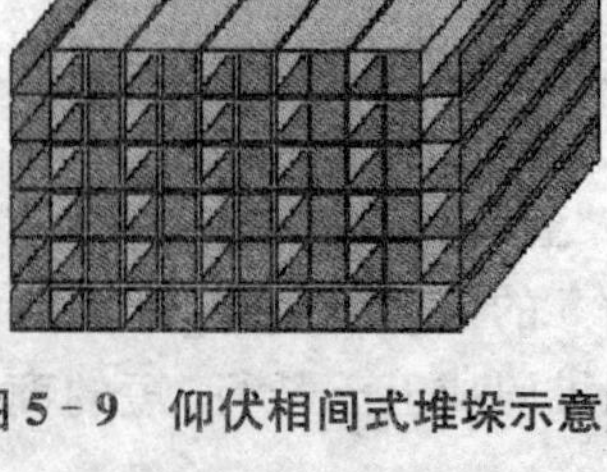

图5-9 仰伏相间式堆垛示意图

(4) 压缝式堆垛。将垛底底层排列成正方形，长方形或环行，然后起脊压缝上码。由正方形或长方形形成的垛，其纵横断面成层脊形，适于阀门、缸、建筑卫生陶瓷等用品。具体按上下层件数的关系可分为“2 顶 1”、“3 顶 2”、“4 顶 1”、“5 顶 3”等方法(见图 5-10)。

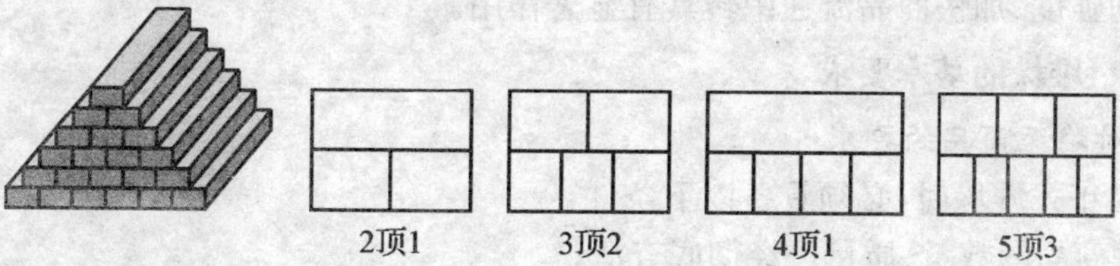

图 5-10　压缝式堆垛示意图

(5) 宝塔式堆垛。宝塔式堆垛与压缝式堆垛类似，但压缝式堆垛是在 2 件物体之间压缝上码，宝塔式堆垛则在 4 件物体之中心上码逐层缩小，例如电线电缆。

(6) 通风式堆垛。需要防潮湿通风保管的商品，堆垛时每件商品和另一件商品之间都留有一定的空隙以利于通风(见图 5-11)。

图 5-11　通风式堆垛示意图

(7) 栽柱式堆垛。在货垛的两旁栽上 2～3 根木柱或者是钢棒，然后将材料平铺在柱中，每层或间隔几层在两侧相对应的柱子上用铁丝拉紧，以防倒塌。这种堆垛方式多用于金属材料中的长条形材料，例如圆钢、中空钢的堆码，适宜于机械堆码，采用较为普遍。

(8) 衬垫式堆垛。在每层或每间隔几层商品之间夹进衬垫物，利用衬垫物使货垛的横断面平整，商品互相牵制，以加强货垛的稳固性。衬垫物需要视商品的形状而定。这种堆垛方式适用于四方整齐的裸装商品，例如电动机。

(9) 架式堆垛。架式堆垛是利用货架存放商品，主要用于存放零星或怕压的商品。对于零星或怕压的商品在堆码过程中遇到的最大问题就是如何提高空间利用率。如果采用上述的堆垛方法，零星商品数量小、品种杂，而不能够集中堆码；怕压商品必须降低堆放高度，因此都不利于存储空间的充分利用。这些商品如果使用货架储存就可以提高储存空间的利用率。在库房中货架一行一行地排列，中间留有通道以便取放商品。为了进一步提高库房的面积利用率，还可以采用可移动式货架。移动式货架能够沿着两条导轨做水平方向的移动，这样就可以减少货架间的通道数量。

(10) 托盘堆垛。托盘堆垛是近几十年来得到迅速发展的一种堆码方法。它的特点是商品直接在托盘上存放。商品从装卸、搬运入库，直到出库运输，始终不离开托盘，这就可以大大提高机械作业的效率，减少搬倒次数。托盘使堆垛的运用范围很广，包装整齐又不怕压的商品可以使用平托盘；散装或零星商品可以使用箱式托盘；怕压或形状不规则的商品，为了增加堆码高度，可以使用立柱托盘。堆码时 4 根立柱不但承受了上部重量，而且大大增加了稳定性。

随着仓库作业机械化水平的提高，托盘式堆垛将应用得更加广泛。托盘不仅在仓库堆码中被广泛使用，而且逐渐在运输中积极推广使用，这对减少装卸搬运次数、减轻劳动强度、加快商品流通中转具有显著作用。

5.3.1.3 堆垛的基本要求

1）对堆垛商品的要求

商品正式堆垛时，必须具备以下条件：

(1) 商品的数量、质量已经彻底查清；

(2) 包装完好，标志清楚；

(3) 外表的沾污、尘土等已经清除，不影响商品质量；

(4) 受潮、锈蚀以及已经发生某些质量变化或质量不合格的部分，已经加工恢复或者已经剔出另行处理，与合格品不相混杂；

(5) 为便于机械化操作，金属材料等应该打捆的已经打捆，机电产品和仪器仪表等可集中装箱的已经装入合用的包装箱。

2）对堆垛场地的要求

(1) 库内堆垛。垛应该在墙基线和柱基线以外，垛底需要垫高。

(2) 货棚内堆垛。货棚需要防止雨雪渗透，货棚内的两侧或者四周必须有排水沟或管道，货棚内的地坪应该高于货棚外的地面，最好铺垫沙石并夯实。堆垛时要垫垛，一般应该垫高 30～40 cm。

(3) 露天堆垛。堆垛场地应该坚实、平坦、干燥、无积水以及杂草，场地必须高于四周地面，垛底还应该垫高 40 cm，四周必须排水畅通。

3）对堆垛的要求

(1) 合理。合理是指性质、品种、规格、等级、批次不同的物品和不同客户的物品，应分开堆放。货垛形式适应物品的性质，有利于物品的保管，能充分利用仓容和空间；货垛间距符合作业要求以及防火安全要求；大不压小，重不压轻，缓不压急，不会围堵物品，特别是后进物品不堵先进物品，确保“先进先出”。

(2) 牢固。牢固是指堆放稳定结实，货垛稳定牢固，不偏不斜。货垛形式要保证不压坏底层物品或外包装，不超过地坪承载能力；货垛较高时，上部适当向内收小，易滚动的物品，使用木模或三角木固定，必要时使用绳索、绳网对货垛进行绑扎固定。

(3) 定量。定量是指每一货垛的物品数量保持一致。货垛应该采用固定的长度和宽度，且为整数，如 50 袋成行，每层货量相同或成固定比例递减，以便做到过目知数；此外每垛的货垛牌或料卡应填写完整，标记清楚，排放在明显位置。

(4) 整齐。整齐是指货垛堆放整齐，垛形、垛高、垛距标准化和统一化，货垛上每件物品都排放整齐、垛边横竖成列，垛不压线；物品外包装的标记和标志一律朝垛外。

(5) 节约。节约则是指尽可能堆高，避免少量物品占用一个货位，以节约仓容，提高仓库利用率；妥善组织安排，做到一次作业到位，避免重复搬倒，节约劳动消耗；合理使用苫垫材料，避免浪费。

(6) 方便。方便是指选用的垛形、尺度、堆垛方法应方便堆垛、搬运装卸作业，从而提高作业效率；垛形方便理数、查验物品，方便通风、苫盖等保管作业。

5.3.1.4 堆垛设计的内容

为了达到上述基本要求，必须根据保管场所的实际情况、物品本身的特点、装卸搬运条件和技术作业过程的要求，对物品堆垛进行总体设计。设计的内容应包括垛基、垛距、货垛参数、垛型等。

1) 垛基

垛基是货垛的基础，其主要作用是：承受整个货垛的重量，将物品的垂直压力传递给地坪；将物品与地面隔离，起防水、防潮和通风的作用；垛基空间为搬运作业提供方便条件。因此，对垛基提出以下要求：

(1) 将整垛物品的重量均匀地传递给地坪。垛基本身要有足够的抗压强度和刚度。为了防止地坪被压陷，应扩大垛基同地坪的接触面积，衬垫物要有足够的密度。

(2) 保证良好地防潮和通风。垛基应为敞开式，有利于空气流通。可适当增加垛基的高度，特别是露天货场的垛基，其高度应在 300～500 mm 左右。必要时可增设防潮层。露天货场的垛基为了利于排水还应保持一定的坡度。

(3) 保证垛基上存放的物品不发生变形。露天场地应平整夯实、衬垫物应放平摆正，所有衬垫物要同时受力，而且受力均匀。大型设备的重心部位应增加衬垫物。垛基分为固定式和移动式 2 种。移动式又可分为整体式和组合式。组合式垛基机动灵活，可根据需要进行拼装。

2) 垛距

货垛的垛距主要指货垛的“五距”，即垛距、墙距、柱距、顶距和灯距。叠堆货垛时，不能依墙、靠柱、碰顶、贴灯；不能紧挨旁边的货垛，必须留有一定的间距。

垛距：货垛与货垛之间的必要距离。垛距起通风、散热、方便存取、方便消防等作用。库房一般为 0.5～1 m，货场不少于 1.5 m。

墙距：为了防止库房墙壁和货场围墙上的潮气对商品的影响，也为了方便消防工作、建筑安全、收发作业，货垛必须留有墙距。墙距分为库房墙距和货场墙距，其中，库房墙距又分为内墙距和外墙距。内墙指墙外还有建筑物相连，因而潮气相对少些；外墙则是指墙外没有建筑物相连，所以墙上的湿度相对大些。库房外墙距 0.3～0.5 m，内墙距 0.1～0.2 m，货垛 0.8～3 m。

柱距：为了防潮气影响、保建筑安全，必须留有柱距，一般为 0.1～0.3 m。

顶距：为了便于装卸搬运、通风散热、消防、收发、查点等的需要，必须留有顶距。顶距指的是货垛堆放的最大高度与库房、货棚屋顶间的距离。顶距一般作如下规定：多层库房底层与中层 0.2～0.5 m，顶层 0.5 m 以上。平房库 0.2～0.5 m。人字形库房以屋架下弦底为货垛的可堆高度。

灯距：为了防止照明灯发出的热量引起靠近商品燃烧而发生火灾，货垛必须留有灯距。灯距严格规定不少于 0.5 m。

3）货垛参数

在进行堆码作业时必须参照物品的地坪承载能力、允许堆积层数、允许堆高层数等因素进行。因此货物在堆垛前，必须先计算货垛的可堆层数及占地面积。对于规格整齐、形状一致的箱装商品可参照以下公式计算：

(1) 货垛可堆层数的确定

不用货架，货垛可堆高层数的计算方法如下：

①地坪不超重可堆层数：指货物堆垛的重量，必须在建筑部门核定的库房地坪安全负载范围内，不得超重。因此，货物在堆垛前，应预先计算地坪不超重货垛可堆的最多层数。以一件商品来计算：

$$\text{不超重可堆高层数}=\frac{\text{库房地坪每平方米核定载重量}}{\text{商品单位面积重量}}\text{(层)}$$

其中：

$$\text{商品单位面积重量}=\frac{\text{每件商品的毛重}}{\text{该件商品的底面积}}(\mathrm{kg/m^2})$$

以整垛商品来计算：

$$\text{不超重可堆高层数}=\frac{\text{整垛商品实占面积}\times\text{库房地坪每平方米核定载重量}}{\text{每层商品的件数}\times\text{每件商品的毛重}}\text{(层)}$$

②货垛不超高可堆层数：

$$\text{不超高可堆高层数}=\frac{\text{库房可用高度}}{\text{每件商品的高度}}\text{(层)}$$

③最底层商品不超重可堆层数：

$$\text{不超重可堆高层数}=\frac{\text{底层商品允许承载的最大重量}}{\text{堆高商品单件重量}}+1\text{(层)}$$

根据上述 3 种方法计算出的 3 个可堆高层数中取其中最小的数值作为堆垛作业的可堆高层数。

(2) 占地面积的确定

$$\text{占地面积}=\frac{\text{总件数}}{\text{可堆层数}}\times\text{每件商品底面积}(\mathrm{m^2})$$

例：某仓库进了一批木箱装的罐头食品 100 箱。每箱毛重 30 kg，箱底面积为 0.3 m^2，箱高 0.25 m，木箱上标志显示允许承受的最大重压力 100 kg，地坪承载能力

5 t/m²，库房可用高度为 4.5 m，若不采用货架储存，求该批商品的可堆高层数及货垛高度。

解：

$$\text{商品单位面积重量}=\frac{\text{每箱毛重}}{\text{箱底面积}}=\frac{30}{0.3}=100(\text{kg/m}^2)=0.1(\text{t/m}^2)$$

地坪不超重可堆高层

$$\text{不超重可堆高数}=\frac{\text{库房地坪每分方米核定载重量}}{\text{商品单位面积重量}}=\frac{5}{0.1}=50(\text{层})$$

库房不超高可堆高层数

$$\text{不超高可堆高层数}=\frac{\text{库房可用高度}}{\text{每件商品的高度}}=\frac{4.5}{0.25}=18(\text{层})$$

商品木箱标志表示允许堆高层数

$$\text{不超重可堆高层数}=\frac{\text{底层商品允许承载的最大重量}}{\text{堆高商品单件重量}}+1=\frac{100}{30}+1=4(\text{层})$$

因为 4 层＜18 层＜50 层，所以，该批罐头食品堆垛作业最大的叠堆高度为 4 层，货垛的高度为 1 m(4×0.25＝1 m)。但若该仓库采用货架堆放，则最多可以堆高 18 层。

4) 垛形

垛形是指货垛的外部轮廓形状，常常是根据货垛底形的排列来决定的。一般是根据货位的面积及每件商品的实占面积来综合安排。底形排列的好坏直接影响到货垛的稳定性、收发货作业方便性，应重视抓好。按垛底的平面形状可以分为矩形、正方形、三角形、圆形、环行等。矩形垛、正方形垛易于堆码，便于盘点计数，库容整齐，但随着堆码高度的增加货垛稳定性就会下降。三角形垛和圆型垛的稳定性好，便于苫盖，但是又不便于盘点计数，也不利于仓库空间的利用。

垛形的确定需根据物品的特性、保管的需要，以实现作业方便、迅速和充分利用仓容为原则。仓库常见的垛形如下：

(1) 平台垛。平台垛是先在底层以同一个方向平铺摆放一层物品，然后垂直继续向上堆积，每层物品的件数、方向相同，垛顶呈平面，垛形呈长方体。平台垛适用于包装规格单一的大批量物品、包装规则、能够垂直叠放的方形箱装物品、大袋物品、规则的软袋成组物品、托盘成组物品。平台垛多用在仓库内和无需遮盖的堆场堆放的物品码垛(见图 5－12)。

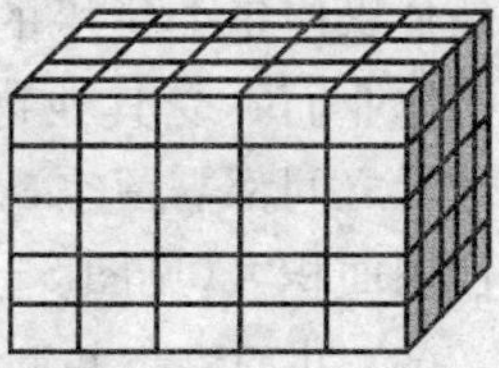

图 5－12　平台垛示意图

平台垛具有整齐、便于清点，占地面积小，堆垛作业方便的优点。但该垛型的稳定性较差，特别是小包装、硬包装的物品有货垛端头倒塌的危险，所以在必要时（如太高、长期堆存、端头位于主要通道等）要在两端采取稳定的加固措施。对于堆放很高的轻质物品，往往在堆码到一定高度后，向内收半件物品后再向上堆码，以保证货垛稳固。

（2）起脊垛。起脊垛是先按平台垛的方法码垛到一定的高度，然后再以卡缝的方式逐层收小，将顶部收尖成屋脊形。起脊垛是用于露天货场堆码的主要垛型，货垛表面的防雨遮盖从中间起向下倾斜，便于雨水排泄，防止水湿物品。有些仓库由于陈旧或建筑简陋有漏水现象，仓内的怕水物品也采用起脊垛堆垛并进行苫盖。

起脊垛是平台垛为了遮盖、排水的需要的变形，具有平台垛操作方便、占地面积小的优点，适用平台垛的物品都可以采用起脊垛堆垛。但是起脊垛由于顶部压缝收小，形状不规则，无法在垛堆上清点物品，顶部物品的清点需要在堆垛前以其他方式进行。另外，由于起脊的高度使货垛中间的压力大于两边，因而要注意货垛高度以免中间底层物品或地面被压损坏。

（3）立体梯形垛。立体梯形垛是在最底层以同一方向排放物品的基础上，向上逐层同方向减数压缝堆码，垛顶呈平面，整个货垛呈下大上小的立体梯形形状。立体梯形垛用于包装松软的袋装物品和上层面非平面而无法垂直叠码的物品的堆码，如横放的桶装、卷形、捆包物品。立体梯形垛极为稳固，可以堆放得较高，仓容利用率较高。对于在露天堆放的物品可采用立体梯形垛，为了排水需要也可以在顶部起脊。

为了增加立体梯形垛的空间利用率，在堆放可以立直的筐装、矮桶装物品时，底部数层可以采用平台垛的方式堆放，到一定高度后才用立体梯形垛（见图 5-13）。

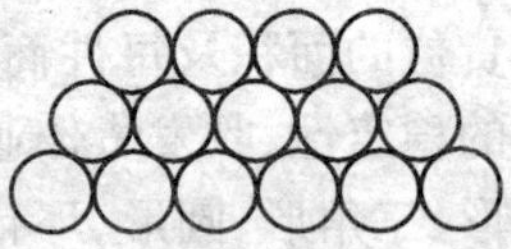

图 5-13　立体梯形垛示意图

（4）行列垛。行列垛是将每票物品按件排成行或列排放，每行或列一层，数层高，垛形呈长条形。行列垛适用于存放批量较小物品的码垛作业，如零担物品。为了避免混货，每批独立开堆存放。长条形的货垛使每个货垛的端头都延伸到通道边，可以直接作业而不受其他物品阻挡。但每垛货量较少，垛与垛之间都需留空，垛基小而不能堆高，使得行列垛占用面积大（见图 5-14）。

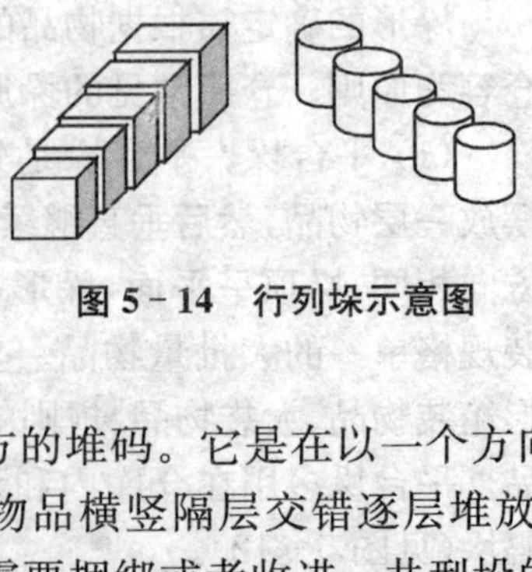

图 5-14　行列垛示意图

（5）井型垛。井型垛用于长形的钢材、钢管及木方的堆码。它是在以一个方向铺放一层物品后，再以垂直的方向铺放第二层物品，物品横竖隔层交错逐层堆放。垛顶呈平面，井型垛垛型稳固，但层边物品容易滚落，需要捆绑或者收进。井型垛的作业较为不便，需要不断改变作业方向。

(6) 梅花形垛。对于需要立直存放的大桶装物品，将第一排(列)物品排成单排(列)，第二排(列)的每件靠在第一排(列)的两件之间卡位，第三排(列)同第一排(列)一样，而后每排(列)依次卡缝排放，形成梅花形垛。梅花形垛物品摆放紧凑，充分利用了物品之间的空隙，节约面积而又能有效利用空间(见图5-15)。

图5-15 梅花形垛示意图

5.3.1.5 货垛牌

为了在保管中及时掌握货物的资料，需要在货垛上张挂有关该垛货物的资料标签。该标签被称为货垛牌，或称货物标签、料卡等。货物码垛完毕，仓库管理人员就需要根据入库货物资料、接收货物情况制作货垛牌，并排放或拴挂在货垛正面明显的位置，或者货架上。

货垛牌的主要内容有：货位号、货物名称、规格、批号，来源、进货日期、存货人、该垛数量、接货人(制单人)等。此外可以根据不同特点相应增减项目。

5.3.2 垫垛

垫垛是指在物品码垛前，在预定的货位地面位置，使用衬垫材料进行铺垫，常见的衬垫物有：枕木、废钢轨、货架板、木板、钢板等。

5.3.2.1 垫垛的目的

垫垛的目的主要是：

(1) 使地面平整；

(2) 使堆垛物品与地面隔离，防止地面潮气和积水浸湿物品；

(3) 通过强度较大的衬垫物使重物的压力分散，避免损害地坪；

(4) 使地面杂物、尘土与物品隔离；

(5) 形成垛底通风层，有利于货垛通风排湿；

(6) 使物品的泄漏物留存在衬垫之内，防止流动扩散，以便于收集和处理。

5.3.2.2 垫垛的基本要求

(1) 所使用的衬垫物与拟存物品不会发生不良影响，并具有足够的抗压强度；

(2) 地面要平整坚实、衬垫物要摆平放正，并保持同一方向；

(3) 层垫物间距适当，直接接触物品的衬垫面积与货垛底面积相同，垫物不伸出货垛外；

(4) 要有足够的高度，露天堆场要达到0.3～0.5 m，库房内0.2 m即可。

5.3.2.3 衬垫物数量的确定

一些单位质量大的物品在仓库中存放时，如果不能有效分散物品对地面的压强，则有可能对仓库地面造成损伤，因此需要考虑在物品底部和仓库地面之间衬垫木板或钢板。

衬垫物的使用量除考虑将压强分散为仓库地坪载荷的限度之内，还需要考虑这些库用消耗材料所产生的成本，因此，需要确定使压强小于地坪载荷的最少衬垫物数量。

以下举例说明衬垫面积和数量的确定。

例：某仓库内存放一台自重 30 t 的设备，该设备底架为 2 条 2 m×0.2 m 的钢架。该仓库库场单位面积技术定额为 3 t/m²。问需不需要垫垛？如何采用 2 m×1.5 m、自重 0.5 t 的钢板垫垛？

解：货物对地面的压力强度为

$$\frac{30}{2\times2\times0.2}=37.5(\mathrm{t/m^2})$$

这一压力强度远远超过库场单位面积技术定额 3 t/m²。因此必须垫垛。

假设需要 n 块衬垫钢板，根据

$$\text{质量(含衬垫质量)}=\text{面积}\times\text{库场单位面积技术定额}$$

则

$$30+n\times0.5=n\times2\times1.5\times3$$

得

$$n\approx3.3(\text{块})$$

所以需要使用 4 块钢板衬垫。将 4 块钢板平铺展开，设备的每条支架分别均匀的压在 2 块钢板上，如图 5－16 所示。

图 5－16　衬垫

5.3.3　苫盖

苫盖是指采用专用苫盖材料对货垛进行遮盖，以减少自然环境中的阳光、雨雪、刮风、尘土等对物品的侵蚀、损害并使物品由于自身理化性质所造成的自然损耗尽可能地减少，保护物品在储存期间的质量。

常用的苫盖材料有：帆布、芦席、竹席、塑料膜、铁皮铁瓦、玻璃钢瓦、塑料瓦等。

5.3.3.1　苫盖的基本要求

苫盖的目的是为了给物品遮阳、避雨、挡风、防尘。苫盖的要求如下：

(1) 选择合适的苫盖材料。选用符合防火、无害的安全苫盖材料；苫盖材料不会与物品发生不利影响；且成本低廉，不宜损坏，能重复使用，没有破损和霉烂。

(2) 苫盖牢固。每张苫盖材料都需要牢固固定，必要时在苫盖物外用绳索、绳网绑扎或者采用重物镇压。

(3) 苫盖的接口要有一定深度的互相叠盖，不能迎风叠口或留空隙；苫盖必须拉挺、平整，不得有折叠和凹陷，防止积水。

(4) 苫盖的底部与垫垛平齐，不腾空或拖地，并牢固地绑扎在垫垛外侧或地面的绳桩上，衬垫材料不露出垛外，以防雨水顺延渗入垛内。

(5) 使用旧的苫盖物或在雨水丰沛季节，垛顶或者风口需要加层苫盖，确保雨淋不透。

5.3.3.2 苫盖方法

(1) 就垛苫盖法。直接将大面积苫盖材料覆盖在货垛上遮盖，适用于起脊垛或大件包装物品，一般采用大面积的帆布、油布、塑料膜等。就垛苫盖法操作便利，但基本不具有通风条件。

(2) 鱼鳞式苫盖法。将苫盖材料从货垛的底部开始，自下而上呈鱼鳞式逐层交叠围盖。该法一般采用面积较小的席、瓦等材料苫盖。鱼鳞式苫盖法具有较好的通风条件，但每件苫盖材料都需要固定，操作比较繁琐复杂。

(3) 活动棚苫盖法。将苫盖物料制作成一定形状的棚架，在物品堆垛完毕后，移动棚架到货垛遮盖；或者采用即时安装活动棚架的方式苫盖。活动棚苫盖法较为快捷，具有良好的通风条件，但活动棚本身需要占用仓库位置，也需要较高的购置成本。

5.4 库内装卸与搬运

5.4.1 装卸搬运的含义

装卸搬运是指对仓储物资在空间的垂直举放、水平移动的物理性活动。“装卸”是将商品装入运输工具，或从运输工具上卸下的总称。“搬运”是指在比较短的距离内将物品移动。

“装卸”和“搬运”的主要区别是：“装卸”是指商品在空间上发生的以垂直方向为主的位移，而“搬运”则是指商品在区域内所发生的短距离，以水平方向为主的位移。由于商品在空间上发生绝对的位移或发生绝对的水平位移的情况是不多的，多数情况则是两者的复合运动，有时以垂直位移为主即“装卸”，有时以水平位移为主即“搬运”。

在仓储作业的各个环节上，都伴有装卸搬运作业。它是仓储活动中，工作量最大、次数最多的一种作业方式。装卸搬运也是使仓储物残损的高发环节。做好装卸搬运作业管理，不仅有利于降低仓储成本，也能大幅度地降低仓储风险。同时，仓储搬运需要耗用较多的时间，也是影响仓储周转率的重要原因。

5.4.2 库内装卸搬运的种类

装卸搬运作业的种类，可以按作业对象、作业手段、装卸设备、移动形态的不同进行分类。

5.4.2.1 按作业对象分

1）单件作业法

单件作业法是指单件、逐件地装卸搬运，是人工装卸搬运阶段的主导方法。

2）集装作业法

集装作业法是指将货物先进行集装，再对集装件进行装卸搬运的方法。主要有集装箱作业法、托盘作业法、滑板作业法、货捆作业法、网袋作业法、挂车作业法等。

3）散装作业法

散装作业法是指对颗粒状或粉末状的大宗物资，在不进行包装的情况下，运用专门的散装设备（车或船）来实现货物的装卸。这种专用的散装设备实际上是一种扩大了的包装，如煤炭、矿石、水泥、化肥、石油、化学物品等采取散装作业法提高装卸搬运效率。散装作业法又分为重力法、倾翻法、机械法和气力输送法等。

5.4.2.2 按作业的手段和组织水平分类

1）人工作业法

人工作业法指完全依靠人力和人工使用无动力装卸搬运机械来完成装卸搬运的作业方式。

2）机械化作业法

机械化作业法指以各种装卸搬运机械，完成商品装卸搬运的作业方式。这是目前装卸搬运作业的主流。

3）综合机械化作业法

这是代表装卸搬运作业发展方向的作业方式。它要求作业机械设备和作业设施、作业环境的理想化配合，要求对装卸托运系统进行全面的组织、管理、协调，并采用自动化控制手段以取得高效率、高水平的装卸搬运作业。

5.4.2.3 按装卸搬运设备作业特点分类

1）间歇式作业法

间歇式作业法指在装卸搬运作业过程中，有重程和空程两个阶段，即在两次作业中存在一个空程准备作业的过程。如门式起重机、桥式起重机、叉车等作业。

2）连续式作业法

连续式作业法指在装卸搬运作业过程中，设备连续不断地作业，不存在空程阶段。如辊道式输送线、生产流水线、皮带输送机、链斗装车机等作业。

5.4.2.4 按搬运移动的形态分类

1）直流体系

直流体系是指不同货物各自由原点直接向终点移动的最短距离。适用于货物流程密度较高、且移动距离短或适中，应用此法较为经济，尤其在处理紧急订单时最为有效。

2）间接移动体系

间接移动体系是指综合不同区域的各类货物共同搬运，使这些货物运用相同设备、依照相同的路线移动。根据移动特性又可将其分为通路体系和中间转运体系。

通路体系是指货物经事先确定的路线到达目的地，而路径相关的不同货物都能共同使用这条路线。适用于：当搬运密度不高，距离较长，且厂房布置不规则或扩散时，此系统是最经济的搬运方法。

中间转运体系是指货物由起点至终点，往往要经由中间转运站加以分类或指派，而后才能送达目的地。适用于：当流量不高，距离很长，厂房区域是方型，或者控制功能特别重要时，此系统是较为经济的搬运方法。

5.4.3 库内装卸搬运的合理化

装卸搬运合理化是装卸搬运的基本原则，装卸搬运合理化具体表现在以下几方面：

1）装卸搬运次数最少

仓库应通过良好的组织和妥善的安排，使货物被装卸和搬运的次数最少，消除无效装卸和搬运。为此需要准确掌握仓储物品的流通动向，通过仓储协议确定物品流通量，合理选择仓位，必要时采取分点存放，防止压堵出库货物，避免货物在仓库内倒仓。通过良好的物流组织，排除不必要的装卸搬运和重复装卸搬运。

2）装卸搬运移动距离最近

在装卸和搬运作业前，应理清作业现场，妥善调度车辆等运输工具，确保装卸搬运距离最近。应尽可能使运载车辆、搬运工具接近货物存放位置，或装卸作业设备能直接进行作业的位置。尽可能采用机械作业，消除完全采用人力的水平搬运。

3）装卸搬运作业衔接流畅

要确保装卸搬运作业环节的衔接流畅。装卸和搬运是伴随进行的，如果装卸与搬运脱节，会使作业量大幅增加。比如说：搬运到装车场地的货物，先要卸下船运设备，在地面堆放，然后再从地面装上车辆，这就意味着增加了一次落地和离地的作业。相反，从车辆、船舶直接卸到搬运设备上，然后通过搬运设备运到堆场堆垛，装卸搬运作业量会减少。

4）应尽可能采用机械化作业

装卸搬运是高强度、大负荷的作业，采用人力作业不仅效率低下，而且容易产生货损。仓库装卸搬运作业应尽可能采用机械作业，降低强度，提高装卸搬运效率。此外，为降低物流成本，货物采用集成的大包装已成为主流趋势，对这类货物采用人力无法作业，惟有使用机械作业。机械化作业不仅是复杂的机械作业，还可以使用简单机械，加人力吊机、手推车等人力机械进行作业。

5）提高“搬运活性”

物流过程中，常需将暂时存放的物品再次搬运。从便于经常发生的搬运作业考虑，物品的堆放方法是很重要的，这种便于移动的程度称为“搬运活性”。衡量商品堆存形态的“搬运活性”，用活性指数表示，如表 5－2 所示。一般要求长期保存的物品搬运活性指数要低，以确保物品的稳定；而短期存放的物品要求搬运活性指数要高，以便于搬运。

表 5－2　搬运的活性指数

货物堆放形态	活性指数	货物堆放形态	活性指数
散堆于地面上	0	装在车上	3
装人箱内	1	装在输送带上	4
装在托盘上	2		

6）采用托盘化、集成化等成组作业

托盘化作业是指将货物直接堆放在托盘上，进行必要的固定，连同托盘一起进行搬运、装卸和堆垛的仓库作业方式，一般还连同托盘一起出库运输。托盘化就是为了使用机械、进行高效率的作业。此外，还可以采用其他成组器械，如绳网、货箱或其他较大容器进行成组集成。成组化作业不仅能提高效率，还能减少货物在作业中的耗损和散失。在成组作业时要注意使用标准化的成组设备。

7）倡导省力化作业

仓库装卸搬运作业毕竟还不能实现完全的无人化作业，需要适当地使用人工作业或协助作业。为了降低作业的劳动强度，省力化的作业设计和组织极为必要。省力化作业方法主要有：充分利用重力，如采用滑板、自上向下作业等；避免重物提升，如重货放在货架下层的齐腰高度，建造与车厢同样高度的车辆作业平台；可能的话采用滚动作业等。

另外，在采用机械化作业时倡导省力化作业能充分节约能源，减少设备设施的损耗，最终达到降低成本的目的。

8）从系统化全局考虑

装卸搬运作业是仓库作业必不可少的重要环节，也是提高仓储质量、仓库效率和效益的关键，必须把其与仓储经营、仓库管理作为一个系统来考虑。即装卸搬运要起支持并提高运输、储存能力，提高仓储效率、效益的作用，而不是起阻碍作用。通过系统化、全局化的组织和协调，实现仓储装卸搬运的合理化。

5.5　物品养护

5.5.1　物品保管养护概述

在商品储存过程中，对其所进行的保养和维护工作，称为商品的养护。商品养护是一项综合性、科学性应用技术工作。商品由生产部门进入流通领域后，需要分别对不同性质的商品，在不同储存条件下采取不同的技术措施，以防止其质量劣化。由于构成产品的原料不同，性质各异，受到相关自然因素影响而发生质量变化的规律与物理、化学、生物、微生物、气象、机械、电子、金属学等多门学科有密切的联系，所以，从事商品库存的工作人员要掌握相关知识，才能保护好库存商品。

商品养护的目的就是认识商品在储存期间发生质量劣化的内外因素和变化规律，研究采取相应的控制技术，以维护其使用价值不变，避免受到损失，保障企业经济效益的实现。同时还要研究制定商品的安全储存期限和合理的损耗率，以提高企业管理水平。

"以防为主，以治为辅，防治结合"是商品养护的基本方针。商品养护的基本任务就是面向库存商品，根据库存数量多少、发生质量变化速度、危害程度、季节变化，按轻重缓急分别研究制定相应的技术措施，使商品质量不变，以求最大限度地避免和减少商品损失，降低保管损耗。

5.5.2　库存商品质量变化

商品在库存过程中的质量变化归纳起来有物理机械变化、化学变化、生理生化变化等。

5.5.2.1　物理机械变化

物理变化是只改变物质本身的外表形态，不改变其本质、没有新物质的生成，并且有可能反复进行的质量变化现象。商品的机械变化是指商品在外力的作用下，发生形态变化。物理机械变化的结果会造成数量的损失和质量降低，甚至使商品失去使用价值。商品常发生的物理机械变化有以下几种：

(1) 挥发。是低沸点的液体商品，在空气中经汽化而散发到空气中的现象。防止商品挥发的主要措施是加强包装密封性。此外，要控制仓库温度，高温季节要采取降温措施，保持较低温度条件下储存，以防挥发。

(2) 熔化。是指低熔点的商品受热后发生软化以致化为液体的现象。商品熔化，有的会造成商品流失、粘连包装、沾污其他商品；有的因产生熔解热而体积膨胀，使包装爆破；有的因商品软化而使货垛倒塌。预防商品的熔化应根据商品的熔点高低，选择阴凉通风的库房储存。在保管过程中，一般可采用密封和隔热措施，加强库房的温度管理，防止日光照射，尽量减少温度的影响。

(3) 溶化。是指有些固体商品在保管过程中，能吸收空气和环境中的水分，当吸收数量达到一定程度时，就会溶化成液体。商品溶化后本身的性质并没有变化，但由于形态改变，给储存带来很大的不便。对易溶化商品应按商品性能，分区分类存放在干燥阴凉的库房内，避免与含水分较大的商品同储。在堆码时要注意底层商品的防潮和隔潮，垛底要垫得高一些，并采取吸潮和通风相结合的温、湿度管理方法来防止商品吸湿溶化。

(4) 渗漏。是指液体商品，特别是易挥发的液体商品，由于包装容器不严密、包装质量不符合商品性能的要求及在搬运装卸时碰撞震动破坏了包装，而使商品发生跑、冒、滴、渗的现象。

(5) 串味。是指吸附性较强的商品吸附其他气体、异味，从而改变本来气味的变化现象。预防商品的串味，应对易被串味的商品尽量采取密封包装，在储存中不得与有强烈气味的商品同库储藏，同时还要注意仓储环境的清洁卫生。

(6) 沉淀。是指含有胶质和易挥发成分的商品，在低温和高温等因素影响下，引起部分物质的凝固，进而发生沉淀和膏体分离的现象。预防商品的沉淀，应根据不同商品的特点，防止阳光照射，做好商品冬季保温工作和夏季降温工作。

(7) 沾污。是指商品外表沾有其他赃物，染有其他污秽的现象。对一些外观质量要求较高的商品，如服装、仪器等要特别注意。

(8) 破碎与变形。是常见的机械变化，指商品在外力作用下所发生的形态上的改变。对于容易破碎和变形的商品，要注意妥善包装，轻拿轻放。在库房内堆垛高度不能超过一定的压力限度。

5.5.2.2 化学变化

商品的化学变化与物理变化有本质的区别。它的产生，不仅改变了商品的外表形态，也改变了商品的本质，并且有新物质生成，且不能恢复原状的变化现象。商品化学变化过程即商品质变过程，严重时会使商品失去使用价值。商品的化学变化形式主要有：

(1) 氧化。是指商品与空气中的氧气及其他能放出氧的物质，所发生的与氧结合的变化。商品发生氧化，不仅会降低商品的质量，有的还会在氧化过程中，产生热量，发生自燃，有的甚至会发生爆炸事故。对此类商品，要储存在干燥、通风、散热和温度比较低的库房，才能保证其质量安全。

(2) 分解。是指某些性质不稳定的商品，在光、热、电、酸、碱及潮湿空气的作用下，由一种物质生成两种或两种以上物质的变化现象。商品发生分解反应后，不仅使其数量减少、质量降低，有的还会在反应过程中，产生一定的热量和可燃气体，并引起事故。

(3) 水解。是指某些商品在一定条件下，遇水所发生分解的现象。如硅酸盐和肥皂，其水解产物是酸和碱，这样就同原来的商品具有不同的性质。

(4) 化合。是指商品在储存期间，在外界条件的影响下，两种或两种以上的物质相互作用，而生成一种新物质的反应。

(5) 聚合。是指某些商品，在外界条件的影响下，能使同种分子互相加成后，而结合成一种更大分子的现象。储存和保管养护此类商品时，要特别注意日光和储存温度的影响，以便防止发生聚合反应，造成商品质量的降低。

(6) 锈蚀。是指金属或金属合金，同周围的介质相接触时，相互间发生了某种化学反应，而逐渐遭到破坏的过程。

(7) 风化。是指含结晶水的商品，在一定温度和干燥空气中，失去结晶水而使晶体崩解，变成非结晶状态的无水物质的现象。

5.5.2.3 生理生化变化及其他生物引起的变化

生理生化变化是指有生命活动的有机体商品，在生长发育过程中，为了维持它的生命，本身所进行的一系列生理变化。

(1) 呼吸。是指有机商品在生命活动过程中，不断地进行呼吸，分解体内有机物质，产生热量，维持其本身的生命活动的现象。呼吸作用可分为有氧呼吸和无氧呼吸两种类型。不论是有氧呼吸还是缺氧呼吸，都要消耗营养物质，降低商品的质量。保持正常的呼吸作用，是有机体的基本生理活动，商品本身也具有一定的抗病性和耐储存性。因此，鲜活商品的储藏应保证它们正常而最低的呼吸，利用它们的生命活性，减少商品损耗、延长储藏时间。

(2) 发芽。是指有机体商品在适宜条件下，冲破“休眠”状态，发生的发芽、萌发现象。发芽的结果会使有机体商品的营养物质转化为可溶性物质，供给有机体本身的需要从而降低有机体商品的质量。在发芽萌发过程中，通常伴有发热、生霉等情况，不仅增加损耗，而且降低质量。因此对于能够萌发、发芽的商品必须控制它们的水分，并加强温湿度管理，防止发芽、萌发现象的发生。

(3) 胚胎发育。主要是指鲜蛋的胚胎发育。在鲜蛋的保管过程中，当温度和供氧条件适宜时，胚胎会发育成血丝蛋、血环蛋。经胚胎发育的禽蛋新鲜度和食用价值将大大降低，为抑制鲜蛋的胚胎发育，应加强温湿度管理，最好是低温储藏或减少供氧，亦可采用石灰水浸泡、表面涂层等方法。

(4) 后熟。是指瓜果、蔬菜等类的食品在脱离母株后继续其成熟过程的现象。瓜果、蔬菜等的后熟，能改进色、香、味以及适口的硬脆度等食用性。但当后熟作用完成后，则容易发生腐烂变质，难以继续储藏甚至失去食用价值。因此，对于这类鲜活食品，应在其成熟之前采收并采取控制储藏条件的办法来调节其后熟，以达到延长储藏期限、均衡上市的目的。

(5) 霉腐。是商品在霉腐微生物作用下所发生的霉变和腐败现象。在气温高、湿度大的季节,如仓库温湿度控制不好,有些商品将会生霉或腐烂,使商品受到不同程度的损失,严重的可使商品完全失去使用或食用价值,甚至造成人畜食用后的中毒。

(6) 虫蛀。商品在储存期间,常常会遭到仓库害虫的蛀蚀。经常危害商品的仓库害虫有 60 多种,仓库害虫不仅破坏商品的组织结构,使商品发生破碎和孔洞,而且其排泄的各种代谢废物污染商品,影响商品质量和外观,降低商品使用或食用价值,因此害虫对商品的危害性是很大的。凡是含有有机成分的商品,都容易遭受害虫蛀蚀。

5.5.3 商品养护的基本要求

商品养护不仅是技术问题也是管理问题,它是一门综合性应用科学,对于普通商品的养护工作而言维持它们质量、数量、包装的完好,重要的不是技术措施的保证而是管理水平的高低。制定必要的管理制度和操作规程,并严格执行是各项管理工作的基础。"以防为主,以治为辅,防治结合"是商品保管工作的方针。具体应做好以下几方面的工作:

1) 严格验收入库商品

要防止商品在储存期间发生各种不应有的变化,首先在商品入库时要严格验收,弄清商品及其包装的质量状况。对吸湿性商品要检测其是否超过安全水平,对其他有异常情况的商品要弄清原因,针对具体情况进行处理和采取救治措施,作到防微杜渐。

2) 合理安排储存场所

由于不同商品性能不同,对保管条件的要求也不同,分区分类,合理安排储存场所是商品养护工作的一个重要环节。如怕潮湿或易霉变、易生锈的商品,应存放在较干燥的库房里;怕热易溶化、发粘、挥发、变质后易发生燃烧的商品,应存放在温度较低的阴凉场所;一些既怕热、又怕冻、且需要较大湿度的商品,应存放在冬暖夏凉的楼下库房或地窖里。此外,性能相互抵触或易串味的商品不能在同一库房混存,以免相互产生不良影响。尤其对于化学危险商品,要严格按照有关部门的规定,分区分类安排储存地点。

3) 妥善进行堆码苫垫

阳光、雨雪、地面潮气对商品质量影响很大,要切实做好货垛遮苫隔潮工作,如利用石块、枕木、垫板、油毡或采用其他防潮措施。存放在货场的商品,货区周围要有排水沟,以防积水流入垛下;货垛周围要遮盖严密,以防雨淋日晒。

4）控制好仓库温湿度

仓库的温度和湿度，对商品质量变化的影响极大，也是影响各类商品质量变化的重要因素。各种商品由于其本身特性，对温湿度一般都有一定的适应范围，有安全湿度和安全温度的要求。超过这个范围，商品质量就会发生不同程度的变化。因此，应根据库存商品的性能要求，适时采取密封、通风、吸潮和其他控制调节温湿度的办法，力求把仓库温湿度保持在适应商品储存的范围内，以维护商品质量安全。

5）认真进行商品在库检查

做好商品在库检查，对维护商品安全具有重要作用。库存商品质量发生变化，如不能及时发现并采取措施进行救治，就会造成或扩大损失。因此，对库存商品的质量情况，应进行定期或不定期的检查。检查应特别注意商品温度、水分、气味、包装物的外观、货垛状况是否有异常。

6）搞好仓库清洁卫生

储存环境不清洁，易引起微生物、虫类寄生繁殖，危害商品。因此，对仓库内外环境应经常清扫，彻底铲除仓库周围的杂草、垃圾等杂物，必要时使用药剂杀灭微生物和潜伏的害虫。对容易遭受虫蛀、鼠咬的商品，要根据商品性能和虫、鼠生活习性及危害途径，及时采取有效的防治措施。

5.5.4 仓库的温湿度调节与控制

商品在储存期间的质量变化与商品储存环境密切相关。而在商品储存环境诸因素中，仓库的温湿度最为重要。商品在储存期间发生的霉变、锈蚀、溶化、虫蛀、挥发等，都与温湿度关系密切。加强仓库温湿度的调节与控制，创造适合商品安全储存的温湿度条件，是商品养护的一项重要工作。

各种商品的性能不同，各个库房的建筑结构、设备条件也有差异，气候在不断地变化着，以及其他各种因素错综复杂，所以在确定措施前应慎密考虑，认真分析，才能运用得当，收到预期的效果。研究并采取一些措施来控制仓库内温湿度的变化，对不适宜商品储存的温湿度要及时调节。控制与调节仓库环境的方法很多，密封、通风与吸潮相结合的方法，是控制与调节库内温湿度行之有效的方法。

1）密封

仓库密封就是把整库、整垛或整件商品尽可能地密封起来，减少外界不良气候条件对其影响，以达到商品安全储存的目的。密封能保持库内温湿度处于相对稳定状态，达到防潮、防热、防干裂、防冻、防溶化的目的，还可收到防霉、防火、防锈蚀、防老化等各方面的效果。

密封储存的形式有4种：

(1) 整库密封：对储存量大，出入库动态不大的商品宜于采取整库密封。即将门窗缝隙用棉布条堵严，留做出入的门应加装隔潮门，门上要挂棉门帘。若密封库有易霉、怕虫蛀的商品，可在库内定期用药剂进行杀菌消毒，以防霉菌虫害孳生。

(2) 按垛密封：对于一些怕潮易霉或易干裂的商品，可以用防潮效果好的材料，将货垛上下四周围起，进行整垛密封，以减少气候变化时对商品的影响。

(3) 货架/柜/橱密封：对出入库频繁、零星而又怕潮易霉、易干裂、易生虫、易锈蚀的商品，可以采用货架密封法。在储存时可在货架内放一容器，内装硅或氯化钙等吸湿剂，以保持干燥；若要防虫，还应在货架内放入适量的驱虫剂。

(4) 按件/箱密封：主要是将商品的包装严密地进行封闭，一般适应于数量少、体积小的易霉、易锈蚀商品；多数易潮、易生霉、溶化、生锈的商品，都适宜先用塑料袋按件包装，加热封口，或放在包装箱、包装桶或包装袋内。总之，要根据商品养护的需要，结合气候情况与储存条件，因地制宜，就地取材，灵活运用。

2) 通风

空气是从压力大的地方向压力小的地方流动，气压差越大，空气流动就越快。通风就是利用库内外空气温度不同而形成的气压差，使库内外空气形成对流，来达到调节库内温湿度的目的。当库内外温度差距越大时，空气流动就越快；若库外有风，借风的压力更能加速库内外空气的对流，但风力亦不能过大(风力超过 5 级灰尘较多)。正确地进行通风，不仅可以调节与改善库内的温湿度，还能及时地散发商品及包装的多余水分。按通风的目的不同，可分为利用通风降温、增温和利用通风散潮两种：

(1) 通风降温、升温：主要指对空气湿度要求不高，而对温度要求比较严格的一些怕热商品，如玻璃瓶或铁桶装的易挥发的化工原料、化学试剂和医药等的液体商品。这类商品在气温高的季节，只要库外温度低于库内温度时，就可以通风。对于一些怕冻商品，在冬季，只要库外温度高于库内温度也可以进行通风，以提高库内温度。

(2) 通风散湿：是指对易霉腐、溶化、锈蚀等的库存商品的通风。利用通风散潮，来降低库内的相对湿度，首先应该对比库内外绝对湿度的高低，然后再考虑气温与相对湿度的高低。在分析研究比较复杂的库内外温湿度变化情况下，决定是否通风：

①当库外空气的相对湿度和绝对湿度都低于库内时，可以通风；

②当库外温度和绝对湿度都低于库内，而相对湿度稍高时，也可以通风；

③库内外温度接近，库外相对湿度比库内低，或库内外的相对湿度接近而库外温度较库内低时，都可以通风。因为在这两种情况下，库外的绝对湿度都比库内低。

3) 吸潮

吸潮是与密封配合，用以降低库内空气湿度的一种有效方法。在霉雨季节或阴雨天，库内湿度过大，又无适当通风时机的情况下，在密封库里常采用吸潮的办法，以降低库内的湿度，常采用吸潮剂或去湿机吸潮。

吸潮剂的种类很多，常用的有生石灰、氯化钙、硅胶，除了以上几种吸潮剂外，还可以因地制宜，就地取材，如使用木炭、炉灰和干谷壳等进行吸潮。

近年来仓库普遍使用空气去湿机吸潮，利用机械吸潮的方法，来降低空气的相对湿度。去湿机的工作原理是室内潮湿空气经过滤器（吸尘泡沫塑料或金属网）到蒸发器，由于蒸发器的表面温度低于空气露点温度，空气中的水分就会凝结成水滴，流入接水盘，经水管排出，使空气中的含水量降低；被冷却干燥空气，经加热后，使其相对湿度降低，再由离心机送入室内，室内空气相对湿度便不断地下降，当达到所要求的相对湿度时，即可停机。空气去湿机吸潮，在温度 27 ℃，相对湿度为 70%时，一般 1 h 可吸水 3～4 kg。使用空气去湿机吸潮，不仅效率高，降湿快，而且体积小，重量轻，不污染商品。

5.5.5　库存商品霉变腐烂的防治

商品的霉腐是由微生物引起的，微生物具有体积小、重量轻、繁殖迅速、生长快、种类繁多、分布广泛等特点，主要有以下几类：霉菌、细菌、酵母菌。其中霉菌对商品破坏的范围较大，而细菌则主要破坏含水量较大的动植物食品，对日用品、工业品也有影响；酵母菌主要引起含有淀粉、糖类的物质发酵变质，对日用品、工业品也有直接危害。

商品霉变的过程一般由受潮、发热、发霉、腐烂、霉味等阶段组成。商品霉变是由内在因素和外在因素共同作用的结果，内在因素主要是商品中有霉变微生物的存在，主要是商品在生产、加工、包装、运输、装卸与搬运等过程中受污染造成的；外在因素主要是库内的温湿度与空气。引起商品霉变的微生物的生长繁殖需要一定的条件，当这些条件得到满足时商品就容易霉变；这些条件没有满足，商品就不易或不能发生霉变。

由于糖类、蛋白质、油脂和有机酸等物质是微生物生长繁殖所必需的营养物质，因此，凡是生物制品（如植物的根、茎、叶、花、果及其制品，动物的皮、毛、骨、肌体、脏器及其制品），在适宜菌类生长的条件下，都易发生霉变。矿产品、金属商品其本身虽不会发霉，但如沾染了污垢以生物为原料制成的附件、配件，在一定条件下，菌类也会生长。一般仓库中，食品、日用品、药品、皮革及其制品、纺织原料及其制品、工艺美术品等商品容易发生霉变。一般情况下，对于商品霉变的防治主要有以下几种：

1）化学药剂防霉

防霉变最主要的方法是使用防霉腐剂。防霉腐剂低浓度能抑制微生物生长，高浓度就会使其死亡。有实际应用价值的防霉腐剂具有低毒、广谱、高效、使用方便和价格低廉等特点。低毒——是安全性的条件；广谱——才能有较强的适应性；高效——用量才能减少，提高使用方便性，降低成本和避免改变商品理化性能；长效——才能确保商品长时间储存使用。防霉腐剂的使用方法主要有：

(1) 加法。将一定比例的药剂直接加入到材料或制品中去，如食品、化妆品等。

(2) 渍法。将制品在一定温度和一定浓度的防霉剂溶液中浸渍一定时间后晾干。

(3) 涂抹法。将一定浓度的防霉剂溶液用刷子等工具涂抹在制品表面。

(4) 喷雾法。将一定浓度的防霉剂溶液用喷雾器均匀地喷洒在材料或制品表面。

(5) 熏蒸法。将挥发性防霉剂(如对硝基苯甲醛、环氧乙烷的粉末或片剂)置于密封包装内,通过防腐剂的挥发成分防止商品的霉变。

2) 气相防霉变

它是化学药品防霉腐方法之一。就是使用具有挥发性的防霉防腐剂,利用其挥发生成的气体,直接与霉腐微生物接触,杀死或抑制霉腐微生物的生长,以达到防霉腐的目的。有的在生产中将防霉腐剂直接加到商品上,对其外观与质量没有不良影响。为了提高防霉腐的效果,一般是在密封条件下进行,常用的气相防霉腐剂有多聚甲醛和环氧乙烷。

3) 气调防霉腐

它是生态防霉腐的形式之一。霉腐微生物与生物性商品的呼吸代谢都离不开空气、水分、温度这 3 个因素。只要有效的控制其中一个因素,就能达到防止商品发生霉腐的目的,如只要控制和调节空气中氧的浓度,人为地造成一个低氧环境,使霉腐微生物生长繁殖受到抑制。气调防霉腐要在密封条件下,通过改变空气组成成分,以降低氧的浓度,造成低氧环境,来抑制霉腐微生物的生命活动与生物性商品的呼吸强度,从而达到防霉腐的效果。

气调防霉腐的方法

①密封。是保证气调防霉腐的关键,以不透气为宜。并应安装测气、测温、充气、抽气口、取样口等装置。以垛密封简便易行、效果好、成本低。

②降氧。在气调中氧的浓度控制较其他因素简便易行。目前采用的方法有人工降氧和自然降氧 2 种。人工降氧又分为机械降氧和化学降氧,其中,机械降氧,又可分为真空充氮法、充二氧化碳法和分子筛降氧法;而化学降氧主要用除氧封存剂。自然降氧是利用生物性商品的自身呼吸作用,或商品上霉腐微生物的呼吸作用,逐渐消耗密封垛内氧气,使垛内自行逐步降低氧的浓度,增加二氧化碳的浓度,从而达到自然降氧的目的。自然降氧,方法简便,只需密封塑料帐罩不需其他降氧设备,主要用于水果、蔬菜防霉腐保鲜方面。

商品在低氧储存中要加强管理、定时测量密封垛中的气体成分,测温、湿、水分,同时还要观察商品变化情况,发现问题及时处理并采取相应的措施。

4) 低温冷藏防霉腐

低温冷藏防霉腐是通过控制和调节仓库内及商品本身的温度,使其低于霉腐微生物生长繁殖的最低界限,抑制酶的活性。一方面抑制生物性商品的呼吸、氧化过程，使其自身分解受阻；另一方面抑制霉腐微生物的代谢与生长繁殖，来达到防霉腐的目的。

5）干燥防霉腐

干燥防霉腐是生态防霉腐方法之一，它是通过减少仓库环境中的水分和商品本身的水分，使霉腐微生物得不到生长繁殖所需水分而达到防霉腐。目前主要采用吸潮防潮和通风、晾晒降水等方法，条件允许的企业也可以采用烘干、微波烘干等方法。

5.5.6　金属商品锈蚀的防治

金属商品由于周围介质发生化学反应或电化学反应而受到的损坏现象叫做金属商品的锈蚀（或腐蚀）。金属商品在潮湿环境中容易生锈，铝制品使用一定时间后表面会出现一层白色粉末，铜制品在潮湿环境中会逐渐出现一层绿色的铜锈，这些现象都是金属商品锈蚀的结果。金属商品发生锈蚀，会使其外观造型、色泽以及机械性能等方面受到破坏，降低商品的质量，严重者成为废品，其精度、灵敏度等受损后将会严重影响商品的使用价值。

金属锈蚀所造成的损失是巨大的。据专门统计报道，世界上每年由于锈蚀而报废的金属设备和材料，约占全年金属产量的 1/3。在这些报废的金属中，又有 1/3 完全损失而无法回收利用。

影响金属商品锈蚀的因素很多，除了金属的耐蚀性与它们的成分、组织结构、表面状态等内在因素以外，还有空气的相对湿度和温度、腐蚀性气体、尘埃及商品包装等外在因素。影响金属商品锈蚀的原因多种多样，我们应对具体情况进行具体分析，采取相应的有效的养护措施予以防治。目前仓储金属商品的防锈方法主要有以下几种：

1）涂油防锈

涂油防锈是在金属表面上涂刷一层油脂薄膜，以使商品在一定程度上与大气隔离，从而防止水膜的生成，达到防锈的目的。现在对露天存放的钢材，多进行了喷涂防锈油的养护工作，防锈油防锈具有省时、省力、节约、方便和防锈性能较好等优点。

2）气相防锈

气相防锈是利用挥发性缓蚀剂，在金属周围挥发出缓蚀气体，来阻隔腐蚀介质的腐蚀作用，以达到防锈的目的。气相防锈具有省时、省事的优点，特别适用于形状复杂、有凹凸缝隙的商品。

3）可剥性塑料封存

可剥性塑料是用树脂为基础原料，加入矿物油、增塑剂、缓蚀剂、稳定剂以及防霉剂等，经加热溶解后制成。这种塑料液喷涂于金属制品表面，能形成可以剥脱的一层特殊的塑料薄膜，这种保护膜组织致密，能阻隔腐蚀介质对金属制品的腐蚀，从而达到防锈的目的。

5.5.7 仓库害虫的防治

1）机械防治

机械防治主要是利用人工操作或动力操作的各种机械来清除储藏物中害虫。机械防治的主要方法有以下几种：

(1) 竹筒诱杀：国内有些粮仓使用一种简易的诱虫竹筒诱杀害虫。用 0.5 m 高的竹筒，下部留节，上部开口，自上口起到距下端约 3 cm 处锯成害虫可以钻进的小缝 8～9 条。筒内放粘有马拉硫磷的棉花。把竹筒竖直插入粮堆，上端露出 10 cm。然后扒动粮面，害虫即钻进筒内触药致死。

(2) 离心撞击机治虫：现在国外的一些面粉加工厂曾广泛地应用一种离心撞击机防治小麦和面粉中的害虫。此机利用高速的旋转装置，将喂进旋转器的被害小麦或面粉抛向运动中的间柱上及机器的内壁上，因旋转快和离心力大，害虫即被撞击致死。然后由筛除器将死虫分离出去。

(3) 抗虫粮袋：抗虫粮袋多以塑料薄膜为材料制成，将原粮装入袋内，密封，能够避免外部害虫的侵害。塑料薄膜的机械强度有限，因此，在制作抗虫粮袋时，其容量要适当。一般来说，塑料薄膜适于制成容量较小的粮袋，同时，为了保护抗虫粮袋，可在塑料袋外加套麻袋。

2）物理防治

物理防治是用物理作用直接消灭仓库害虫，或恶化仓库害虫的生活环境条件，抑制害虫发生和为害。物理防治的主要方法有以下几种：

(1) 高温杀虫

仓库害虫可以在一个适宜的温度范围内正常生长发育，生殖及生存。但是，如果超过这个温度范围，就会阻碍其生长，抑制产卵，延缓发育或导致生理变化甚至死亡。一般仓库害虫较适宜的温度为 18～35 ℃，超过 35 ℃即影响仓库害虫的生殖。温度上升到 40～45 ℃就到了仓库害虫活动仅能忍受的最大限度。温度升高到 45～48 ℃，绝大多数仓库害虫即处于昏迷状态，如果温度升到 48～52 ℃，经过一定时间害虫就会死亡。

(2) 低温杀虫

低温杀虫是利用冬季的寒冷的空气或由人工产生的冷气来降低仓温，借以达到抑制害虫的发育、繁殖和为害，甚至把害虫冻死的目的。因为仓库害虫多半原产于亚热带及热带地区，它们的抗寒能力都很小。一般仓库害虫的发育适温为 28～38 ℃，最低发育温度 17～22 ℃；螨类的适温为 15～30 ℃，最低发育温度为 7～16.5 ℃。一般而论，仓库害虫生命活动的最低温度界限约为 8～15 ℃，如果低于此温度，仓库害虫的发育与繁殖就会停止。当温度为 8～－4 ℃时，害虫即进入冷眠状态，这种温度若持续很久，也可致害虫于死命，但如果温度回升，害虫仍可恢复活动。如果温度降到

−4 ℃或更低，害虫即归死亡。低温杀虫的方法有：机械通风、机械制冷、地下仓库等。

(3) 控制相对湿度

控制仓库环境的相对湿度，毫无疑问也是防治仓库害虫的有效方法之一。许多仓库害虫在50%相对湿度的干燥环境中即不能生殖。应该指出，应用去湿剂降低小量粮堆内的相对湿度，抑制害虫的发生与为害，值得今后大力研究。

(4) 电离辐射

电离辐射是使害虫处于足够高的频率的强度和射频电场中，它们从电场中吸收能量，使体温迅速升高，最终导致死亡，这种处理的致死效应是由于电介质加热产生了致死温度的结果。用致死量以下处理害虫，可造成幼虫发育成畸形的成虫，生殖力降低和雌雄个体不育，这是由于害虫的交配、受精过程受到影响，精母、卵母细胞减少或组织受到热损伤，生殖腺被破坏的缘故。

(5) 声音治虫

声音具有一定的能量。有人认为，高能量的声音能引起仓库害虫内部器官的磨擦生热或体细胞内出现空化而导致仓库害虫死亡；低能量声音能够干扰仓库害虫的生物信息，破坏其正常的生长、发育和繁殖。

(6) 低真空治虫

仓库害虫在低真空(绝对压力小于100 Pa)下会很快致死。低真空治虫与其说是由于低压力的内在影响，不如说是由于缺氧的影响。低真空可用于处理名贵的粮食品种，少量的种子粮及包装的食品等。

(7) 臭氧杀虫

臭氧具有较强的氧化能力，不仅能杀死仓库害虫，还能杀死粮食中的多种微生物。臭氧还有放射性作用，臭氧杀虫也和电离辐射一样，既可杀虫，又可引起不育。

3) 密封防治

密封防治是把有虫害的粮食密封储藏在仓库或容器中，利用粮食本身的呼吸作用和害虫微生物的生命活动消耗掉仓内或容器中的氧气，产生一种缺氧大气，使昆虫窒息而死亡。据试验，当空气中的氧气下降到2%时，即可控制虫害。

地下密封储藏也是一种保粮除虫的好方法。有的国家用地下建筑储粮，并用聚乙烯做衬垫加以密封，虽有鼠害造成漏气问题，但粮食在储藏期间，仍能保持良好状态。

用聚乙烯塑料袋控制袋装粮食中的害虫是行之有效的。用粗麻袋盛装被谷象及锯谷盗为害的小麦及大麦，再装在聚乙烯塑料袋内加以密封，袋中氧气浓度很快降到1%，害虫几乎全被抑制。

4) 气调防治

气调防治即人为地改变仓间中的气体成分(如向密封的粮仓中充入二氧化碳或

氮气等),并以此抑制仓中害虫、害螨及微生物的生长,保证货物安全。这是一种新的防治方法,它的主要优点是没有残毒,也不致使害虫产生抗性。

5) 化学防治

化学防治,即利用化学杀虫药剂防治害虫,此法的最大优点是:杀虫力强,防治效果显著。其缺点是:对人畜有毒,会给粮食带来不同程度的污染,以及引起害虫抗药性。目前,用于防治仓库害虫的化学药剂主要有保护剂和熏蒸剂两大类。

6) 生物防治

近年来,仓库害虫防治技术不断发展,利用仓库害虫外激素和内激素以及利用病原微生物、害虫天敌(益虫)来防治和控制害虫的发生和发展都取得了一定的进展,这些防治方法统称为生物防治。

生物防治的优点是:能够有效地控制仓库害虫,对人畜安全,减少对储物和环境的污染,降低储藏费用。但也有一定的局限性,如对仓库害虫的控制不能像化学药剂那样见效快、简便和方便等。所以,在采用此法时,应与其他方法相配合,互相协调,取长补短,才能更好地发挥生物防治的作用,收到好的防治效果。

仓库害虫的防治方法在实际工作中,首先应采用物理的方法,因为它完全符合环保的要求。其次采用化学的方法。在采用化学药剂方法时,要注意对商品、人和环境的不良影响。

5.6 盘点作业

在仓储活动中,货物不断地进出库,长期积累下来,库存资料容易与实际数量产生不符的现象。或者有些货物存放过久、养护不当,导致质量下降,难以满足客户的要求。为了有效地控制货物的数量和质量,而对各储存场所进行数量清点及质量检查的作业,称之为盘点。

5.6.1 盘点作业的目的

(1) 帮助企业确定现存量,并修正账物不符产生的误差。通常货物在一段时间不断接收与发放,容易产生误差。

(2) 帮助企业计算资产损益。企业的损益与总库存金额有相当密切的关系,而库存金额又与库存量及其单价成正比。因此为了能准确地计算出企业实际的损益,就必须针对现有数量加以盘点。一旦发现库存太多,即表示企业的经营受到压力。

(3) 帮助企业发现仓库管理中存在的问题。通过盘点查明盈亏的原因,发现作业与管理中存在的问题,如呆、废品的处理状况、存货周转情况、货物的保养维修等均可借盘点发现问题,并通过具体措施来改善作业流程和作业方式,提高人员素质和企业管理水平。

5.6.2 盘点作业的内容

(1) 查数量。通过点数计数查明在库货物的实际数量,核对库存账面资料与实际库存数量是否一致。

(2) 查质量。检查在库货物有无超储积压,损坏变质的现象。对超过有效期的商品也属于有质量问题,其严重性可进一步通过技术检查。

(3) 查保管条件。检查仓库的保管条件是否与在库货物的保管要求相符合。如堆码是否合理稳固,库内温湿度是否符合要求,各类计量器具是否准确等。

(4) 查安全。检查仓库的各种安全措施和消防设备、器材是否符合安全要求,建筑物和设备是否处于安全状态。

5.6.3 盘点作业的实施步骤

5.6.3.1 盘点前的准备

盘点前的准备工作是否充分,直接关系到盘点作业能否顺利进行,甚至盘点是否成功。为了使盘点能在短促的时间内,利用有限的人力、物力、财力达到迅速准确的目标,其准备工作主要包括以下内容:

(1) 确定盘点的具体方法及作业程序;

(2) 确定盘点的范围,并对其确实结清;

(3) 配合财务会计做好准备;

(4) 盘点、复盘、监盘等人员必须经过培训;

(5) 准备好盘点用的各种表单。

5.6.3.2 盘点时间的确定

一般来说为保证账物相符,盘点次数愈多愈好,但每次进行盘点需投入人力、物力、财力,耗资不菲,故很难经常为之。

引起盘点误差的关键原因在于出入库的过程,如出入库作业单据的输入错误、点数的错误、出入库搬运造成的损失等,因此出入库越频繁,引起的误差也会随之增加。可以根据货物的不同特性、价值大小、流动速度、重要程度来分别确定不同的盘点时间间隔。盘点时间间隔可以每天、每周、每月、每季到每年盘点一次不等,这属于定期盘点,也有不定期盘点即临时性盘点,主要是在霉雨、汛期、台风、暴雨、大雪等气候条件发生的前后及保管人员的调离等情况下进行。

另外应注意每次盘点持续的时间应尽可能的短。全面盘点以 2～6 d 内完成为佳。局部盘点尽量 1 d 内完成。

5.6.3.3 确定盘点方法

不同的现场对盘点的要求不同,盘点的方法也会有差异,为尽可能快速准确地完成盘点作业，必须根据实际需要确定盘点方法。目前，盘点的方法主要有：

1）账面盘点法

账面盘点法又称永续盘存制，就是将每一种货物分别设立“存货账卡”（见表5-3），然后将每一种货物的出入库数量及有关信息记录在账面上，逐笔汇总出账面库存结余数，这样可随时从电脑或账册上查悉货物的出入库信息及库存结余量。

表5-3 存货账卡

货物名称：						储位号：			
订货点：						订购批量：			
日期		凭证及号码	订购数量	入库数量	单价	金额	出库数量	余额	
月	日							数量	金额

2）现货盘点法

现货盘点法又称实地盘点法，就是实际去库内清点数量，再依货物单价计算出实际库存金额的方法。按时间频率的不同又可分为“期末盘点法”与“循环盘点法”。

（1）期末盘点法。就是期末一起清点所有货物数量的方法。其工作量大，要求严格。通常采用分区、分组的方式进行，其目的是为了明确责任，防止重复盘点和漏盘。分区即将整个储存区域划分成一个一个的责任区，不同的区由专门的小组负责点数、复核和监督。因此，一个小组通常至少需要3人分别负责清点数量并填写盘存表（见表5-4），复查数量并登记复查结果，核对前二次盘点数量是否一致，对不一致的结果进行检查。等所有盘点结束后，再与电脑或账册上反映的账面数核对。

表5-4 盘存表

经营部门： ______年______月______日 编号：______

序号	品名	编号	规格	单位	账面结存	盘点数量	差异数量	差异金额
1								
2								
3								

财务部门主管：______ 会计：______ 经营部门主管：______ 盘点：______

（2）循环盘点法。就是在每天、每周做少品种少量的盘点，到了月末或期末则每项货物至少完成一次盘点的方法。通常对价值高或重要的货物检查的次数多，而且监督也严密一些；而对价值低或不太重要的货物，盘点的次数可以尽量少。所以对重要货物通常只需保管人员自行对照库存资料进行点数检查，发现问题按盘点程序进行复核，并查明原因，然后调整。

5.6.3.4 培训盘点人员

为使盘点工作得以顺利进行，盘点时必须增派人员协助进行，这些人员通常来自管理部门，主要对盘点过程进行监督，并复核盘点结果，因此必须对他们施以短期培训，使每位参与盘点的人员充分发挥其作用。一是对他们进行熟悉盘点现场及盘点的训练；二是针对所有盘点人员进行盘点方法及盘点作业流程的训练，必须让盘点作业人员对盘点的基本要领、表格、单据的填写十分清楚。这样盘点工作才能顺利进行。

5.6.3.5 清理盘点现场

盘点现场也就是仓库或仓库的保管现场，在盘点作业开始前必须对其进行整理，以提高盘点作业的效率和盘点结果的准确性。清理工作的主要内容包括：

(1) 盘点前对已验收入库的货物进行整理，归入储位；对未验收入库的货物应划分清楚，避免混淆。

(2) 盘点场所关闭前，应提前通知各需求部门，将需出库配送的货物提前做好准备。

(3) 账卡、单据、资料均应整理后统一结清。

(4) 预先鉴定变质、损坏商品。保管人员应在盘点前对储存场所的货物自行进行整理以方便盘点时计数，在此基础上进行预盘，以便提早发现问题并加以预防。

5.6.3.6 盘点

盘点人员按预定的时间进入盘点现场，进行盘点并填写盘点单（见表 5－5）和盘存表（见表 5－4），监督人员可根据盘点单和盘存表核对盘点实物，并检查商品的堆放情况及其他情况。

表 5－5 盘点单

盘点区号：__________ 盘点日期：_____年_____月_____日 组别：__________

<table>
<tr><td rowspan="4">□原料 □在制品
□废料 □成品</td><td>编号：</td></tr>
<tr><td>品名：</td></tr>
<tr><td>规格：</td></tr>
<tr><td>单位：</td></tr>
<tr><td colspan="2">盘点时本物位置：</td></tr>
<tr><td>盘点数量：</td><td>更正数量：</td></tr>
<tr><td>存货状况：
□良料 □合格料 □废料 □其他</td><td>备注：</td></tr>
</table>

复核员：__________ 记录员：__________ 盘点员：__________

5.6.3.7 盘点结果的处理

盘点结束后经常会出现账物不符现象，对此要查明原因，根据规定写出处理意见。

1）盘点差异原因的追查

当盘点差异超过允许误差时，应立即追查产生差异的原因。这些原因通常可能来自以下方面：

(1) 是否因记账员素质不高，致使货品数目无法表达；

(2) 是否因料账处理制度的缺点，导致货品数目无法表达；

(3) 是否因盘点制度的缺点导致货账不符；

(4) 盘点所得的数据与账簿的资料，差异是否在容许误差内；

(5) 盘点人员是否尽责，产生盈亏时应由谁负责；

(6) 是否产生漏盘、重盘、错盘等情况；

(7) 盘点的差异是否可事先预防，是否可以降低料账差异的程度。

2）盘点后出现问题的处理

盘点原因查明后，应针对主要原因进行适当的调整和处理，至于呆废品、不良品减价的部分则需与盘亏一并处理，并填写“盘点盈亏汇总表”(见表 5－6)。另外有些货物在价格上会发生增减，这些变更在经主管审核后必须利用货物盘点盈亏及价格调整表修改，填写“盘存调整表”(见表 5－7)和“货物价格调整表”(见表 5－8)。经有关部门审核签认后，登入存货账卡(见表 5－3)，调整库存账面数量。

表 5－6 盘点盈亏汇总表

年　月　日

部门	类别	品名及规格	单位	单价	账面数量	盘点数量	盘盈		盘亏		差异原因	
							数量	金额	数量	金额	说明	对策

会计主管：＿＿＿＿＿＿　　制表：＿＿＿＿＿＿

表 5－7 盘存调整表

年　月　日

货物名称	货物编号	单位	账面现结存数	增加数	减少数	调整后结存数	调整原因说明

复核：＿＿＿＿＿＿　　制表：＿＿＿＿＿＿

表5-8　货物价格调整表

年　　月　　日

货物编号	货物名称	单位	数量	原价	金额	现价	金额	差价		备注
								单价	金额	

复核：＿＿＿＿＿＿　　制表：＿＿＿＿＿＿

3）盘点结果的评价

（1）盘点数量误差。盘点数量误差的计算公式为：

$$盘点数量误差=实际库存数-账面库存数$$

（2）盘点数量误差率。盘点数量误差率的计算公式为：

$$盘点数量误差率=\frac{盘点数量误差}{实际库存数}$$

（3）盘点品项误差率。盘点品项误差率的计算公式为：

$$盘点品项误差率=\frac{盘点误差品项数}{盘点实际品项数}$$

（4）平均每件差品金额。平均每件差品金额的计算公式为：

$$平均每件差品金额=\frac{盘点误差金额}{盘点误差量}$$

（5）盘点次数比率。盘点次数比率的计算公式为：

$$盘点次数比率=\frac{盘点误差次数}{盘点执行次数}$$

（6）平均每品项盘差次数率。平均每品项盘差次数率的计算公式为：

$$平均每品项盘差次数率=\frac{盘差次数}{盘差品项数}$$

通过对上述指标的计算分析，找出在管理流程、管理方式、作业程序要改进的地方，进而改善库存管理的现状，降低库存损耗，提高经营管理水平。

本章小结

本章第1节首先讲解了储位管理的相关内容,包括储位管理的原则、对象、要素、储位的规划、商品储存方法和储位分配方式。第2节介绍了物品编码管理的原则和方法,主要讲解了几种常用的商品编码方法。第3节介绍了物品堆码、垫垛和苫盖的相关知识,其中主要介绍了物品堆码的基本原则、基本方法、基本要求和堆垛设计的主要内容。第4节介绍了库内装卸搬运的含义、种类和合理化措施。第5节主要内容为物品养护的相关知识,主要包括库存商品质量变化的种类和因素,商品养护的基本要求,仓库的温湿度调控、商品霉腐防治、金属商品锈蚀防治以及仓库害虫防治的各种方法。第6节的内容为盘点作业,主要介绍了盘点作业的实施步骤。

·案例分析·

云南双鹤药业仓储系统的合理化改造

云南双鹤医药有限公司是北京双鹤这艘医药航母部署在西南战区的一艘战舰,是一个以市场为核心、现代医药科技为先导、金融支持为框架的新型公司,是西南地区经营药品品种较多、较全的医药专业公司。

一、云南双鹤药业企业仓储系统存在的主要问题

目前,云南双鹤虽已形成规模化的产品生产和网络化的市场销售,但其仓储系统的管理严重滞后,造成物流成本居高不下,不能形成价格优势。这严重阻碍了物流服务的开拓与发展,成为公司业务发展的"瓶颈",主要表现在:

1) 装卸搬运费用过高

装卸搬运活动是衔接物流各环节活动正常进行的关键,它渗透到物流各个领域,控制点在于管理好储存物品、减少装卸搬运过程中商品的损耗率、装卸时间等。而云南双鹤恰好忽视了这一点,由于搬运设备的现代化程度较低,只有几个小型货架和手推车,大多数作业仍处于人工作业为主的原始状态,工作效率低,且易损坏物品。另外仓库设计的不合理,造成长距离的搬运。并且库内作业流程混乱,形成重复搬运,大约有70%的无效搬运,这种过多的搬运次数,损坏了商品,也浪费了时间。

2) 储存费用过高

目前,云南双鹤仓库的平面布置区域安排不合理,只强调充分利用空间,没有考虑前后工序的衔接和商品内的存放,混合堆码的现象严重,造成出入库的复杂性和长期存放,甚至一些已过有效期发生质变和退回的商品没能得到及时处理,占据库存空间,增大了库存成本。

3) 运输费用没有得到有效控制

运输费用占物流费用比重较大，据日本通产省6大类货物物流成本的调查结果表明，运输成本占物流总成本的40%左右，是影响物流费用的重要因素。云南双鹤拥有庞大的运输队伍，但由于物流管理缺乏力度，没有独立的运输成本核算方法，该企业只单纯的追求及时送货，因此不可能做到批量配送，形成不必要的迂回，造成人力、物力上不必要的浪费。而且由于部分员工的工作作风败坏，乘送货之机办自己的私事，影响了工作效率，也增大了运输费用。

4) 物流管理系统不完备

在企业中物流信息的传递依然采用"批条式"或"跑腿式"方式进行，电脑、网络等先进设备与软件基本上处于初级应用或根本不用，使得各环节间严重脱离甚至停滞，形成不必要的损失。

5) 人力资源及时间浪费大

由于公司人员管理松散和用人制度的不合理，一部分员工长期处于空闲状态，拿着工资却不工作。有时为消磨时间，往往是几个员工聚在一起花一个人时间做一个人的工作，工作中娱乐成了很自然的事情，每人注意在每一个环节中所用的时间，诸如寻找、拿取、装卡、拆卸、摆放、运输等，这些环节中都延缓了工作时间，降低了工作效率，造成无法计量的成本损耗。

二、企业现有仓储系统的现状和产生的原因

(1) 仓库的现代化程度低，设备陈旧落后，不少仍处于人工作业为主的原始状态，人抬肩扛，工作效率低。货物进不来出不去，在库滞留时间过长，或保管不善而破损、霉变、损失严重，加大了物流成本。这与企业的经济实力及远景规划有关。企业建立仓库仅把它作为存放货物的地方，因此对设备现代化的要求很低，而且廉价的劳动力使得企业放弃改造设备的打算，褡裢的手工作业使得人员不至于闲置，"不怕慢，只怕站"的思想在人们的心中根深蒂固，降低了工作效率。

(2) 仓库的布局不合理。由于企业业务的不确定性，导致不同品种的零散物品占据很大的仓库面积，大大降低仓库的利用率；而且堆码、分区都很混乱，给出入库、盘点等带来诸多不便，往往是提货员拿着一张提货单在仓库里来回寻找，影响了工作效率，也影响了配送，降低了服务质量。

(3) 库存成本过大。企业目前没有一套库存控制策略，包括经济定货批量、订货间隔期、订货点、安全或保险库存等。当某些物品的供大于求时就造成积压，浪费人力、物力和财力；当供小于求，发生缺货时，妨碍了企业的正常生产和销售，不仅带来经济损失，也使企业失去信誉。另一方面是破损、质变及退回商品没能及时处理所形成的库存。企业的仓储部与质检科联系不紧密，信息传递缓慢，对破损、质变等商品的单据处理及层层上报批复的过程复杂，甚至是责任不明确形成的互相推卸，这一切造成了库存的增大和库存成本的提高。

(4) 仓库管理信息系统不完备，其信息化和网络化的程度低。这是受企业的经济实力、人员素质及现代化意识等因素的影响。现在，企业的储运部只有1台计算机，接收订单、入账、退货单处理、报损、退厂、查询等工作都只能由它完成，工作量大而繁，易出错，同时也影响了整个管理链条中的信息传递和库存管理控制。

(5) 员工素质低下。云南双鹤在人员的聘用上悬殊很大，基层员工接受不了高层管理人员的思想，导致工作上的误差，甚至一切引起抵触情绪，基层员工在学习培训过程中装模作样，工作起来得过且过，上班时间成了娱乐时间，一些员工还把家里的活带到工作中来做，作风散漫，对本职工作不尽心尽力，更谈不上创造性和积极性。

针对这些现状，企业如何在广泛的空间充分发挥自己的潜力，以不被淘汰呢？我认为，企业除了引进先进技术和人才，整合营销，树立全球竞争观念，开拓国际市场，走国际化经营之路外，更重要的是根据企业的特色优势，实行内部改革，在完善管理和引进技术的同时，加强企业的文化建设，这样才能推进云南双鹤的快速发展。

三、企业仓储系统合理化改造的建议和方法

1) 重视对原有仓库的技术改造，加快实现仓储的现代化

目前医药行业的仓库类型主要分为生产物流中的制药原料及成品库和销售物流中的战略仓库，大多数的企业比较倾向于采用高位货架结合窄通道高位驾驶三项堆垛叉车的立体仓库模式，如西安杨森、通化东宝、奇化顿制药、中美史克等。在此基础上，根据实际需要，尽可能引进国外先进的仓储管理经验和现代化物流技术，有效的提高仓库的储存、配送效率和服务质量。

2) 完善仓库功能逐步实现仓库的社会化

加快实现仓库功能多元化是市场经济发展的客观要求，也是仓库增加服务功能，提高服务水平，增强竞争力，实现仓库社会化的重要途径。在市场经济条件下，仓库不应该再仅仅是存储商品的场所，更要承担商品分类、挑选、整理、加工、包装、代理销售等职能，还应成为集商流、物流、信息流于一身的商品仓库、流通中心。现在在美国、日本等发达国家，基本上都把原来的仓库改成商品的流通加工仓库。基于云南双鹤目前的规模及企业实力，企业应实现现有仓库向共同配送的库存型仓库转化，商品进入仓库后，先是分类储存，再根据用户的订货要求进行分拣、验货，最后配送到各连锁店和医疗单位。这种仓库作业简单，只需将进货商品解捆后，每个库区都与托盘为单位进行存放即可。

3) 建立完备的仓库管理系统

2002年1月美国凯玛特的破产，警示那些在库存管理上有问题的公司最终难以避免破产的命运。双鹤药业收购的众多子公司也同样存在程度不等的存货管理不善问题，各种过期和滞销存货以及应收款项使得这些国有商业公司步履维艰。所以，云南双鹤物流管理的建设必须解决存货管理的低效率现状，降低库存成本和存

货滞销风险，解决它在整个管理链条中的信息传递问题。

成功的经验表明，WMS是低风险、高回报的选择，其投资回收期通常不超过一年半，有的甚至在一年以内。也正因此，WMS受到世人的青睐，大量应用于财富500强企业中，其应用行业的范围也十分广泛，包括制药业、食品工业、印刷厂、时装服饰业、出版业、电信业和硬件制造业等。采用世界最新、最领先的信息管理系统来加强企业的内部管理与控制能力，对贯穿企业产供销各个环节的供应链进行合理、科学的整合，通过创建高度共享的数据平台对远程数据进行安全、高效的传递和处理，为决策者提供有效的预测、控制和分析基础数据。一项由“仓库教育和研究协会”做出的研究表明，最好的仓库运行机制可以获得99.9%的订单准确率和99.2%的准时出货率，“零误差”被认为是可以接受的目标。

如果说物流硬件设备犹如人的身体，那么物流软件解决方案则构成了人的智慧与灵魂，灵与肉的结合才是完整的人。同理，要想构筑先进的物流系统，单靠物流设备是不够的，必须提高物流管理水平。

当前，互联网技术的普遍应用使全球范围内的商业模式正经历着前所未有的变革，每个企业都面临着重建供应链管理，特别是物流流程的挑战。只有重构或优化供应链管理，减少运作成本，企业才有足够的竞争力在各自的市场生存。先进成熟的物流信息系统是众多行业专家多年经验的集成，是好的管理思想的融汇与结晶，可以帮助企业优化业务流程，降低物流成本，提高供应链的透明度，确保商品精确及时交付，最终提高客户服务水平，并因此获得客户忠诚度，这也正是企业核心竞争力所在。

据中国信息产业部提供的数据，我国企业的物流成本约为18%，而美国仅为9%，借助好的物流软件，可以将中国企业的物流成本降低到10%左右。如EXE的仓储管理软件，它支持在线和离线仓库管理，适合电子商务的需要。再如澳大利亚PULSE物流系统公司提供的仓库管理软件，它除了可以管理库存货物的数量与位置外，更加注重优化仓储中的各种资源，如人力资源、物流装备资源等，通过RF设备、扫描仪和其他物料搬运设备来实现对货物、人员、物流设备的运作管理。实践表明，采用PULSE仓储管理系统为客户带来的效益是显著的：可以使拣货时间缩短50%，降低直接劳动成本40%以上，仓库空间利用率提高20%，库存水平减少15%，客户报告的仓库错误率下降至零。

云南双鹤可以根据自己的经济实力和发展需求，有选择的借鉴这些软件。

4) 减少作业环节

每一个作业环节都需要一定的活劳动和物化劳动消耗，采用现代技术手段和实行科学管理的方法，尽可能地减少一些作业环节，既有利于加速作业的进度，又利于降低成本。

(1) 采用“二就直拨”的方法。

①就厂直拨。企业可以根据订单要求，直接到制药厂提货，验收后不经过仓库

就将商品直接调运到各店铺或销售单位。

②就车直拨。对外地运来的商品，企业可事先安排好短途运输工具，在原车边即行分拨，装上其他车辆，转运收货单位，省去入库后再外运的手续。

以上这两种方法既减少了入库中的一切作业环节，又降低了储存成本。

(2) 减少装卸搬运环节。改善装卸作业，既要设法提高装卸作业的机械化程度，还必须尽可能地实现作业的连续化，从而提高装卸效率，缩短装卸时间，降低物流成本，其合理化措施有：

①防止和消除无效作业。尽量减少装卸次数，努力提高被装卸物品的纯度，选择最短的作业路线等都可以防止和消除无效作业。

②提高物品的装卸搬运活性指数。企业在堆码物品时事先应考虑装卸搬运作业的方便性，把分类好的物品集中放在托盘上，以托盘为单元进行存放，既方便装卸搬运，又能妥善保管好物品。

③积极而慎重地利用重力原则，实现装卸作业的省力化。装卸搬运使物品发生垂直和水平位移，必须通过做功才能完成。由于我国目前装卸机械化水平还不高，许多尚需人工作业，劳动强度大，因此必须在有条件的情况下利用重力进行装卸，将设有动力的小型运输带(板)斜放在货车、卡车上进行装卸，使物品在倾斜的输送带(板)上移动，这样就能减轻劳动强度和能量的消耗。

④进行正确的设施布置。采用“L”型和“U”型布局，以保证物品单一的流向，既避免了物品的迂回和倒流，又减少了搬运环节。

5) 减少退货成本

随着退货会产生一系列的物流费、退货商品损伤或滞销而产生的费用以及处理退货商品所需的人员费等各种事务性费用，而且由于退回的商品数量小，品种繁多，使配送费用有增高的趋势，处理业务也很复杂，这些费用构成企业物流成本中的重要部分，必须加以控制。

控制退货成本首先要分析退货的原因，一般来讲，只要掌握本企业商品在店铺的销售状况及客户的订货情况，做出短期的销售预测，调整企业的商品数量和种类就能从根本上解决由用户引起的退货现象。另外，应从本企业的角度找出退货的原因，企业往往为了追求最大的销售目标，一味将商品推销给最终用户，而不管商品实际的销售状况和销售中可能出现的问题，结果造成流通在库增加、销售不振，退货成本高昂。因此，应改变企业片面追求销售额的目标战略，在追踪最终需求动向和流通在库的同时，为实现最终需求增加而实施销售促进策略。

与上述问题相关联，要根本防止退货成本，企业还必须改变员工绩效评价制度，即不是以员工每月的销售额作为奖惩的依据，而是在考察用户在库状况的同时，以员工年度月平均销售额作为激励的标准，这样才能在防止退货出现的情况下，提高经营效率。当然，在制度上还必须明确划分产生退货的责任，端正员工的工作态度，按用户要求准确无误的发货。

6) 其他具体操作要求

(1) 经过严格质检入库的商品应根据药品与非药品、处方药与非处方药、内服与外用药品、危险品等分区域储存。冷藏药品按要求温度存放，阴凉库小于20 ℃，常温库在0～30 ℃，适宜温度范围60%～75%，温度范围2～10 ℃，上下午定时检查及时调整。

(2) 堆码整齐，"五距"合理（底、墙、顶、柱、间），无倒置。

(3) 不同批号不混垛。不可避免时，混垛时限不得超过1个月。

(4) 特殊管理药品专库/专柜，双人双锁，专账记录，账物相符。

(5) 定期清扫库房卫生，保持库容整洁有序。劳动工具及包装物品按指定位置摆放。

(6) 对在库商品实行定时的养护检查，作好养护记录，有质量问题的商品应尽快通知质量管理科处理。

(7) 严把出库质量关，作好复核记录台账。

(8) 退货商品应专人管理并存放于退货区，必须进行重新质量验收程序，作好记录台账。属合格品方可入合格品库，有质量问题的入不合格品库。

(9) 不合格品存放于不合格品库区，进行控制性管理，按程序上报，查明原因及时处理。

7) 培养仓储技术人才，加强物流管理

要转化就要从引进高素质人才和培训企业员工着手，在广泛吸纳社会上有用人才的同时，更要加速提高现有人员的业务技术和道德素质，建立一支高素质的和高科技含量的职工队伍。

8) 加快建立健全现代企业制度和推行ISO 9000标准管理模式

实现现代物流功能的集成化、服务的系统化和作业的规范化，都离不开制度的约束，所以说尽快建立健全现代企业制度是至关重要的。目前云南双鹤的仓储形成了拖、推、懒、散现象，责、权、利不分，要想打破旧的观念，就要输入强烈的市场经济观念，思想上要树立和强化改革开放意识，作风上要树立雷厉风行意识，精神上要树立艰苦创业意识等等，用现代企业管理制度代替旧的管理模式，规范每一个作业环节、程序和责任人。

（本案例采集于中国物流网 作者：罗慧琼）

案例思考题：

1. 双鹤药业储存费用过高的原因是什么？

2. 双鹤药业如何实现作业环节的减少？

·复习思考题·

1. 储位管理的对象包含哪些内容?
2. 如何合理地安排储位空间和对储位进行编码?
3. 简要说明商品质量变化的类型。
4. 物品编码的方法有哪几种?
5. 简述物品堆码的基本原则和常用的堆垛方法。
6. 仓库常见的垛形有哪些?
7. 装卸搬运的合理化措施有哪些?
8. 简要说明影响商品质量变化的因素。
9. 简述商品保管养护的基本要求。
10. 如何对仓库进行温湿度控制?
11. 什么是商品的霉腐?请列举日常生活中容易发生霉腐的商品。
12. 防止商品发生霉变的方法有哪些?
13. 仓储金属商品的防锈方法主要有哪几种?
14. 简述盘点作业的步骤。

·实训项目·

商品储位编码和定位实训

技能目标

根据指定货架和货架的物资,熟练地进行货架货位编码,并准确地找到指定的库存物资,最后制作指定仓库的"物资储位图"。

项目任务

某仓库接收了一批电饭煲、矿泉水、饼干、化妆品、洗衣粉、卫生纸、塑料胶桶、毛巾、大米、酱油、白酒等商品,经检验后需上货架保管。该仓库共有 4 个库区,对商品实行分区分类管理,其中 3 个库区设置了货架,需上货架存放的商品则进行货架储存,每个库区可放置 2 排 5 层×10 列的货架。但是所有的货架并没有编号,请根据给定的商品,按照"四号定位"法对货架进行编号处理并能准确定位,最后为上述商品分配储位,制定"物资储位图"。

项目实施过程

1. 学生每3～5人为一个小组，每个小组任命1名组长，以小组为单位完成商品储位编码和定位训练；
2. 准备纸张、笔等工具；
3. 对所有储位进行编号并能准确定位；
4. 按照储位管理的原则和要求为所有商品合理分配储位；
5. 绘制“物资储位图”。

项目实施结果评价

商品储位编码和定位实训结果评分表，见表5-9。

表5-9 商品储位编码和定位实训结果评分表

被考评小组		考评组调查对象	
考评时间		考评地点	
考评内容	商品储位编码和定位实训		
考评标准	内　容	标准分值	考评得分
	“四号定位”法储位编码符合要求	30	
	能够对储位进行准确定位	20	
	商品储位的分配符合要求	25	
	“物资储位图”绘制正确	25	
合　计		100	

考评者：__________

第6章　出库管理

·教学目标·

1. 了解货物出库作业的依据、基本要求和方式等；
2. 掌握货物出库的作业流程；
3. 掌握货物出库时出现问题的处理方法。

·导入案例·

错发一次损失“千金”

2006年某物流公司仓库由于理货员备货时未进行复核，将货主计划近期只在B地区销售的品种发送至异地，从而打乱了货主的整个营销策略，使货主的预期目标利润不能实现。根据合同中的有关条款，该物流公司应赔付高达10万元的罚款，后经与货主多次协商，对方做出了较大让步，只要求赔付2万元。这次事件促使该物流公司仓储部在出库复核环节加强了管理力度。

6.1　货物出库的依据、要求和方式

6.1.1　货物出库的依据

货物出库业务又称发货业务，它是仓库根据企业业务部门或存货单位开具的出库凭证，经过审核出库凭证、备料、拣货、分货等业务直到把货物点交给收货单位或发运部门的一系列作业过程。商品出库业务的开始，标志着货物保管养护业务

的结束。

出库业务是保管工作的结束，它既涉及仓库或配送中心同货主或收货企业以及承运部门的经济联系，也涉及仓库或配送中心各有关业务部门的作业活动。为了能以合理的物流成本保证出库物品按质、按量、按时、安全地发给用户，满足其生产经营的需要，仓库或配送中心应主动向业务部门或货主联系，由业务部门或货主提供出库计划，这是仓库或配送中心出库作业的依据，特别是供应异地的和大批量出库的物品更应提前发出通知，以便及时做出流量和流向的运输计划，完成出库任务。

仓库管理系统（WMS）的出库功能模块必须由货主（或通过业务部门）的出库通知或请求驱动，见图 6－1。无论在什么情况下，仓库与配送中心都不得擅自动用、变相动用或者外借货主的货物。

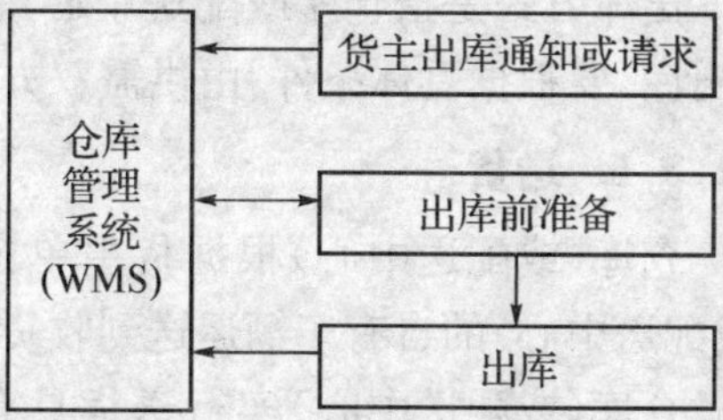

图 6－1 WMS 的出库功能模块

货主的出库通知或出库请求的格式不尽相同，不论采取何种形式，都必须是符合财务制度要求的有法律效力的凭证，要坚决杜绝凭信誉或无正式手续的发货。

6.1.2 货物出库的基本要求

对于货物出库的要求有以下几个方面：

1）严格贯彻“先进先出，推陈出新”的原则

根据货物入库时间的先后，先入库的货物先出库，以确保物资储存的质量。易霉易腐、机能容易退化或老化的货物先出，接近失效期的货物先出，变质失效的货物不准出库。

2）出库凭证和手续必须符合要求

出库凭证的格式不尽相同，但是，无论采取何种格式都必须真实和有效。出库凭证不符合要求的，仓库不得擅自发货。特殊情况发货必须符合仓库有关规定。

3）严格遵守仓库有关出库的各项规章制度

（1）货物出库必须遵守各项规章制度，按章办事。发出货物必须与提货单、领料单或调拨通知单上所列的货物名称、规格、型号、单价和数量相符合。

（2）未验收的货物以及有问题的货物不得发放出库。

（3）货物入库检验与出库检验的方法应保持一致，以避免人为的库存盈亏。

（4）超过提货单有效期尚未办理提货手续，不得发货。

4）提高服务品质，满足用户需要

货物出库要求做到及时、准确、保质、保量，防止差错事故的发生。工作尽量一

次完成，提高作业效率。为用户提货创造各种方便条件，协助用户解决实际问题。

5）贯彻“三不”、“三核”、“五检查”的原则

“三不”，即未接单据不翻账，未经审核不备库，未经复核不出库。

“三核”，即在发货时，要核实凭证、核对账卡、核对实物。

“五检查”，即对单据和实物要进行品名检查、规格检查、包装检查、件数检查、重量检查。

6.1.3 货物出库的方式

出库方式是指仓库或配送中心用什么样的方式将货物交付用户。选用哪种方式出库，要根据具体条件，由供需双方事先商定。

6.1.3.1 送货

仓库（或配送中心）根据货主单位的出库通知或出库请求，将应发物品由仓库（或配送中心）的自有车辆运送到收货地点的发货形式就是通常所称的送货制。

仓库（或配送中心）实行送货具有多方面好处：仓库或配送中心可预先安排作业，缩短发货时间；收货单位可避免因人力、车辆等不便而发生取货困难；在运输上，可合理使用运输工具，减少运费。

6.1.3.2 收货人自提

这种发货形式是由收货人或其代理持取货凭证直接到仓库取货，仓库（或配送中心）凭单发货。仓库（或配送中心）发货人与提货人可以在仓库（或配送中心）现场划清交接责任，当面交接并办理签收手续。

6.1.3.3 代办托运

仓库接受客户的委托，按单将货配齐后通过铁路、水运、航空、邮寄等方式，将货发至用户所在地的车站、码头、邮局提货。此种出库形式的交接，是与铁路、水运等运输部门进行的，仓库按规定程序办理完托运手续并取得运输部门的承运凭证，将应发货物全部点交承运部门后，责任才开始转移。

6.1.3.4 过户

过户是一种就地划拨的形式，物品实物并未出库，但是所有权已从原货主转移到新货主的账户中。仓库或配送中心必须根据原货主开出的正式过户凭证，才可予以办理过户手续。

6.1.3.5 取样

货主由于商检或样品陈列等需要，到仓库或配送中心提取货样（通常要开箱拆包、分割抽取样本）。仓库或配送中心必须根据正式取样凭证发出样品，并做好账务记载。

6.1.3.6 转仓

转仓是指货主为了业务方便或改变储存条件，将某批库存货物自甲库转移至乙库。仓库也必须根据货主单位开出的正式转仓单，办理转仓手续。

6.2 货物出库流程

不同仓库在出库的操作程序上可能会有所不同，操作人员的分工也各不相同，但就整个货物的出库过程而言，一般会按照出库基本流程图(图 6－2)进行。

6.2.1 货物出库前的准备工作

6.2.1.1 包装整理

货物经过多次装卸、堆码、翻仓和拆检，会使部分包装受损，不适宜运输要求的，仓库必须视情况事先进行整理、加固或改换包装。

6.2.1.2 组配、分装

根据货主需要，有些货物需要拆零后出库，仓库应事先为此做好准备，备足零散物资，以免因临时拆零而延误发货时间；有些货物则需要进行拼箱，为此，应做好挑选、分类、整理和配套等准备工作。

6.2.1.3 用品准备

对从事装箱、拼箱或改装业务的仓库，在发货前应根据性质和运输部门的要求，准备各种包装材料和相应的衬垫物，以及刷写包装标志的用具、标签、颜料、钉箱和打包等工具。

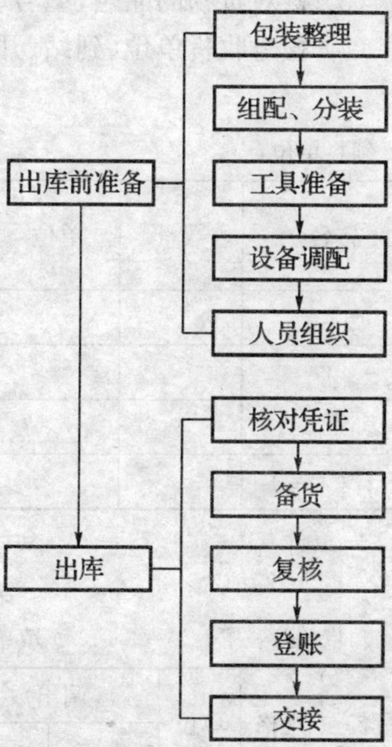

图 6－2 货物出库基本流程图

6.2.1.4 设备调配

当货物出库时，应留出必要的理货场地，并准备必要的装卸搬运设备，以便运输人员的提货发运或装箱送箱，及时装载货物，加快发送速度。

6.2.1.5 人员组织

发货作业是一项涉及人员较多、处理时间较紧、工作量较大的工作，进行合理的人员组织和机械协调安排是完成发货的必要保证。

由于出库作业比较复杂，工作量也较大，事先对出库作业加以合理组织，安排好作业人员和机械，保证各个环节的紧密衔接，是十分必要的。

6.2.2　货物出库

6.2.2.1　核对出库凭证

货物出库凭证，不论是领（发）料单还是调拨单，均应由主管分配的业务部门签章。常见出库凭证格式见表 6－1,6－2,6－3，一式三联。核对出库凭证应包括以下内容：

（1）审核出库凭证的合法性和真实性。

（2）审核出库凭证手续是否齐全，内容是否完整。

（3）核对货物的品名、型号、规格、单价、数量和提货日期等有无错误。

（4）核对收货单位、到站、开户行和账号齐全和准确。

表 6－1　货物出库单

领料单位：　　　　　　　　　　　　　　　　　　　　　　　　字第　　号

品名	数量	单位	单价	金额				备注
合计（大写）								结存

负责人：　　　　　　会计：　　　　　　保管：　　　　　　领物人：

表 6－2　货物出库调拨单

购货单位：　　　　　　填单日期：　　年　　月　　日　　　　　　发货地点：

品名	规格	单位	调出数		实发数		入库单号	入库单价	总计金额
			件数	重量	件数	重量			
备注								发运方式	
								出库日期	
到站		收货单位						车号或运单号	

财务：　　　　开票人：　　　　保管员：　　　　提货员：　　　　电话：

表6-3　领料单

供应单位：　　　　　　　　　　　　　　　　　　　　　　　　　编号：
发票号码：　　　　　　　　　年　　月　　日　　　　　　　　　仓库：

<table>
<tr><td rowspan="3">规格</td><td rowspan="3">材料名称</td><td rowspan="3">编号</td><td colspan="2">数量</td><td colspan="14">实际价格/元</td></tr>
<tr><td rowspan="2">应收</td><td rowspan="2">实收</td><td rowspan="2">单位</td><td rowspan="2">单件</td><td rowspan="2">发票金额</td><td rowspan="2">运杂费</td><td colspan="10">合计</td></tr>
<tr><td>千</td><td>百</td><td>十</td><td>万</td><td>千</td><td>百</td><td>十</td><td>元</td><td>角</td><td>分</td></tr>
<tr><td></td><td></td><td></td><td></td><td></td><td></td><td></td><td></td><td></td><td></td><td></td><td></td><td></td><td></td><td></td><td></td><td></td><td></td><td></td></tr>
<tr><td></td><td></td><td></td><td></td><td></td><td></td><td></td><td></td><td></td><td></td><td></td><td></td><td></td><td></td><td></td><td></td><td></td><td></td><td></td></tr>
<tr><td></td><td></td><td></td><td></td><td></td><td></td><td></td><td></td><td></td><td></td><td></td><td></td><td></td><td></td><td></td><td></td><td></td><td></td><td></td></tr>
<tr><td></td><td></td><td></td><td></td><td></td><td></td><td></td><td></td><td></td><td></td><td></td><td></td><td></td><td></td><td></td><td></td><td></td><td></td><td></td></tr>
<tr><td colspan="3">备注</td><td colspan="2">验收人
盖章</td><td colspan="4"></td><td colspan="10">合计</td></tr>
</table>

会计：　　　　　　出纳：　　　　　　复核：　　　　　　记账：　　　　　　制单：

也就是说，在仓库接到出库凭证后，由业务主管部门审核证件上的印鉴是否完全相符，有无涂改。审核无误后，按照出库单证上所列的货物品名、规格、数量与仓库料账再做全面核对，无误后，在料账上填写预发数后，将出库凭证移交给仓库保管员。保管员复核料卡无误后，即可做货物出库的前期工作，包括准备随货出库的货物技术证件、合格证、使用说明书、质量检验证书等。

凡在证件核对中，有货物名称、规格、型号不对的，印鉴不齐全、数量有涂改、手续不符合要求的，均不能发货出库。审核无误后，方可组织货物出库。

6.2.2.2　备货

1）备货

仓库保管员对货物出库凭证复核无误后，按其所列项目内容和凭证上的批注，与编号的货位对货，核实后按提货单所列各项内容的要求进行备货。注意提货人员不得进入库房。

(1) 销卡：大多数仓库的货卡是悬挂在货垛上的，但也有采用集中保管的，在货物出库时应先销卡、后付货。

(2) 理单：根据出库单的货位，按出库单顺序排列，以便迅速找位付货。

(3) 核对：在按照货位找到应付货物时，要“以单对卡，以卡对货”，进行单、卡、货三核对。

(4) 点数：要仔细点清应付的数量，防止差错。

(5) 批注地区代号：在多批货物同时发货需要理货时，为方便下一道作业环节，保管员在货物的外包装上必须批注地区代号。

(6) 签单：应付货物按单付讫后，保管员逐笔在出库凭证上签名和批注结存数，前者以明责任，后者供账务员(业务会计)登账时进行账目实数的核对。

备货时应注意的事项：

(1) 按出库凭证所列的项目和数量进行，不得随意变更。

(2) 备货计量一般根据货物入库验收单上的数量，不用再重新过磅，对被拆散、零星货物的备货应重新过磅。

(3) 备好的货物应放置于相应的区域，等待出库。

(4) 出库商品应附有质量说明书、抄件、磅码单和装箱单等。

2) 理货

理货是针对实行送货制的出库物资，将货物按地区代号搬运到备货区，再进行核对、置唛、复核和待运装车等。

(1) 核对：理货员根据货物场地的大小、车辆到库的班次，对到场货物按照车辆配载、地区到站编配分堆，然后对场地分堆的货物进行单货核对，核对工作必须逐车、逐批地进行，以确保单货数量、品唛、去向完全相符。

(2) 置唛：搞好理货工作，必须准确置唛。实行送货制的出库商品，为方便收货方的收转，理货员必须在应发货物的外包装上刷置"收货单位"简称。置唛应在货物外包装的两头，字迹清楚，不错不漏；复用旧包装，必须刷除原有标志；如系粘贴标签，必须粘贴牢固，便于收货方收转。

(3) 待运装车：在车辆到库装载待运货物时，理货员要亲自在现场监督装载全过程。要按地区到站逐批装车，防止错装、漏装，对于实际装车件数，必须与随车人员一起点交清楚，再将送货通知单和随货同行单证交付随车人员一起送达车站码头。

6.2.2.3 复核

货物备好后，为了避免和防止备货过程中可能出现的差错，工作人员应按照出库凭证上所列的内容进行逐项复核。

货物出库的复核查对形式可以由保管员自行复核，也可以不同保管员之间相互复核，还可以设置专职出库物资复核员进行复核或由其他人员进行复核等。

货物出库复核内容包括以下几个方面。

1) 单据复核

单据复核主要是审核货物出库凭证的真实性(有无伪造)、合法性(是否合乎法定手续)和完整性(单证项目填写是否齐全)。其主要内容包括以下几个方面。

(1) 印鉴是否真实、齐全、相符。

(2) 凭证有无涂改、过期。

(3) 字迹是否清楚。

(4) 凭证中各栏项目填写是否正确、完整等。复核计重货物的磅码单或附属单证，重点是检查计算数字有无差错。如发现多算、少算或错算，应立即核正，并按照核正数字将实物扣除或补足。

2）实物复核

根据货物出库凭证上所列项目对所发实物的品种、规格、牌号、单位、数量、包装和质量等进行核对，做到单货相符，不出差错。

3）账、货结存的复核

保管员根据货物出库凭证配货，从货垛、货架上取货以后，应立即核对该垛（架）货物的结存数；同时，检查货物的数量、规格等与账务员（商品会计）在出库凭证上批注的账面结存数是否相符，并要核对货物的货位、货卡有无问题，以便做到账、货、卡相符。

如经反复核对确实不符时，应立即调换，并将原错备物品上刷的标记除掉，退回原库房；复核结余物品数量或重量是否与保管账目、物资保管卡片结余数相符，发现不符应立即查明原因，及时更正。

6.2.2.4 包装

为保证货物在装卸搬运途中不受损坏，货物的包装一定要符合以下几个方面的要求。

（1）根据商品的外形特点，选择适宜的包装材料，包装尺寸要便于货物的装卸和搬运。

（2）货物包装要符合运输的要求。

①包装应牢固，怕潮的货物应垫一层防潮纸，易碎的货物应垫软质衬垫物。

②包装外要有明显标志标明对装卸搬运的要求，危险品必须严格按规定进行包装，并在包装外部标明危险品的有关标志。在利用旧包装时，应彻底清除原有标识，以免造成标识混乱，导致差错。

③不同运价的商品应尽量不要包装在一起，以免增加运输成本。

（3）严禁性能抵触、互相影响的货物混合包装。

（4）包装的容器应与被包装商品体积相适应。

（5）要节约使用包装材料，注意节约代用，修旧利废。

6.2.2.5 刷唛

当包装完毕后，在包装上写明收货单位、到站、发货号、本批商品的总包装件数、发货单位等，并在相应的位置印刷或粘贴条码标签。

6.2.2.6 登账

在仓库发货业务中，有先登账后付货和先付货后登账两种做法。

1）先登账后付货

采用这种方式，核单和登账的环节连在一起，由记账员一次连续完成。

根据出库单登账，除了必须认真核单之外，还可以根据仓储账页，在出库单上批注账面结存数，配合保管员付货后核对余数；对于移动货位物资，需随即更正货位，以方便保管员按位找货。这种登账方法可以配合保管员的付货工作，起到预先把关的作用。

2）先付货后登账

采用这种方式，在保管员付货后，还要经过复核、放行才能登账。

这种方式要求记账员必须做好出库单、出门证的全面控制和回笼销号工作，防止单证遗失。按照账目日清月结的原则，在登账时，记账员应逐单核对保管员批注的结存数，如与账面结存数不符时，应立即通知保管员，查明原因。发现回笼单证中有关人员无签章的，应将原单退回补办签章手续，再作账务记载。这种登账方法虽然保管员付货前缺少预先把关的机会，但对于发货频繁、出库单较多的仓库，对提高仓库服务质量、缩短零星客户提货等候时间、充分发挥运输能力等方面来说是可行的。

6.2.2.7 清点交接

出库货物经复核、包装后，要向提货员点交。

如果是用户自提方式，即将货物证件向提货人当面点清，办理交接手续。

如果是代运方式，则应办理内部交接手续。即由货物保管人员向运输人员或包装部门的人员点清交接，由接收人签章，以划清责任。

运输人员根据货物的性质、重量、包装、收货人地址和其他情况选择运输方式后，应将箱件清点，做好标记，整理好发货凭证、装箱单等运输资料，向承运单位办理委托代运手续。对于超高、超长、超宽和超重的货物，必须在委托前说明，以便承运部门计划安排。

承运单位同意承运后，运输人员应及时组织力量，将货物从仓库安全无误地点交给承运单位，并办理结算手续。运输人员应向承运部门提供发货凭证样本、装箱单，以便和运单一起交收货人。运单总体应由运输人员交财务部门作货物结算资料。

如果是专用线装车，运输人员应于装车后检查装车质量，并向车站监装人员履行交接手续。

货物点交清楚，出库发运之后，该货物的仓库保管业务即告结束，仓库保管人员下一步应做好清理工作，及时注销账目、料卡，调整货位上的吊牌，以保持货物的账、卡、物一致，及时准确地反映货物的进出、存取的动态。

6.2.2.8 清理

在物资出库后，要对仓库进行清理，具体工作主要有以下几个方面。

(1) 清理现场，根据储存规划要求，对货物进行并垛、挪位，腾出新货位，以备新来货物使用。

(2) 清扫发货现场，保持清洁整齐。

(3) 清查发货设备和工具有无丢失、损坏。

(4) 货物发货完毕，要整理货物出入库情况、保管保养情况及盈亏数据等情况，然后记入档案，妥善保管，以备查用。

6.3　货物出库异常问题的处理

6.3.1　出库过程中异常问题的处理

6.3.1.1　出库凭证(提货单)异常

(1) 凡出库凭证超过提货期限，用户前来提货，必须先办理手续，按规定缴足逾期仓储保管费后方可发货。任何非正式凭证都不能作为发货凭证。提货时，用户发现规格开错，保管员不得自行调换规格发货。

(2) 凡发现出库凭证有疑点，以及出库凭证有假冒、复制、涂改等情况时，应及时与仓库保卫部门以及出具出库单的单位或部门联系，妥善处理。

(3) 货物进库未验收，或者期货还未进库的出库凭证，一般暂缓发货，并通知货主，待货到并验收后再发货，提货期顺延。

(4) 如客户因各种原因将出库凭证遗失，客户应及时和仓库发货员和账务人员联系挂失；如果挂失时货已被提走，保管人员不承担责任，但要协助货主单位找回货物；如果货还没有被提走，经保管人员和账务人员查实后，做好挂失登记，将凭证作废，缓期发货。

6.3.1.2　提货数与实存数不符

若出现提货数量与货物实存数不符的情况，一般是实存数小于提货数。造成这种问题的原因主要有以下几种。

(1) 如属于入库时记错账，则可以采用“报出报入”方法进行调整。

(2) 如属于仓库保管员串发、错发而引起的问题，应由仓库方面负责解决库存数与提货数间的差数。

(3) 如属于货主单位漏记账而多开提货数，应由货主单位出具新的提货单，重新组织提货和发货。

(4) 如果是仓储过程中的损耗，需要考虑该损耗是否在合理的范围内，并与货主单位协商解决。合理范围内的损耗，应由货主单位承担；而超过合理范围之外的损耗，则由仓储部门负责赔偿。

当遇到提货数量远大于实际物资库存数量时，无论是何种原因造成的，都需要和仓库主管部门以及货主单位及时取得联系后再作处理。

6.3.1.3　串发货和错发货

串发货和错发货主要是指发货人员由于对货物种类规格不够熟悉，或者由于工作中的疏漏，把错误规格、数量的货物发出库的情况。

如果货物尚未离库，应立即组织人力，重新发货。如果货物已经离开仓库，保管人员应及时向主管部门和货主通报串发货和错发货的品名、规格、数量、提货单位等情况，会同货主单位和运输单位共同协商解决。一般在无直接经济损失的情况下由货主单位重新按实际发货数冲单(票)解决。如果已形成直接经济损失，应按赔偿损失单据冲转调整保管账。

6.3.1.4 包装破漏

包装破漏是指在发货过程中，因货物外包装破损引起的渗漏等问题。这类问题主要是在储存过程中因堆垛挤压、发货装卸操作不慎等情况引起的，发货时应经过整理或更换包装方可出库，否则造成的损失应由仓储部门承担。

6.3.2 出库后异常问题的处理

货物出库后可能遇到的问题及处理方式主要有以下几个方面。

1) 货物品种混串

货物出库后，客户反映品种规格混串、数量不符等问题，如确属保管员发货差错，应纠正并向客户致歉；如不属保管员差错，应耐心向客户解释清楚，请客户另行查找。

2) 货物型号规格开错

凡属客户原因，型号规格开错，制票员同意退货，保管员应按入库验收程序重新验收入库，如果包装损坏，产品损坏，保管员不予退货。待修好后，按入库质量要求重新入库。

3) 货物内在质量问题

凡属货物内在质量问题，客户要求退货或换货，应由国家指定的质检部门出具检查证明、试验记录，经商品主管部门同意，可以退货或换货。

4) 易碎货物发货后，客户要求调换

凡属易碎货物，发货后用户要求调换，应以礼相待，婉言谢绝。如果用户要求帮助解决易碎配件，要协助其联系解决。

5) 保管员发现账实不符

货物出库后，保管员发现账实不符，要派专人及时查找追回，以减少损失，不可久拖不决。

6) 漏记和错记账

漏记账是指在出库作业中，由于没有及时核销明细账而造成账面数量大于或小于实存数的现象。

错记账是指在货物出库后核销明细账时没有按实际发货出库的货物名称、数量等进行登记，从而造成账实不相符的情况。

无论是漏记账还是错记账，一经发现，除及时向有关领导如实汇报情况外，同时还应根据原出库凭证查明原因调整保管账，使之与实际库存保持一致。如果由于漏记和错记账给货主单位、运输单位和仓储部门造成了损失，应予赔偿，同时应追究相关人员的责任。

6.3.3 退货的处理

退货处理是售后服务的一项任务。货物退还有各种原因，有的是发货人员在按订单发货时发生了错误；有的是运输途中货物受到损坏，负责赔偿的运输单位要求发货人确定所需要修理费用；有的是客户订货有误等。以上3种情况处理起来比较简单，较难办理的是如何正确处理有缺陷的退货，使有关方面维持良好的关系。

退货处理的一般程序如下：

(1) 客户退货时应填写“退货申请表”，在收到同意退货的“退货申请表”后，必须按约定的运输方式办理运输。

(2) 仓库在收到客户的退货时，应尽快清点完毕，如有异议则必须以书面的形式提出。

(3) 退回的货物与退货申请表是否相符，以仓库清点为准。

(4) 仓库应将退入仓库的物品根据其退货原因分别存放、标识。对属于供应商所造成的不合格品，应与采购部门联系，通知供应商及时提回。对属于仓库造成的不合格品且不能修复的，每月申报一次，进行及时处理。

(5) 对于已经发放的货品和退回的货品，要及时入账，并按时向其他有关部门报送有关资料。

本章小结

本章首先介绍了货物出库作业的依据、要求和出库方式，然后从出库前的准备工作和货物出库业务两个方面详细介绍了出库作业的流程，最后对于在出库业务中可能会出现的种种问题进行了分析并给出了其处理方式。

·案例分析·

某公司仓库材料发放规定

1. 按“推陈储新，先进先出，按规定供应，节约用料”的原则发材料。发料坚持一盘底，二核对，三发料，四减数的原则。对贪图方便，违反发料原则造成物资失效、霉变、大料小用、优料劣用以及差错等损失，保管员应负经济责任。

2. 领料单应填明材料名称、规格、型号、领料数量、图号、零件名称或材料用途，核算员和领料人签字。属计划内的材料应有材料计划；属限额供料的材料应符合限额供料制度；属规定审批的材料应有审批人签字。同时，超费用领料人未办手续，不得发料。

3. 调拨材料，保管员要审查单价、货款总金额并盖有财务科收款章时方可发料。发现价格不符或货款少收等，应立即通知开票人更正后发货。

4. 发料必须与领料人和接料车间办理交接，当面点交清楚，防止差错发生。

5. 所有发料凭证，保管员应妥善保管，不可丢失。

案例思考题：

1. 保管员应遵循什么原则发放材料？
2. 领料单应填明哪些内容？

·复习思考题·

1. 货物出库的依据是什么？有哪些基本要求和出库方式？
2. 请详细分析说明货物出库的基本流程。
3. 货物出库业务可能会产生哪些问题？如何处理？

·实训项目·

货物出库实训

技能目标

根据对于指定数量和种类规格的货物进行出库作业，熟练地掌握出库流程，并能及时有效地处理商品出库过程中可能发生的异常情况和商品出库后的有关问题。

项目任务

2008 年 10 月 5 日，某仓储企业的一号仓库接到一份提货单，得知有 500 台 TCL 液晶电视机、300 台 242 L 海尔电冰箱、400 箱嘉士利饼干、1 000 箱（碗装）统一方便面、600 箱（355 ml）的可口可乐饮料、400 箱（550 ml）的雀巢饮用水、800 箱（450 ml）的美汁源果粒橙，500 包（1.7 kg）的立白洗衣粉等商品需出库，请各小组成员开展出库前的准备工作，准备完毕后，组织人员进行商品出库工作。

项目实施过程

1. 学生每5个人为一个小组，每个小组定一名组长。
2. 以组为单位完成货物出库准备工作的策划。
3. 以组为单位进行物资出库的模拟。

项目实施结果评价

对学生项目实施结果给予评价，有利于激发学生的积极性。同时，通过评价找出项目实施过程中的不足并提出改进办法，有利于知识的总结和掌握。以下物资出库情况评价表可供评价时参考。

物资出库情况评价表

被考评小组		考评组调查对象	
考评时间		考评地点	
考评内容	物资出库		
考评标准	内　容	标准分值	考评得分
	物资出库准备是否充分、合理	30	
	是否认真、准确地核对出库凭证	20	
	物资出库流程是否正确、合理	30	
	账卡处理是否恰当	10	
	异常情况的处理是否恰当	10	
合　计		100	

考评者：____________

第 7 章　库存管理

·教学目标·

1. 明确库存管理概念、作用以及基本的库存控制系统；
2. 掌握常用的库存管理方法，ABC 分类法以及相关的库存控制方法；
3. 理解供应链环境下库存管理的意义。

·导入案例·

先锋电子公司库存管理

先锋电子公司是一家总部位于日本东京的年销售收入 642 万亿日元的全球化电子消费品公司。公司在全世界设立了 150 多个分支机构。在激烈的市场竞争中，管理层逐渐地意识到控制公司的库存水平在电子消费品行业中的重要性。

因此决定对其整个供应链进行整合，并且确定了明确的战术目标，即：(1) 削减库存；(2) 库存风险的明细化；(3) 降低生产销售计划的周期。

为此，先锋电子公司：(1) 通过对需求变动原因的收集和分析，制定高精度的销售计划，同时通过缩短计划和周期，尤其是销售计划和生产的周期来达到削减库存的目的；(2) 通过基于客观指标的需求预测模型，依靠统计手法所得的需求预测和反映销售意图的销售计划分离的机制来使库存风险的明细化；(3) 通过系统引入，预测、销售计划业务的效率化，各业务单位的生产销售计划标准化、共享化，来制定未来销售拓展计划，并进而达到生产销售计划周期的降低。

先锋电子在系统中构筑新的生产销售流程，基于零售实际业绩的预测模型和产品竞争力、季节性、因果要素（需求变动要素）等的统计性预测这两方面的因素，设计了新的预测模型，进而在此基础上，在系统中构筑了新的生产销售流程。这一流程主要基于统计性预测的需求预测系统，实现了需求变动信息的累积功能，以及月、周生产销售精细计划的功能，并可以对需求预测和销售计划之间的差异进行管理，还可以实现批量处理的需求预测、销售计划、生产计划等方案的优化，以上手段结合起来，确保新的生产销售流程的顺利推行。

销售计划的预测模型在先锋电子的推行取得了积极的成效：先锋电子依靠系统制定出综合多方因素的销售计划，并且通过生产、销售计划的编制精度的提高，使得原材料等物料的采购提前期从4 d减少到2 d。

7.1　库存管理概述

7.1.1　库存及其管理

7.1.1.1　基本概念

1）库存（Inventory）

是指处于储存状态的物品或商品，具有整合需求和供给，维持各项活动顺畅进行的功能。

2）库存管理

又称存货管理或在库管理，是在库存论的指导下，在经济、合理或某些特定的前提下（如不允许缺货与降低服务水平等）建立库存数量的界限，即库存量（需求量）、库存水平、订货量等数据界限。

7.1.1.2　库存管理目标

1）库存管理的目的

是在满足顾客服务要求的前提下通过对企业的库存水平进行控制，尽可能降低库存水平，提高物流系统的效率，以强化企业的竞争力。

2）库存管理的总目标

是在库存成本的合理范围内达到满意的顾客服务水平。

7.1.2　库存的含义

从一般意义上来说，库存是为了满足未来需要而暂时闲置的资源。资源的闲置就是库存，与这种资源是否存放在仓库中没有关系，与资源是否处于运动状态也没有关系。汽车运输的货物处于运动状态，但这些货物是为了未来需要而暂时闲置的，就是库存，是一种在途库存。这里所说的资源，不仅包括工厂里的各种原材料、毛坯、工具、半成品和成品，而且包括银行里的现金，医院里的药品、病床，运输部门的车辆等。

7.1.3 库存的作用

1）缩短订货提前期

当制造厂维持一定的成品库存时，顾客就可以很快采购到他们所需的物品，这样缩短了顾客的订货提前期，也使供应厂商争取到顾客。

2）稳定作用

外部需求不稳定，内部生产又要求平衡，可以维持一部分库存。

3）分摊订货费用

如果需要一件采购一件，可以不需要库存，但不一定经济。订货需要一笔费用，这笔费用若摊在一件物品上将是很高的。如果一次采购一批，分摊在每件物品上的订货费就少了，但这样会有一些物品一时用不上，造成库存。对生产过程，采取批量加工，可以分摊调整准备费用但批量生产就会造成库存。

4）防止短缺

维持一定量库存可以防止短缺。

5）防止中断

在生产过程中维持一定量的在制品库存，可以防止生产中断。显然，当某道工序的加工设备发生故障时，如果工序间有在制品库存，其后续工序就不会中断。同样，在运输中维持一定量的库存，可以保证供应，使生产正常进行。例如，某工厂每天需要 100 t 原料，供方到需方的运输时间为 2 d，则在途库存为 200 t，才能保证生产不中断。

但并不是库存越多越好，应该保持适当的库存，并尽量降低库存，原因是大量库存造成成本升高，同时掩盖了许多生产过程中的缺陷，使问题不能及时解决。

7.1.4 库存的分类

7.1.4.1 单周期库存与多周期库存

根据对物品需求的重复次数可将物品分为单周期需求与多周期需求。所谓单周期需求即仅仅在比较短的一段时间内或库存时间不可能太长的需求，也被称作一次性订货量问题。圣诞树问题和报童问题都属于单周期库存问题。

多周期需求则指足够长的时间内对某种物品的重复的、连续的需求，其库存需要不断地补充。与单周期需求比，多周期需求问题普遍得多。

单周期需求出现在下面两种情况：

(1) 偶尔发生的某种物品的需求；

(2) 经常发生的某种生命周期短的物品的不定量的需求。

第一种情况如由奥运会组委会发行的奥运会纪念章或新年贺卡；第二种情况如

那些易腐物品(如鲜鱼)或其他生命周期短的易过时的商品(如日报和期刊等)。对单周期需求物品的库存控制问题称为单周期库存问题,对多周期需求物品的库存控制问题称为多周期库存问题。

7.1.4.2 独立需求库存与相关需求库存

1) 独立需求

指对一种物料的需求,在数量上和时间上与对其他物料的需求无关,只取决于市场和顾客的需求。

2) 相关需求(从属需求、非独立需求)

指对一种物料的需求,在数量上和时间上直接依赖于对其他物料的需求。

来自用户的对企业产品和服务的需求称为独立需求。独立需求最明显的特征是需求的对象和数量不确定,只能通过预测方法粗略地估计。相反,我们把企业内部物料转化各环节之间所发生的需求称为相关需求。相关需求也称为非独立需求,它可以根据对最终产品的独立需求准确地计算出来。比如,某汽车制造厂年产汽车30万辆,这是通过预测市场对该产品的独立需求来确定的。一旦30万辆汽车的生产任务确定之后,对构成该种汽车的零部件和原材料的数量和需要时间是可以通过计算精确地得到的。对零部件和原材料的需求就是相关需求。相关需求可以是垂直方向的,也可以是水平方向的。产品与其零部件之间垂直相关,与其附件和包装物之间则水平相关。

独立需求库存问题和相关需求库存问题是两类不同的库存问题。相关需求和独立需求都是多周期需求,对于单周期需求,是不必考虑相关与独立的。企业里成品库存的控制问题属于独立需求库存问题,在制品库存和原材料库存控制问题属于相关需求库存问题。

库存控制系统有输出、输入、约束和运行机制4方面。库存控制系统的输出和输入都是各种资源。与生产系统不同,库存控制系统没有资源形态的转化。输入是为了保证系统的输出(对用户的供给)。约束条件包括库存资金的约束、空间约束等。运行机制包括控制哪些参数以及如何控制。在一般情况下,在输出端,独立需求不可控;在输入端,库存系统向外发出订货的提前期也不可控,它们都是随机变量。可以控制的一般是何时发出订货(订货点)和一次订多少(订货量)两个参数。库存控制系统正是通过控制订货点和订货量来满足外界需求并使总库存费用最低。

7.1.4.3 生产过程的需求分析

如图7-1所示。

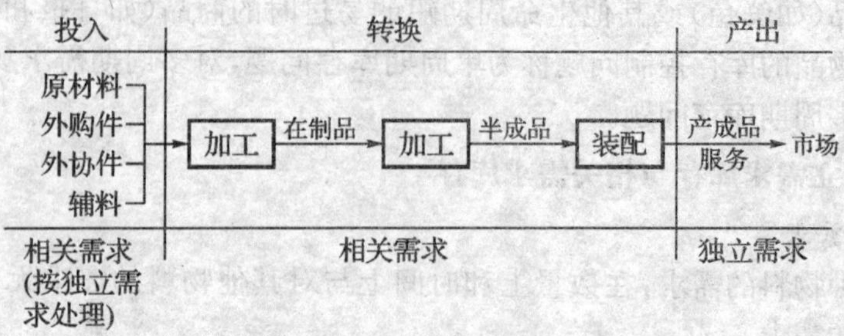

图 7-1 生产流程图

7.1.5 库存管理重要术语及指标体系

7.1.5.1 术语

(1) 需求量 D——用户到仓库来提货的数量。有时称作需求率,指单位时间的需求量。对于制造厂商来说,有时亦称消耗量或消耗率。

(2) 订货量 Q——仓库根据需求,为补充某种物资的库存量而向供货厂商一次订货或采购的数量。

(3) 订货间隔期 T——订货合同中规定的两次进货之间的时间。

(4) 在库库存量——已验收入库、库内现有的库存量。

(5) 在途库存量——已订货,但尚未到达与验收入库的一种虚拟库存量。

(6) 安全库存量 S——为了防止不可预知的、可能突然发生的增量而造成的缺货机会,就必须有一部分储备,这部分储备称为安全库存量。

(7) 报警点 s——当库存量下降到某一点时,必须立即进行订货或采购。在这批货物尚未到达验收之前,剩余库存量应能按既定服务水平满足备运期间的需求。该点即报警点,亦称订货点。换言之,如果库存量低于报警点才进行订货或采购,就会满足不了既定的服务水平,发生过多的缺货。

(8) 库存管理水平——经合理地管理库存后所能达到的水平。一般用服务水平与周转率两者综合表示。

7.1.5.2 指标体系

1) 库存资金周转率

库存资金周转率即衡量单位库存资金用于供应的效率。

$$库存资金周转率=\frac{全部供应金额}{平均库存金额}(次)$$

2) 服务水平

一般用供应量占需求量的百分比大小来衡量,即:

$$服务水平=\frac{供应量}{需求量}\times 100\%$$

$$需求量=供应量+缺货量$$

3）缺货率

缺货率是从另一个角度衡量服务水平高低的一个指标，分别以对所供应的企业数、物资数的缺货程度来反映这个指标。因此缺货率β有以下3种表达方式：

$$\beta_1=\frac{缺供货企业数}{供货企业总数}\times 100\%$$

$$\beta_2=\frac{缺货量}{需求量}\times 100\%$$

$$\beta_3=\sum_{i=1}^{n}\frac{缺货量\times 缺货持续时间}{供货批量\times 供货周期}\times 100\%$$

式中：n表示计划期内供货周期数。

4）平均供应费用

平均供应费用，即反映为供应每单位库存物资所消耗的活劳动和物化劳动的水平。

$$平均供应费用=\frac{库存系统年总费用}{年全部供应额}$$

7.2 库存控制管理方法

7.2.1 ABC分类管理法

ABC库存管理法是在1951年由美国电器公司应用的。它是由ABC分析法转化而来，用于确定库存管理的重点，以便集中力量抓好主要矛盾，这是一种简单有效的节约资金和费用的科学管理方法。ABC分析法源出于ABC曲线分析，ABC曲线又叫帕累托曲线。将ABC分类法引入库存管理就形成了ABC库存分类管理法。由此，可以将库存物资分A、B、C 3类。

7.2.1.1 分类

A类库存：库存品种约占库存品种总数的5%～20%，占用资金金额占库存占用资金总额的60%～70%。

C类库存：库存品种约占库存品种总数的60%～70%，占用资金金额占库存占用资金总额的15%以下。

B类库存：介于两者之间，库存品种约占库存品种总数的20%～30%，其占用资金金额大约占库存占用资金总额的20%左右。

7.2.1.2 管理和控制

如表7-1所示。

表7-1 级别分类表

项目/级别	A类库存	B类库存	C类库存
控制程度	严格控制	一般控制	简单控制
库存量计算	依库存模型详细计算	一般计算	简单计算或不计算
进出记录	详细记录	一般记录	简单记录
存货检查频度	密集	一般	很低
安全库存量	低	较大	大量

字母ABC代表不同分类，且其重要性递减。一般的对于A类物料，应集中力量进行控制以减少库存；相反，对于低价值的物料，如C类物料，通常维持在较大的库存量，以避免缺货，可以从以下方面的描述来说明物料的控制策略：

A类物料：应对物料进行严格的跟踪，精确的计算订货点与订货量，并进行维护。

B类物料：实施正常的控制，只有在特殊的情况下，才赋予较高的重视，可按经济批量订购。

C类物料：尽可能简单的控制，可通过半年或一年一次的盘点来补充大量的库存，给予最低的作业有限权控制。

7.2.2 定量订货管理法

定量订货方式指当库存量下降到预定的最低库存数量（订货点）时，按规定数量（一般以经济批量 EOQ 为标准）进行订货补充的一种库存管理方式，如图7-2所示。

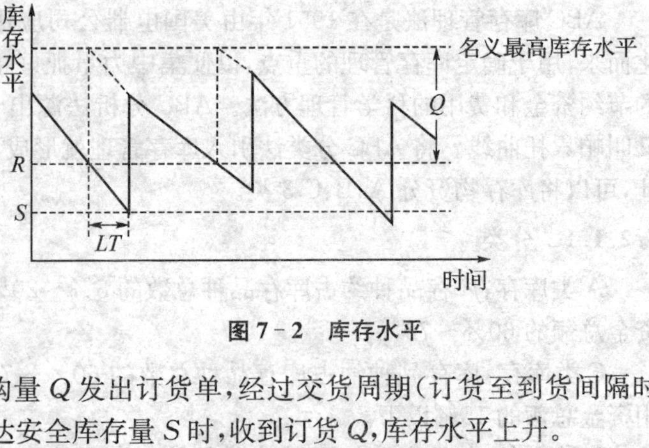

图7-2 库存水平

7.2.2.1 方法介绍

当库存量下降到订货点 R 时，即按预先确定的订购量 Q 发出订货单，经过交货周期（订货至到货间隔时间）LT，库存量继续下降，到达安全库存量 S 时，收到订货 Q，库存水平上升。

该方法主要靠控制订货点 R 和订货批量 Q 两个参数来控制订货，达到既最大限度地满足库存需求，又使总费用降为最低。

在需要为固定、均匀和交货期不变的条件下，订货点 R 由下式确定：

订货点（ROL）＝交货期×平均需求量＋安全库存量

$$ROL = LT \times R_d + S$$

式中，R_d——固定周期的需要量（平均需求速度），可根据实际情况，按（天/周/月）计算，相应地，交货期也按相同的时间计算；

LT——交货期；

S——安全库存量。

例如，当需求或使用速度为每周100件，交货期为3周，安全库存为200件时，则 ROL 为：

$$ROL = (100 \times 3) + 200 = 500\text{（件）}$$

订货量的确定依据条件不同，确定的方法也不同。

1）经济订货批量（EOQ）

经济订货批量是简单、理想状态的一种订货批量。订货量 Q 依据经济批量（EOQ）的方法来确定，即总库存成本最小时的每次订货数量。通常，年总库存成本的计算公式为：

年总库存成本＝年购置成本＋年订货成本＋年保管成本＋缺货成本

假设不允许缺货的条件下：

年总库存成本＝年购置成本＋年订货成本＋年保管成本

即
$$TC = DP + \frac{DC}{Q} + \frac{QH}{2}$$

式中，TC——年总库存成本；

D——年需求总量；

P——单位商品的购置成本；

C——每次订货成本，元/次；

H——单位商品年保管成本，元/年（$H=PF$，F 为年仓储保管费用率）；

Q——批量或订货量。

经济订货批量就是使库存总成本达到最低的订货数量，它是通过平衡订货成本和保管成本两方面得到。其计算公式为：

$$EOQ = \sqrt{\frac{2CD}{H}} = \sqrt{\frac{2CD}{PF}}$$

此时的最低年总库存成本为：

$$TC=DP+H\times EOQ$$

年订货次数为：

$$N=\frac{D}{EOQ}=\sqrt{\frac{HD}{2C}}$$

平均订货间隔周期为：

$$T=\frac{365}{N}=365\times\frac{EOQ}{D}$$

2）批量折扣购货的订货批量

供应商为了吸引顾客一次购买更多的商品，往往会采用批量折扣购货的方法，即对于一次购买数量达到或超过某一数量标准时给予价格上的优惠，这个事先规定的数量标准称为折扣点。在批量折扣的条件下，由于折扣之前购买的价格与折扣之后购买的价格不同，因此，需要对原经济批量模型做必要的修正。

在多重折扣点的情况下，如表 7－2 所示，先依据确定条件下的经济批量模型，计算最佳订货批量(Q^*)，而后分析并找出多重折扣点条件下的经济批量。其计算步骤如下：

表 7－2　多重折扣价格

折扣区间	0	1	…	t	…	n
折扣点	Q_0	Q_1	…	Q_t	…	Q_n
折扣价格	P_0	P_1	…	P_t	…	P_n

用经济批量的方法，计算出最后折扣区间(第 n 个折扣点)的经济批量 Q_n^*，Q_n^* 与第 n 个折扣点的 Q_n 比较，如果 $Q_n^*\geqslant Q_n$，则取最佳订购量 Q_n^*；如果 $Q_n^*<Q_n$，就转入下一步骤。

计算第 t 个折扣区间的经济批量 Q_t^*。若 $Q_t\leqslant Q_t^*<Q_t+1$ 时，则计算经济批量 Q_t^* 和折扣点 Q_t+1 对应的总库存成本 TC_t^* 和 TC_t+1，并比较它们的大小，若 $TC_t^*\geqslant TC_t+1$，则令 $Q_t^*=Q_t+1$，否则就令 $Q_t^*=Q_t$。

如果 $Q_t^*<Q_t$，则令 $t=t+1$ 再重复上述步骤，直到 $t=0$，其中：$Q_0=0$。

3）分批连续进货的进货批量

在连续补充库存的过程中，有时不可能在瞬间就完成大量进货，而是分批、连续进货，甚至是边补充库存边供货，直到库存量达到最高。这时不再继续进货，而是向需求者供货，直到库存量降至安全库存量，又开始新一轮的库存周期循环。分批连续进货的经济批量，仍然是使存货总成本最低的经济订购批量。

设一次订购量为 Q，商品分批进货率为 h(kg/d)，库存商品耗用率为 m(kg/d)，并且 $h>m$。一次连续补充库存直至最高库存量需要的时间为 t_1；该次停止进货并不断耗用量，直至最低库存量的时间为 t_2，由此可以计算出：

$$t_1=\frac{Q}{h}$$

在 t_1 时间内的最高库存量为 $(h-m)t_1$；

在一个库存周期 (t_1+t_2) 内的平均库存量为 $\frac{(h-m)t_1}{2}$；

仓库的平均保管费用为 $\frac{h-m}{2}\times\frac{Q}{H}\times PF$；

经济批量为 $Q^*=\sqrt{\dfrac{2CD}{PF\dfrac{1-m}{h}}}$；

在按经济批量 Q^* 进行订货的情况下，每年最小总库存成本 TC^* 为：

$$TC^*=DP+\sqrt{2DCPF\frac{1-m}{h}}$$

每年订购次数为：

$$N=\frac{D}{Q^*}$$

订货间隔周期为：

$$T=\frac{365}{N}=365\times\frac{Q^*}{D}$$

7.2.2.2 定量订货法优缺点

定量订货法的优点如下：

(1) 管理简便，订购时间和订购量不受人为判断的影响，保证库存管理的准确性。

(2) 由于订购量一定，便于安排库内的作业活动，节约理货费用。

(3) 便于按经济订购批量订购，节约库存总成本。

定量订货法的缺点如下：

(1) 不便于对库存进行严格的管理。

(2) 订购之前的各项计划比较复杂。

7.2.2.3 定量订货法适用范围

(1) 单价比较便宜，而且不便于少量订购的物品。

(2) 需求预测比较困难的物品。

(3) 品种数量多,库存管理事务量大的物品。

(4) 消费量计算复杂的物品以及通用性强、需求总量比较稳定的物品。

7.2.3 定期订货管理法

定期订货法的原理是:预先确定一个订货周期和一个最高库存量,周期性地检查库存,发出订货。订货批量的大小应使得订货后的"名义"库存量达到额定的最高库存量。

7.2.3.1 订货周期

定期订货法中,订货周期决定了订货时机,它也就是定期订货法的订货点。订货间隔期的长短,直接决定了最高库存量的大小,也就决定了仓库库存水平的高低,因而决定了库存费用的大小。所以订货周期太大,就会使库存水平过高。订货周期太小,订货批次太多,会增加订货费用。

7.2.3.2 最高库存量

$$Q_{max}=\overline{R}(T+\overline{T}_K)+S$$

式中,Q_{max}——最高库存量;

$\overline{R}$——$(T+\overline{T}_K)$期间的库存需求量平均值;

T——订货周期;

$\overline{T}_K$——平均订货提前期;

S——安全库存。

7.2.3.3 订货量

$$Q_i=Q_{max}-Q_{Ni}-Q_{Ki}+Q_{Mi}$$

式中,Q_i——第 i 次订货的订货量;

Q_{max}——最高库存量;

Q_{Ni}——第 i 次订货点的在途到货量;

Q_{Ki}——第 i 次订货点的实际库存量;

Q_{Mi}——第 i 次订货点的待出库货数量。

7.2.3.4 定期订货法的适用条件及优点

定期订货法适用的条件如下:

(1) 直接运用只适用于单一品种的情况;

(2) 不适用于随机型需求;

(3) 一般多用于 A 类物资。

定期订货法的优点是:与定量控制方法相比,这种方法不必严格跟踪库存水平,减少了库存登记费用和盘点次数。价值较低的商品可以大批量购买,也不必关心日常的库存量,只要定期补充就可以了。

7.2.3.5　适用范围

(1) 消费金额高、需要实施严格管理的重要物品,如ABC分类管理中的A类物品;

(2) 需要根据市场的状况和经营方针经常调整生产或采购数量的物品;

(3) 需求量变动幅度大,但变动具有周期性,而且可以正确判断其周期的物品;

(4) 建筑工程、出口等时间可以确定的物品;

(5) 受交易习惯的影响,需要定期采购的物品;

(6) 多种商品一起采购可以节省运输费用的;

(7) 同一品种物品分散保管、同一品种物品向多家供货商订货、批量订货分期入库等订货、保管和入库不规则的物品;

(8) 取得时间很长的物品,定期生产的物品;

(9) 制造之前需要人员和物料的准备、只能定期制造的物品等。

7.2.4　JIT方式

7.2.4.1　基本理念

JIT (Just-In-Time)是准时供应方式的简称。JIT的基本信念是:库存对企业来说是浪费,对企业来说是负债,因此,要求尽量实现"零库存"。

JIT系统是一个"拉动"系统,即首先由供应链最终端的需求"拉动"产品进入市场,然后由这些产品的需求决定零部件的需求和生产流程。JIT方式所采用的拉动概念具有重大的意义,它强调准时服务、过硬品质,通过消除浪费使库存减少到尽可能低的水平。在需要的时候供应所需数量的物品,达到消除库存浪费、实现零库存是JIT库存管理的基本出发点。现在JIT方式的"准时化"哲学被广泛地接受并被大力推广。

7.2.4.2　JIT采购的特点

(1) 采用少的供应商,甚至单源供应;

(2) 对供应商的选择需要进行综合评价;

(3) 密切进行信息交流,信息高度共享;

(4) 交货时间要求严格;

(5) 采取小批量采购策略。

7.2.4.3　JIT系统的目标和实现条件

目标:JIT最终目标是一个平衡系统,也就是说,一个贯穿整个系统的平滑、迅速的物料流。总目标实现程度取决于几个特定配套目标的完成程度。这些目标是:

(1) 消除中断;

(2) 柔性化(柔性系统是一种充满活力、足以进行多种产品生产的系统,通常以日为计时单位,控制产出水平的变化,同时仍然保持平衡的生产速度。它能够使整个系统更好地面对某些不确定因素);

(3) 减少损亏时间;

(4) 存货最小化;

(5) 消除浪费。

具备的条件:

(1) 完善的市场经济环境,信息技术发达;

(2) 可靠的供应商,按时、按质、按量地供应,通过电话、传真、网络即可完成采购;

(3) 生产区域的合理组织,制定符合逻辑、易于产品流动的生产线;

(4) 生产系统要有很强的灵活性;

(5) 要求平时注重设备维修、检修和保养,使设备失灵为零;

(6) 完善的质量保证体系,无返工,次品、不合格品为零;

(7) 人员生产高度集中,各类事故发生率为零。

7.2.4.4 实现步骤

JIT 方式在库存管理中主要应用于订货管理,即采购管理中形成的一种先进的采购模式——准时化采购。通过以下步骤,可以实现 JIT 采购:

(1) 创建准时化采购班组;

(2) 制订采购策略;

(3) 精选少数供应商,建立商业伙伴关系;

(4) 进行试点工作;

(5) 进行供应商的培训,确定共同目标;

(6) 向供应商颁发产品免检签证;

(7) 实现配合节拍进度的交货方式;

(8) 继续改进,不断完善。

7.2.5 MRP 库存控制方法

MRP(Material Requirement Planning)就是物料需求计划,是利用物料清单、库存数据和主生产计划计算物料需求的方法。

用传统的订货点方法来处理制造过程中的需求矛盾,有很大的盲目性,结果会造成大量的原材料及在制品库存。于是,美国生产管理和计算机应用专家 Oliver W. Wight 和 George W. Plosh 首先提出了物料需求计划(MRP)。它可以精确地确定对组件的需求数量与时间,消除了盲目性,实现了低库存与高服务水平的并存。

7.2.5.1　MRP的原理

MRP基本的原理是，由主生产进度计划（MPS）和主产品的层次结构逐层逐个地求出主产品所有零部件的出产时间、出产数量。把这个计划叫做物料需求计划。其中，如果零部件靠企业内部生产的，需要根据各自的生产时间长短来提前安排投产时间，形成零部件投产计划；如果零部件需要从企业外部采购的，则要根据各自的订货提前期来确定提前发出各自订货的时间、采购的数量，形成采购计划。确实按照这些投产计划进行生产和按照采购计划进行采购，就可以实现所有零部件的生产计划，从而不仅能够保证产品的交货期，而且还能够降低原材料的库存，减少流动资金的占用。MRP的逻辑原理，如图7－3所示。

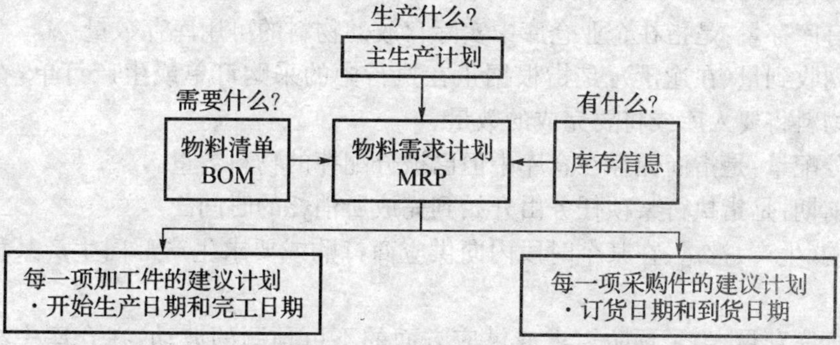

图7－3　MRP的工作原理

7.2.5.2　MRP基本构成

由图可以看出，物料需求计划MRP是根据主生产进度计划（MPS）、主产品的结构文件（BOM）和库存信息而形成的。

1）主生产计划（MPS）

主生产计划是确定每一具体的最终产品在每一具体时间段内生产数量的计划。这里的最终产品是指对于企业来说最终完成、要出厂的完成品，它要具体到产品的品种、型号。这里的具体时间段，通常是以周为单位，在有些情况下，也可以是日、旬、月。主生产计划详细规定生产什么、什么时段应该产出，它是独立需求计划。主生产计划根据客户合同和市场预测，把经营计划或生产大纲中的产品系列具体化，使之成为展开物料需求计划的主要依据，起到了从综合计划向具体计划过渡的承上启下。

2）主产品的结构文件（BOM）

主产品就是企业用以供应市场需求的产成品。例如，汽车制造厂生产的汽车，电视机厂生产的电视机，都是各自企业的主产品。

主产品的结构文件BOM主要反应出主产品的层次结构、所有零部件的结构关系和数量组成。根据这个文件,可以确定主产品及其各个零部件的需要数量、需要时间和它们相互间的装配关系。例如,图 7-4 是一个大大简化了的自行车的产品结构图,它大体反映了自行车的构成。

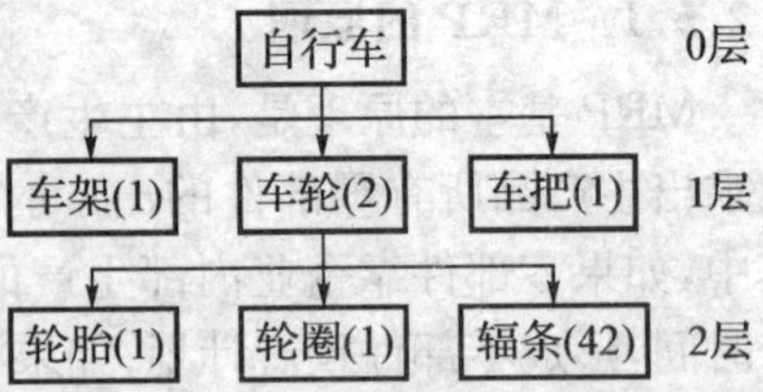

图 7-4　自行车的产品结构图

3) 库存信息

库存信息是保存企业所有产品、零部件、在制品、原材料等存在状态的数据库。在 MRP 系统中,将产品、零部件、在制品、原材料甚至工装工具等统称为"物料"或"项目"。为便于计算机识别,必须对物料进行编码。物料编码是 MRP 系统识别物料的惟一标识。

现有库存量:是指在企业仓库中实际存放的物料的可用库存数量。

计划收到量(在途量):是指根据正在执行中的采购订单或生产订单,在未来某个时段物料将要入库或将要完成的数量。

已分配量:是指尚保存在仓库中但已被分配掉的物料数量。

提前期:是指执行某项任务由开始到完成所消耗的时间。

订购(生产)批量:在某个时段内向供应商订购或要求生产部门生产某种物料的数量。

安全库存量:为了预防需求或供应方面的不可预测的波动,在仓库中经常应保持最低库存数量作为安全库存量。

根据以上的各个数值,可以计算出某项物料的净需求量:

$$净需求量 = 毛需求量 + 已分配量 - 计划收到量 - 现有库存量$$

制定物料需求计划有一个指导思想,就是要尽可能减少库存。产品优先从库存物资中供应,仓库中有的,就不再安排生产和采购。仓库中有但数量不够的,只安排不够的那一部分数量投产或采购。

由物料需求计划再产生产品投产计划和产品采购计划,根据产品投产计划和采购计划组织物资的生产和采购,生成制造任务单和采购订货单,交制造部门生产或交采购部门去采购。

7.3　供应链管理环境下的库存控制

库存以原材料、在制品、半成品、成品的形式存在于供应链的各个环节。由于库存费用占库存物品的价值的 20%～40%,因此供应链中的库存控制是十分重要的。库存决策的内容集中于运行方面,包括生产部署策略,如采用推式生产管理还是拉式生产管理;库存控制策略,如各库存点的最佳订货量、最佳再订货点、安全库存水平的确定等。

绝大多数制造业供应链是由制造和分销网络组成的，通过原材料的输入转化为中间和最终产品，并把它分销给用户。最简单的供应链网络只有一个节点(单一企业)：同时担负制造和分销功能。在复杂的供应链网络中，不同的管理者担负不同的管理任务。不同的供应链节点企业的库存，包括输入的原材料和最终的产品，都有复杂的关系。供应链的库存管理不是简单的需求预测与补给，而是要通过库存管理获得用户服务与利润的优化。其主要内容包括采用先进的商业建模技术来评价库存策略、提前期和运输变化的准确效果；决定经济订货量时考虑供应链企业各方面的影响；在充分了解库存状态的前提下确定适当的服务水平。

7.3.1 供应链管理环境下的库存问题

供应链环境下的库存问题和传统的企业库存问题有许多不同之处，这些不同点体现出供应链管理思想对库存的影响。传统的企业库存管理侧重于优化单一的库存成本，从存储成本和订货成本出发确定经济订货量和订货点。从单一的库存角度看，这种库存管理方法有一定的适用性，但是从供应链整体的角度看，单一企业库存管理的方法显然是不够的。

目前供应链管理环境下的库存控制存在的主要问题有四大类信息系统问题，这些问题表现在以下方面。

7.3.1.1 低效率的信息传递系统

在供应链中，各个供应链节点企业之间的需求预测、库存状态、生产计划等都是供应链管理的重要数据，这些数据分布在不同的供应链组织之间，要做到有效地快速响应用户需求，必须实时地传递，为此需要对供应链的信息系统模型作相应的改变，通过系统集成的办法，使供应链中的库存数据能够实时、快速地传递。但是目前许多企业的信息系统并没有很好地集成起来，当供应商需要了解用户的需求信息时，常常得到的是延迟的信息和不准确的信息。由于延迟引起误差和影响库存量的精确度，短期生产计划的实施也会遇到困难。例如企业为了制定一个生产计划，需要获得关于需求预测、当前库存状态、订货的运输能力、生产能力等信息，这些信息需要从供应链的不同节点企业数据库存获得，数据调用的工作量很大。数据整理完后制定主生产计划，然后运用相关管理软件制定物料需求计划(MRP)，这样一个过程一般需要很长时间。时间越长，预测误差越大，制造商对最新订货信息的有效反应能力也就越小，生产出过时的产品和造成过高的库存也就不奇怪了。

7.3.1.2 忽视不确定性对库存的影响

供应链运作中存在诸多的不确定因素，如订货提前期、货物运输状况、原材料的质量、生产过程的时间、运输时间、需求的变化等。为减少不确定性对供应链的影响，首先应了解不确定性的来源和影响程度。很多公司并没有认真研究和跟踪其不确定性的来源和影响，错误估计供应链中物料的流动时间（提前期），造成有的物品库存增加，而有的物品库存不足的现象。

7.3.1.3 库存控制策略简单化

无论是生产性企业还是物流企业，库存控制目的都是为了保证供应链运行的连续性和应付不确定需求。了解和跟踪不确定性状态的因素是第一步，第二步是要利用跟踪到的信息去制定相应的库存控制策略。

许多公司对所有的物品采用统一的库存控制策略，物品的分类没有反映供应与需求中的不确定性。在传统的库存控制策略中，多数是面向单一企业的，采用的信息基本上来自企业内部，其库存控制没有体现供应链管理的思想。因此，如何建立有效的库存控制方法、并能体现供应链管理的思想，是供应链库存管理的重要内容。

7.3.1.4 缺乏合作与协调性

供应链是一个整体，需要协调各方活动，才能取得最佳的运作效果。协调的目的是使满足一定服务质量要求的信息可以无缝地、流畅地在供应链中传递，从而使整个供应链能够根据用户的要求步调一致，形成更为合理的供需关系，适应复杂多变的市场环境。例如，当用户的订货由多种产品组成，而各产品又是不同的供应商提供时，如用户要求所有的商品都一次性交货，这时企业必须对来自不同供应商的交货期进行协调。如果组织间缺乏协调与合作，会导致交货期延迟和服务水平下降，同时库存水平也由此而增加。

供应链的各个节点企业为了应付不确定性，都设有一定的安全库存，设置安全库存是企业采取的一种应急措施。问题在于，多厂商特别是全球化的供应链中，组织的协调涉及到更多的利益群体，相互之间的信息透明度不高。在这样的情况下，企业不得不维持一个较高的安全库存，为此付出了较高的代价。

组织之间存在的障碍有可能使库存控制变得更为困难，因为各自都有不同的目标、绩效评价尺度、不同的仓库，也不愿意去帮助其他部门共享资源。在分布式的组织体系中，组织之间的障碍对库存集中控制的阻力更大。

要进行有效的合作与协调，组织之间需要一种有效的激励机制。在企业内部一般有各种各样的激励机制加强部门之间的合作与协调，但是当涉及到企业之间的激励时，困难就大得多。问题还不止如此，信任风险的存在更加深了问题的严重性，相互之间缺乏有效的监督机制和激励机制是供应链企业之间合作性不稳固的原因。

7.3.2 供应链中的不确定性与库存

7.3.2.1 供应链中的不确定性

牛鞭效应是对供应链中需求信息传递扭曲的一种形象描述。美国著名的供应链管理专家 Hau L. Lee 教授通过更深入的研究将它定义为需求变异加速放大原理。它的基本思想是：当供应链的各节点企业只根据来自其相邻的下级企业的需求信息进行生产或供应决策时，需求信息的不真实性会沿着供应链逆流而上，产生逐级放大的现象，达到最上游的供应商时，其获得的需求信息和实际消费市场中的顾客需求信息发生了很大的偏差，需求变异系数比分销商和零售商的需求变异系数大得多。由于这种需求放大效应的影响，上游供应商往往维持比下游供应商更高的库存水平。

从需求放大现象中我们看到，供应链的库存与供应链的不确定性有很密切的关系。从供应链整体的角度看，供应链上的库存无非有两种，一种是生产制造过程中的库存，一种是物流过程中的库存。库存存在的客观原因是为了应付各种各样的不确定性，保持供应链系统的正常性和稳定性，但是库存另一方面也同时产生和掩盖管理中的问题。

供应链上的不确定性表现形式有两种：(1) 衔接不确定性(Uncertainty of Interface)，即企业之间(或部门之间)不确定性，可以说是供应链的衔接不确定性，这种衔接的不确定性主要表现在合作性上，为了消除衔接不确定性，需要增加企业之间或部门之间的合作性。(2) 另一种不确定性是运作不确定性(Uncertainty of Operation)。系统运行不稳定是组织内部缺乏有效的控制机制所致，控制失效是组织管理不稳定和不确定性的根源。消除运行中的不确定性需要增加组织的控制，提高系统的可靠性。

7.3.2.2 供应链的不确定性与库存的关系

1) 衔接不确定性对库存的影响

传统的供应链的衔接不确定性普遍存在，集中表现在企业之间的独立信息体系(信息孤岛)现象。为了竞争，企业总是为了各自的利益而进行资源的自我封闭(包括物质资源和信息资源)，企业之间的合作仅仅是贸易上的短时性合作，人为地增加了企业之间的信息壁垒和沟通的障碍，企业不得不为应付不测而建立库存，库存的存在实际就是信息的堵塞与封闭的结果。虽然企业各个部门和企业之间都有信息的交流与沟通，但这远远不够。企业的信息交流更多的是在企业内部而非企业之间进行交流。信息共享程度差是传统的供应链不确定性增加的一个主要原因。

传统的供应链中信息是逐级传递的，即上游供应链企业依据下游供应链企业的需求信息做生产或供应的决策。在集成的供应链系统中，每个供应链企业都能够共享顾客的需求信息，信息不再是线性的传递过程而是网络的传递过程和多信息源的反馈过程。建立合作伙伴关系的新型的企业合作模式，以及跨组织的信息系统为供应链的各个合作企业提供了共同的需求信息，有利于推动企业之间的信息交流与沟通。企业有了确定的需求信息，在制定生产计划时，就可以减少为了吸收需求波动而设立的库存，使生产计划更加精确、可行。对于下游企业而言，合作性伙伴关系的供应链或供应链联盟可为企业提供综合的、稳定的供应信息，无论上游企业能否按期交货，下游企业都能预先得到相关信息而采取相应的措施，这样企业无需过多设立库存。

2) 运作不确定性对库存的影响

供应链企业之间的衔接不确定性通过建立战略伙伴关系的供应链联盟或供应链协作体而得以消减，同样，这种合作关系可以消除运作不确定性对库存的影响。当企业之间的合作关系得以改善时，企业的内部生产管理也大大得以改善。因为企业之间的衔接不确定性因素减少时，企业的生产控制系统就能摆脱这种不确定性因素的影响，使生产系统的控制达到实时、准确，也只有在供应链的条件下，企业才能获得对生产系统有效控制的有利条件，消除生产过程中不必要的库存现象。

在传统的企业生产决策过程中，供应商或分销商的信息是生产决策的外生变量，因而无法预见到外在需求或供应的变化信息，至少是延迟的信息；同时，库存管理的策略也是考虑独立的库存点而不是采用共享的信息，因而库存成了维系生产正常运行的必要条件。当生产系统形成网络时，不确定性就像瘟疫一样在生产网络中传播，几乎所有的生产者都希望拥有库存来应付生产系统内外的不测变化，因为无法预测不确定性的大小和影响程度，人们只好按照保守的方法设立库存来对付不确定性。

在不确定性较大的情形下，为了维护一定的用户服务水平，企业也常常维持一定的库存，以提高服务水平。在不确定性存在的情况下，高服务水平必然带来高库存水平。

7.3.3 供应链环境下库存管理控制方法

供应链中的不同成员存在着不同的相互冲突的目标，当系统没有协调时，供应链各成员为自身优化而行动，结果只是局部最优，这导致重复建立库存，无法达到供应链整体的最优。为了实现全局最优，供应链成员应该认识到什么是对整个系统最优，为协调供应链各成员的行为，必须获得信息，而获得信息最有效的方式就是建立利益共享风险共担的战略联盟。这种双赢的伙伴关系，为供应链的库存管理提供了突破传统的管理方法。下面介绍 3 种供应链库存管理方法。

7.3.3.1 供应商管理库存

供应商管理库存(简称 VMI)系统，有时也称为“供应商补充库存系统”，是指供应商在用户的允许下，管理用户的库存，由供应商决定每一种产品的库存水平和维持这些库存水平的策略。在采用 VMI 情况下，虽然零售商的商品库存决策主导权由供应商把握，但是，在店铺的空间安排，商品货架布置等店铺空间管理决策方面仍然由零售商主导。VMI 是建立在零售商—供应商伙伴关系基础上的供应链库存管理方法，它突破了传统的“库存是由库存拥有者管理”的模式，不仅可以降低供应链的库存水平，降低成本，还能为用户提供更高水平的服务，加速资金和物资周转，使供需双方能共享利益，实现双赢。VMI 的特点是：

一方面信息共享，零售商帮助供应商更有效地做出计划，供应商从零售商处获得销售点数据并使用该数据来协调其生产、库存活动及零售商的实际销售活动；另一方面供应商完全管理和拥有库存，直到零售商将其售出为止，但是零售商对库存有看管义务，并对库存物品的损伤或损坏负责。

实施 VMI 有很多优点。首先，供应商拥有库存，对于零售商来说，可以省去多余的订货部门，使人工任务自动化，可以从过程中去除不必要的控制步骤，使库存成本更低，服务水平更高。其次，供应商拥有库存，会对库存考虑更多，并尽可能进行更为有效的管理，进一步降低总成本。第三，供应商能按照销售时点的数据，对需求做出预测，能更准确地确定客货批量，减少预测的不确定性，从而减少安全库存量，使存储与供货成本更小。同时，供应商能更快响应用户需求，提高服务水平，使得用户的库存水平也降低。

此外，实施 VMI 应注意以下几个问题：

(1) 信任问题。这种合作需要一定的信任，否则就会失败。零售商要信任供应商，不要干预供应商对发货的监控；供应商也要多做工作，使零售商相信他们不仅能管好自己的库存，也能管好零售商的库存。只有相互信任，通过交流和合作才能解决存在的问题。

(2) 技术问题。只有采用先进的信息技术，才能保证数据传递的及时性和准确性，而这些技术往往价格昂贵，将销售点信息和配送信息分别传输给供应商和零售商，利用条码技术和扫描技术来确保数据的准确性，并且库存与产品的控制和计划系统都必须是在线的、准确的。

(3) 存货所有权问题。确定由谁来进行补充库存的决策以前，零售商收到货物时，所有权也同时转移了，现在变为寄售关系，供应商拥有库存直到货物被售出。同时，由于供应商管理责任增大，成本增加了，双方要对条款进行洽谈，使零售商与供应商共享系统整体库存下降。

(4) 资金支付问题。过去，零售商通常在收到货物 1～3 个月以后才支付货款，现在可能不得不在货物售出后就要支付货款，付款期限缩短了，零售商要适应这种变化。

7.3.3.2 联合库存管理

联合库存管理是建立在经销商一体化基础之上的一种风险分担的库存管理模式。它与 VMI 不同，它强调双方同时参与，共同制定库存控制计划，使供需双方能相互协调，使库存管理成为供需双方连接的桥梁和纽带。

传统的经销方法是，每个经销商根据市场需求预测直接向制造商订货，由于存在提前期，需要经过一段时间产品才能送到经销商手中，而顾客不愿意等这么久，因此，各个经销商不得不以库存来应付。同时，制造商为了缩短提前期也不得不保存库存来尽快满足客户要求。无论是经销商还是制造商,对于一个突然到来的订单只有通过增加库存和人员来满足客户需求。但是,由于有些产品的配件价格昂贵,费用较大,库存过多,会使经销商负担不起,同时,对制造商也是不经济的。所以,不能通过增加库存的方法来满足每一个客户的需求,必须寻找一种新的解决办法。现在,借助现代信息系统技术,通过建立经销商一体化的战略联盟,把各个经销商的库存联合在一起,实现联合库存管理,可以很好地解决这一问题。联合库存管理是由制造商安装一个基于计算机的信息系统,把各个经销商的库存通过该系统连接起来,每个经销商可以通过该系统查看其他经销商的库存,寻找配件并进行交换。同时,经销商们在制造商的协调下达成协议,承诺在一定条件下交换配件并支付一定报酬,这样,就可以使每个经销商的库存降低,服务水平提高。实行联合库存管理有很多优点,对于经销商来说,可以建立覆盖整个经销网络的库存池。一体化的物流系统,不仅能使经销商的库存更低,使整个供应链的库存更低,而且还能快速响应用户需求,更有效快速地运输配件,减少了因缺货而使经销商失去销售机会的情况,提高了服务水平;对于制造商来说,经销商比制造商更接近客户,能更好对客户要求做更快的响应,并为购买产品安排融资和提供良好的售后服务,使制造商能集中精力,搞好生产,提高产品质量。专家曾说过:"经销商创造了一家公司的形象,绝不仅仅是站在产品背后的公司,而是在世界各地都与其产品同在的公司。"实施联合库存管理要做好以下几方面的工作:

1) 要建立供需协调的管理机制

制造商要担负起责任,提供必要的资源与担保,使经销商相信承诺,协调其经销商的工作,有时可能是相互竞争的经销商,本着互利互惠的原则,建立共同的合作目标和利益分配、激励机制,在各个经销商之间创造风险共担和资源共享的机会。

2) 建立信息共享与沟通的系统

利用EDI和POS系统,条码和扫描技术以及Internet的优势,在供需之间建立一个畅通的信息系统,使各经销商协调一致,快速响应用户要求。经销商之间要互通信息。有的经销商会怀疑参加这样一个系统是否值得,尤其是当他的库存比别人多的时候。特别是参与进来的经销商要依靠其他经销商来帮助他们提供良好的顾客服务时,制造商要大力支持,要多做工作,使经销商之间建立信任,使不同的经销商能够发挥不同领域的技能,实现联合库存管理的目标。

7.3.3.3 利用第三方物流供应商来管理库存

由于资源的限制,没有哪一个公司可以自给自足,成为一个业务上面面俱到的专家。第三方物流供应商可以为其提供高效率的库存管理服务来满足客户的需求,使得供应链上的供应方集中精力于自己的核心业务,而不必建造新的仓储设施或长期租赁而花费过多资金,从而降低库存成本,提供超过雇主公司更加多样化的顾客服务,改善服务质量。第三方物流战略,对制造商来说是利用外部资源,变物流的固定费用为变动费用，并可以得到物流专家的经验与物流技术的新成果，接受高质量的物流专业化服务，为用户提供更加满意的增值服务。第三方物流供应商起到了连接供应与用户之间桥梁纽带作用，使供需双方都消除了各自的库存，提高了供应链的竞争力。实行第三方物流要建立在合同基础之上，它是一种长期的合作联盟，双方要记住，这是一个互利互惠，风险共担、回报共享的第三方联盟。

总之，牛鞭效应是供应链上库存管理的新特点，传统的库存管理方法已经不能很好地解决这类问题，只有从供应链的整体出发，通过建立战略伙伴关系，实现信息共享，以获得关系整个供应链中的库存水平、定单、生产和交货情况的准确信息，使得生产按顾客的实际需求进行，从而减少供应链中需求的变动性，才能有助于供应方做出更准确的预测，提供更好的服务，牛鞭效应才能得到有效的控制。

此外，在供应链范围内进行库存管理，采纳具有创新思想的管理方法（如 VMI 等），克服传统库存管理的局限性，不仅能降低本企业的库存水平，还能降低其他合作伙伴的库存水平，从而使整个供应链的库存水平最低，物流成本最低，增强企业的竞争力。

本章小结

本章首先介绍了库存管理的概念、含义和分类等基本内容；接着介绍了目前常见的库存管理控制方法包括 ABC 法、定量与定期控制法、JIT 方法以及 MRP 控制方法；最后论述了在供应链环境下库存管理所面临的问题以及供应链下库存管理控制的方法。

·案例分析·

海尔 JIT 系统案例

在海尔的国际物流中心通过 3 个 JIT 实现了同步流程。由于物流技术和计算机信息管理的支持，海尔物流通过 3 个 JIT，即 JIT 采购、JIT 配送和 JIT 分拨物流来实现同步流程。目前通过海尔的 BBP 采购平台，所有的供应商均在网上接收订单，并通过网上查询计划和库存，及时补货，实现 JIT 采购；货物入库后，物流部门可根据次日的生产计划并利用 ERP 信息系统进行配料，同样根据看板管理 4 h 送料到位，实现 JIT 配送；生产部门按照 B2B、B2C 订单的需求完成订单后，满足用户个性化需求的定制产品通过海尔全球配送网络达到用户手中。

2002 年海尔在国内建立了 42 个配送中心，每天可将 500 000 多台定制产品配送到 1 550 个海尔专卖店和 9 000 多个营销点，实现分拨物流的 JIT。目前海尔在中心城市实现 8 h 配送到位，区域内 24 h 配送到位，全国 4 d 内到位。

在企业外部，海尔 CRM 和 BBP 电子商务平台的应用架起了与全球用户资源网、全球供应链资源网沟通的桥梁，实现了与用户的零距离。在企业内部，计算机的自动控制的各种先进物流设备不但降低了人工成本、提高了劳动效率，还直接提升了物流过程的精细化水平，达到了质量零缺陷的目的。

案例思考题：

1. 解释 JIT 系统。
2. JIT 系统的实施条件是什么？
3. 结合海尔物流的实际情况，谈谈用 JIT 系统时应注意哪些问题。

·复习思考题·

1. 简述库存控制的目标和库存的分类。
2. 库存的作用有哪些？
3. 简述 ABC 分类法的主要内容？
4. 简述 MRP 的基本原理。

·实训项目·

企业库存管理状况调研

技能目标

库存管理与控制是仓储管理的最主要功能，除了进行商品储存保管外，它还具有整合需求和供给，维持物流系统中各项活动顺畅进行的功能。本项目通过对企业进行实地调研，使学生理解库存控制的原理及在企业管理中的应用现状，进而找出管理中的不合理问题，分析优化库存的途径和方法。

项目任务

1. 选择企业进行走访调研，记录该库存的类型、管理流程、控制方法和技术等调查内容；
2. 根据调研材料分析目前库存控制的现状、应用新管理方法的情况，找出理论与实际的差距，结合储存合理化的理论提出相应的改进意见；
3. 撰写调研报告。

项目实施过程

1. 选择调研对象，熟悉所调研对象的背景及类型；
2. 制定调研计划。明确调研目标和主题，确定调研的时间和方式，调研以小组为单位，根据班级情况，每组5到10人，设1名组长；
3. 以小组为单位撰写调研报告。

项目实施结果评价

对学生项目实施结果给予评价，有利于激发学生的积极性，也可以通过评价找出项目实施过程中的不足和改进办法，有利于知识的掌握和总结。企业库存管理状况调研情况评价表，可以考虑以下几个因素：

企业库存管理状况调研情况评价表

被考评小组		考评组调查对象	
考评时间		考评地点	
考评内容	企业库存管理状况调研	标准分值	考评得分
考评标准	内　容		
	调研内容的真实性、准确性、全面性	30	
	调研报告层次分明、条理清楚、表述流畅	20	
	调研过程中是否遵守纪律，礼仪是否符合要求	20	
	能够提出合理化建议或总结调研单位先进经验	30	
合　计		100	

考评者：________

第8章 危险品储存及仓储安全

·教学目标·

1. 明确危险品的概念和种类，了解危险品的管理制度与法规、分级、包装；
2. 掌握危险品的储存保管要求；
3. 理解仓储安全管理的意义和任务；
4. 明确治安保卫管理、仓库消防管理、防台风雨汛工作的内容；
5. 熟悉安全作业的内容与要求。

·导入案例·

中石化锦西分公司的火灾

2002年3月3日16时43分，位于葫芦岛市的中石化锦西分公司油罐发生火灾，烧毁化工轻油(石脑油)115 t，油罐一个，无人员伤亡，直接财产损失491 384元。火灾原因是由于油罐内壁裸露出的铁锈与氧气发生反应生成硫化铁自燃，并引燃处于爆炸极限范围内的化工轻油蒸汽所致。

(资料来源：辽宁消防网)

8.1 危险品储存

8.1.1 危险品概述

8.1.1.1 危险品的概念和种类

危险品又称为危险化学品、危险货物，是指具有爆炸、易燃、毒害、腐蚀、放射性等特性，在运输、装卸和储存过程中，容易造成人身伤亡和财产毁损而需要特别防护的货物。由于危险品在性能上具有以上这些特点，因此在仓库的类型、布局、结构和管理上有其特殊要求。

危险化学品的特征就是具有危害性，但各种危险品的危害具有不同的表现，根据危险品的首要危险特征可将危险品分为9个大类：

(1) 爆炸品；

(2) 压缩气体和液化气体；

(3) 易燃液体；

(4) 易燃固体；

(5) 自燃物品和遇湿易燃物品；

(6) 氧化剂和有机过氧化剂；

(7) 有毒品；

(8) 腐蚀品；

(9) 杂类，具体包括列入国家标准《危险货物品名表》(GB 12268－2005)和国务院经济贸易综合部门公布的剧毒化学品目录和其他危害化学药品。

危险品除了具有已分类的主要危险性外，还可能具有其他的危害特性，如爆炸品大都具有毒性、易燃性等。

8.1.1.2　危险品管理制度与法规

国家对危险品实行严格的管理，实行相应管理部门审批、发证、监督、检查的系列管理制度，包括经济贸易管理部门的经营审批，公安部门的通行证发证，质检部门的包装检验发证，环境保护部门的监督管理，铁路、民航、交通部门的运输管理，卫生行政部门的卫生监督，工商行政部门的经营管理等。对于政府部门依法实施的监督检查，任何危险化学品单位不得拒绝、阻挠。

危险品管理按照依法管理的原则，严格根据法规的规定和国家标准实施管理。涉及危险品仓储和运输的主要管理法规有：《危险化学品安全管理条例》、《危险货物分类和品名编号》(GB 6944－2005)、《危险货物品名表》(GB 12268－2005)，各种运输方式的"危险货物运输规则"，以及《环境保护法》、《消防法》的相关规范和其他安全生产的法律和行政法规，涉及国际运输的危险货物还需要执行《国际海运危险货物规则》。

8.1.1.3　危险品的编号与分级

国家标准 GB 6944－2005《危险货物分类和品名编号》规定，危险货物品名编号由5位阿拉伯数字组成，分别表示危险货物的所属类别、项号和顺序号。如品名编号为43025，该危险品属于第4类、第4.3项的遇湿易燃物品，顺序号为025。此外，国际贸易和运输的危险品，还需要有符合《国际海运危险货物规则》的联合国编号

UN NO。

根据危险货物的危险程度，各类危险品划分为一级和二级危险品。危险性大的为一级危险品，危险性小的为二级危险品。危险品的分组在品名编号中由后3位数字的顺序号表示，顺序号小于500的为一级危险品，顺序号大于500的为二级危险品。前例中的43025则为一级危险品。其中爆炸品、压缩气体、液化气体、感染性物品和放射性物品均为一级危险品，其他可能为一级也可能为二级危险品。

8.1.1.4 危险品包装

包装是危险品安全的保障，它的作用是保护危险品不受损害和外界的直接影响，保持危险品的使用价值；防止危险品对外界造成损害，避免造成重大的危险事故；形状规则的包装能够方便作业，便于堆放储存；固定标准的包装可以确保危险品的单元数量的限定。危险品的包装完全根据法规和标准进行，如《危险货物运输包装通用技术条件》(GB 12463－1990)等。

危险品的包装必须经过规定的性能试验并且具有检验标志，具有足够的强度，没有损害和变形，封口严密等。包装须使用与危险品不相忌的材料，按包装容器所注明的使用类别盛装危险品。

危险品有上千种，按其危险性质确定包装，可分为通用包装和专用包装两类。通用包装适用于第3类、第4类、第5类、第6类中的大部分货物和第1类、第8类中的部分货物。其余货物由于其特殊的危险性质，只能采用专用包装。

危险品的外包装上需要有明确、完整的标志和标识，包括危险品的包装标志、储运图示标志、收发货标志，具体有包装容器的等级、编号，危险品的品名、收发货人、重量、尺寸、运输地点、操作指示，危险品的危险性质等级的图示等。

8.1.2 危险品储存

8.1.2.1 危险品仓储的基本要求

1) 设备管理

危险化学品的仓库实行专用仓库和使用制度，设施设备不能用于其他用途。各种设施和设备要按照国家相应标准和有关规定进行维护、保养，进行定期检测，保证其符合安全运行要求。对储存剧毒化学品的装置和设施要每年进行一次安全评价；储存其他危险品的，储存装置每两年进行一次安全评价。对评价不符合要求的设施和设备应停止使用，立即更换或维修。

2) 仓库使用

危险化学品必须储存在专用仓库、专用场地或者专用储藏室内。对危险品专用仓库的要求，不仅包括专区专用，不能存放普通货物，还包括不同种类的危险品应分类存放在不同的专用仓库，各仓库存放确定种类的危险品。与危险品仓储须经管理部门批准一样，危险品仓库改变用途，或改存放其他危险品，也需要相应的管理部门审批。

危险品的危险程度还与其存放的数量有关，仓库需要根据危险品的特性和仓库的条件，确定各仓库的存量。例如，黄浦港务公司仓库第 12 仓楼下的堆存限额为 1 078 t，不能堆放一级易燃液体和一级有机过氧化物。

3）从业人员要求

从事危险化学品生产、经营、储存、运输、使用或者处置废弃危险化学品活动的人员，必须接受有关法律、法规、规章和安全知识、专业技术、职业卫生防护和应急救援知识的培训，并经考核合格，方可上岗作业。

8.1.2.2 危险品仓库的分类及建设

1）危险品仓库的类别

按危险品仓库的隶属和使用性能，可分为甲、乙两类。甲类是商业、仓储业、交通运输业、物资部门的危险品仓库，这类仓库往往储存量大、品种复杂、而且危险性较大。乙类是指那些企业自用的危险品仓库。

按规模的大小，危险品仓库可分为三级：库场面积大于 9 000 m^2 的为大型危险品仓库；面积在 550～9 000 m^2 的为中型危险品仓库；面积在 550 m^2 以下的为小型危险品仓库。

2）危险品仓库的选址

危险品仓库由于其存储的货物具有危险性，因此需要考虑危险品的特性，根据政府市政的整体规划选择合适的地点建设。危险品仓库一般设置在郊区较为空旷的地方，远离居民区、供水区、主要交通干线、农业保护区、河流、湖泊等，且位于当地常年主导风向的下风处。

建设危险品仓库必须获得政府经济贸易管理部门的审批。

3）危险品仓库建设

（1）危险品仓库的布局

危险品仓库在布局上应严格按照公安部颁布的《建筑设计防火规范》的要求，设置防火安全距离。大中型甲类仓库和大型乙类仓库与邻近居民点和公共设施应保持间距大于 150 m，与企业、铁路干线间距应大于 100 m，与公路间距应大于 50 m。在库区内，库房间防火间距应根据货物特性取 20～40 m，小型仓库的防火间距在 12～40 m，易燃商品最好储存在地势较低的部位。桶装易燃液体应存放在仓库内。对于危险品的存储罐的布置可参考有关油品储存的要求。

（2）危险品仓库的结构

危险品仓库需根据危险品的危险特性和发生危害的性质，采用妥善的建筑形式，并取得相应的许可。

危险品仓库的建筑形式有地面仓库、地下仓库和半地下仓库，还有窑洞以及露天堆场。通常储存易爆炸性商品时采用半地下仓库，2/3 在地下，库房面积不宜过大，且要求通风好，并保持干燥；储存氧化剂的仓库应采取隔热和降温措施，并保持干燥；存放压缩气体的仓库应采用耐火材料建筑，库顶用轻质不燃材料；存放自燃物品，应置于阴凉、干燥、通风的库房内，且通风条件要好，并配备毒气净化设备；存放腐蚀性物品的仓库应采用防腐涂料；对于放射性物品，则应采用铅板材料铺设库壁和门窗。

建筑场所应根据需要设置监测、通风、防晒、调温、防火、灭火、防爆、泄压、防毒、防潮、防雷、防静电、防腐、防渗漏、防护围地或隔离操作等安全措施，设备、仓库和设施要符合国家安全、消防标准要求，并设置明显标志。

8.1.2.3 危险品的保管

1）严格和完善的管理制度

为了保证危险货物仓储的安全，仓库需要依据危险品管理的法律和法规的规定，根据仓库的具体实际和危险品的特性，制定各类严格的危险品仓储管理安全制度、责任制度、安全操作规程，并在实践中不断完善。仓库需要制定的管理制度主要有："危险货物管理制度"、"岗位责任"、"安全防护措施"、"安全操作规程"、"装卸搬运方案"、"保管检查要求"、"垛型和堆积标准"、"验收标准"、"残损溢漏处理程序"、"应急措施"等。

2）出入库管理

仓库业务员应对货物按交通部颁布的《危险品运输规则》的规定进行抽查，做好相应的记录，并在货物入库后 2 d 内对其验收完毕。入库验收方法主要采用感官验收为主，仪器和理化验收为辅。货物存放应按其性质进行区分、分类、分库储存。对不符合危险品保管要求的应与货主及时联系拒收。

危险品入库，仓库管理人员要严格把关，认真检查品名、标志、包装，清点数量，做好核查登记。对于品名、性质不明或者包装、标志不符，包装不良的危险品，仓库保管员有权拒收，或者依据残损处理程序进行处理，未经处理的包装破损危险品不得进入仓库。剧毒化学品进行双人收发制度，送、提货车辆不得进入库存区，由仓库在收发货区接受和交付危险货物。

危险品出库时，仓库保管员需认真核对货物的品名，标志和数量，协同提货人、承运司机查验货物，确保按单发货，并做好出库登记，详细记录危险货物流向、流量。当一次提货量超过 0.5 t 时，要发出场证，交运输员陪送出场。仓库保管员应按"先进先出"的原则组织货物出库，并认真做好出库清点工作。车辆运送时，应严格按危险品分类要求分别装运，对怕热怕冻的货物需按有关规定办理。

3）货物的保管

危险品的存储方式、方法与存储数量必须符合国家标准。仓库管理人员要根据国家标准、危险特性、包装以及管理制度合理选择存放位置，根据危险货物对保管的要求，妥善安排相应的通风，遮阳、防水、控湿、控温条件的仓库或堆场货位。

对危险品应实行分类分堆存放，堆垛不宜过高，垛间应留有一定的距离，货堆与库壁间距离应大于0.7 m，对怕热、怕潮、怕冻物品应按天气变化及时采取密封、通风、降温和吸潮等措施。

危险货物堆叠时要整齐，堆垛稳固，标志朝上，不得倒置，堆垛应悬挂危险品的标志、编号、品名、性质、类别、级别等相关信息。

危险品仓库应实行定期检查制度，检查间隔不宜超过5 d；在检查中若发现问题应及时填写"问题商品通知单"，并上报仓库领导；仓库保管员应保持仓库内的整洁，特别是对残余化学物品应及时清扫。对残损、质次、储存过久的货物应及时向有关单位联系催调。

危险品仓库实行专人管理，剧毒化学药品实行双人保管制度，仓库存放剧毒化学药品时须向当地公安机关备案。

4）安全作业

危险品装卸作业前应详细了解所装卸危险货物的性质、危险程度、安全和医疗急救等措施，并严格按照有关操作规程和工艺方案作业。根据货物性质选用合适的装卸机具。装卸易爆货物时，装卸机械应安置火星熄灭装置，禁止使用非防爆型电气设备。作业前应对装卸机械进行检查，装卸搬运易爆品、有机过氧化物、一级毒害品、放射性物品，装卸搬运机具应按额定负荷降低25%使用。作业人员应穿戴相应的防护用品。夜间装卸作业危险货物，应有良好的照明，装卸易燃、易爆货物应使用防爆型的安全照明设备。作业现场需准备必要的安全和应急设备和用具。

5）妥善处理

对于废弃的危险品、货底、地脚货、垃圾、仓储停业时的存货、容器等，仓库要采取妥善的处置措施，如随货同行、移交、封存、销毁、中和、掩埋等无害处理措施，不得留有事故隐患；并将处置方案在相应管理部门备案，接受管理部门的监督。剧毒危险品发生被盗、丢失、误用，立即向当地公安部门报案。

8.1.2.4　危险品的应急处理

应急处理是指发生危险品事故时的处理安排。危险品仓储必须根据库存危险品的特性、仓库的条件以及法规和国家管理机关的要求，制定仓储危险品应急措施。

应急措施包括发生危害时的措施安排和人员的应急职责，具体包括危险判定、危险事故信号、汇报程序、现场紧急处理、人员撤离、封锁现场、人员分工等。

应急措施要作为仓库工作人员的专业知识，务必使每一个员工熟悉，且熟练掌握所在岗位的职责行为和操作技能。

仓库应该定期组织员工开展应急措施演习，当人员有一定变动时也要进行演习。

8.2 仓储安全管理

8.2.1 仓储安全管理的意义和任务

8.2.1.1 仓储安全管理的意义

不断改善劳动条件,保护职工在生产中的安全和健康,防止事故和职业病,是现代化仓储管理的重要原则之一。现代化仓储不仅要具备现代化的劳动手段,即具有先进的设备和技术,而且要实行文明生产。这就要求在仓储生产过程中不仅要保持库容整洁,有良好的劳动环境和生产秩序,而且要有各项安全规程和制度,以保证职工、设备及储存物资在储运过程中的安全。在物资储运过程中,客观上存在着一些不安全的因素,如在装卸搬运笨重物资时,有被碰撞的危险;在操作电器设备时,有触电的危险;在搬运或储放危险品时,有中毒,爆炸等危险。一旦发生事故,将可能造成人员伤亡和物资的大量损失,因此,仓储管理必须十分重视发现、分析和消除仓库物资管理过程中的各种危险,保护仓库中的人、财、物不遭受破坏、损失,并在一定条件下取得最佳的经济效益和社会效益。

8.2.1.2 仓储安全管理的任务

仓储安全主要包括库房、机械设备、商品、人身等多项内容,仓储安全管理的基本任务可归结为:建立、健全安全生产的各种规章制度并坚决贯彻执行,防止各种事故的发生;提高警惕,严防不法分子破坏,确保仓库、职工的安全。从这个基本任务出发,具体有下列几方面的工作。

1) 建立、健全安全生产责任制和各项安全保卫制度

安全生产责任制和各项安全保卫制度是加强安全管理的重要措施。安全生产责任制应落实到各级人员,主要负责人对本单位的安全生产工作全面负责。安全生产责任制一般有安全操作规程、危险品仓库安全操作制度等;安全保卫制度主要有门卫制度、执勤制度、交接班制度等。

在建立和健全各种安全制度的同时,要加强平时的检查,监督执行情况,及时发现并消除隐患,确保安全。针对安全事故,实行生产安全事故责任追究制度,依照《中华人民共和国安全生产法》和有关法律、法规的规定,追究生产安全事故责任人员的法律责任。

2) 保证仓储安全生产的投入,完善安全生产条件,加强仓储安全技术工作

在物资储运过程中,为防止和消除伤亡事故,保障职工安全和减轻繁重体力劳动,必须对仓储安全生产给予充分的投入,进行安全生产科学技术研究,推广应用安全生产先进技术,提高安全生产水平。如需采用新工艺、新技术或者使用新设备,必

须了解、掌握其安全技术特性，采取有效的安全防护措施，并对从业人员进行专门的安全生产教育和培训。

3）加强对有关安全生产的法律、法规和安全生产知识的宣传，提高职工的安全生产意识

充分发动和依靠全体职工是切实做好仓储安全工作的必由之路。为此，从业人员必须具备必要的安全生产知识，熟悉有关的安全生产规章制度和安全操作规程，掌握本岗位的安全操作技能。未经安全生产教育和培训合格的从业人员，不得上岗作业。

4）提高警惕，严防不法分子破坏，坚决有力地打击一切破坏活动

仓库内储存着大量物资，这往往成为不法分子的攻击目标。为此，必须提高广大职工的警惕性，积极做好必要的防护措施，确保仓库安全。一旦发生偷盗、纵火等事故，仓库应立即与公安部门联系，争取早日破案。

8.2.2　治安保卫管理

治安保卫工作是仓储管理的重要组成部分，通过治安保卫管理，能预防和制止违反治安管理的行为和犯罪活动，消除治安灾害隐患，确保各项仓储工作的正常进行，保护国家、集体的财产和职工的生命、财产安全。治安保卫管理的内容包括建立健全治安保卫管理组织，建立健全治安保卫管理制度，落实各项治安防范措施等。

8.2.2.1　治安保卫管理组织

治安保卫组织，通常分为保卫组织、警卫组织和群众性治安保卫组织。为了顺利开展治安保卫工作，仓储部门应当根据实际情况，按照精干高效、运转灵活的原则设立保卫机构，或者配备专职、兼职保卫工作人员，从而形成仓储安全网。下面对 3 种保卫组织形式作简要介绍。

1）保卫组织

仓库保卫机构是在仓库党政的领导下进行工作，业务上受到当地公安机关和上级保卫部门的指导。其主要任务，是对本库的商品、设备和人员的安全全面负责。保卫机构要与公安、劳动、供电、交通运输、防汛、防震、卫生等部门加强联系，及时交换安全信息，接受他们的指导；对警卫守护人员进行经常性的业务技术教育；对员工进行安全方面的讲座和业务技术训练；定期或不定期的举行安全操作表演；调查、登记、处理、上报有关案件等。

2）警卫组织

仓库警卫工作的重点是负责仓库日常的警戒防卫。其任务是：掌握出入仓库的人员情况；禁止携带易燃、易爆等危险物品入库；核对出库物资；日夜轮流守卫，谨防盗窃与破坏等事故的发生；在仓库发生人为或自然灾害事故时，要负责仓库的防护、警戒工作。

3）群众性治安保卫组织

群众性治安保卫组织是指在仓库党政领导及保卫部门的指导下的治安保卫委员会或治安保卫小组；其成员既有仓库领导，也有职工群众，并在各班、组设立安全保卫员。它的基本任务是：利用各种方式对仓库职工和四邻居民进行治安保卫宣传教育，协同警卫人员做好保卫和防火工作，协助维护单位的治安秩序和保卫要害的安全，劝阻和制止违反治安管理法规的行为。

8.2.2.2 治安保卫管理制度

治安保卫管理必须贯彻预防为主、确保重点、打击犯罪、保障安全的方针，坚持“谁主管，谁负责”和“有奖有惩、奖惩分明”的原则。治安保卫工作的顺利开展，必须有完善的制度保障。为此，仓储部门应建立一系列治安保卫管理制度，一般包括：

1）安全岗位责任制度

明确安全管理责任一直是安全生产管理的重点，也是保障安全生产的基础。仓储部门或企业应根据收发、保管、养护等具体业务特点，确定每个岗位的安全责任，并与奖惩挂钩。通过认真贯彻执行安全岗位责任制度来加强职工各自的责任感，堵塞工作中的漏洞，保证仓储工作秩序有条不紊，确保仓库安全。

2）门卫、值班、巡逻、守护制度

门卫是仓库的咽喉，必须严格人员、货物的出入管理。传达人员及值班警卫人员要坚守岗位，尽职尽责，对外来人员必须进行验证、登记，及时报告可疑情况，以防意外发生。

3）仓储设施管理制度

仓储设施是进行仓储工作的必要条件。完善的仓储设施管理制度，能保证仓储业务活动的正常进行，避免意外事故的发生，也有利于仓储经营取得最大的经济效益。

4）重要物品安全管理制度

根据ABC管理法的观点，仓储物资可根据一定的指标分为A、B、C 3类，而对A类物资应重点对待。从安全角度看，危险品、价值极高等物资应重点防护、认真对待，以免造成人身伤亡和巨大的经济损失。

5）要害部位安全保卫制度

要害部位是安全防护的重点，因此，必须建立健全要害部位安全保卫制度。在要害部位设置安全技术防范设施。要害部门或者要害岗位，不得录用和接受有犯罪记录的人员。

6）防火安全管理制度

在安全管理工作中，防火是重点，保证商品安全又是放火的中心。为此，必须熟悉各种仓储物品的性能、引起火灾的原因和各种防火、灭火方法，并采取各种防范措施，从而保证仓库的安全。

7）机动车辆安全管理制度

机动车辆管理也是治安保卫管理的一个重要方面。外单位的车辆不得随意进入，因业务需要必须进入的，必须履行必要的手续，且必须做好防火、防爆等保护措施。严格仓库自有车辆的使用制度，做到安全用车，避免灾害事故的发生。

8）外来务工人员管理制度

目前大量企业的从业人员是外来务工人员，不同程度地存在着安全素质偏低的问题。仓储部门或企业在赋予这些外来务工人员安全生产权利的同时，必须向他们明确安全岗位责任制度，即他们应严格遵守安全规程和规章制度、服从管理、接受培训、提高安全技能，及时发现、处理和报告事故、隐患和不安全因素。只有充分重视和发挥人在仓储活动中的主观能动性，最大限度地提高从业人员的安全素质，才能把不安全因素和事故隐患降到最低限度，预防和减少人身伤亡。

9）治安防范的奖惩制度

认真落实治安防范的奖惩工作直接关系到安全岗位责任制度能否有效运行。因此，必须对治安防范工作搞得好的给予表扬、奖励，对工作不负责任而发生事故和问题的给予批评或处罚，并及时向上级有关部门报告奖惩情况。

8.2.2.3　治安保卫工作的内容

为了预防和制止违反治安管理的行为和犯罪活动，消除治安灾害隐患，确保各项仓储工作的正常进行，治安保卫管理应突出做好下列工作：

（1）根据仓库地形和库房、货场分布情况，划定岗哨和巡逻范围，在划定地段内，明确守护员之间以及守护员与保管员之间的安全交接责任。例如，守护员在保管员下班后，应检查所负责地段内的库房，门窗是否关闭落锁，电源是否切断，库房周围的杂物是否清除；保管员上班开仓前，应检查门窗锁封有无异状；警卫员换班时要交清情况，非工作时间，尤其是夜间，除警卫员之外的一切人员，非经仓库主管批准，不得私自进入仓库存货区。

（2）开展社会主义法制和治安保卫工作的宣传教育，增强职工群众的法制观念和自觉维护本企业治安秩序的意识；同时，加强警卫人员的人格、业务学习，邀请当地公安部门派员讲授有关专业知识和协助军事训练，以提高其军事素质。

（3）应当按照公安机关的规定和技术标准，在要害部位设置安全技术防范设施。专职警卫人员，均应驻守仓库。有事外出须经批准，并按时返库，仓库可采取轮休制，以保证人员必要的休息。

（4）仓库警卫组织应与公安部门建立经常性的联系制度，及时交换情报和经验；并应与四邻单位密切联系，了解周围动态，做到心中有数。

8.2.3 仓库消防

8.2.3.1 仓库火灾知识

1）火灾及其分类

火灾是指凡失去控制并对财物和人身造成损害的燃烧现象，或指在时间或空间上失去控制的燃烧所造成的灾害。燃烧是一种放热发光的化学反应。在日常生活、生产中所看到的燃烧现象，大都是可燃物质与空气（氧）或其他氧化剂进行剧烈化合而发生的放热发光的现象。燃烧不是随便发生的，凡发生燃烧，就必须同时具备3个条件，即可燃物、助燃物、着火源。

（1）可燃物。凡能与空气中的氧或其他氧化剂起剧烈反应的物质，都称为可燃物。简单地说，就是可以燃烧的物质。如木材、纸张、汽油、酒精、氢气、乙炔、金属钢、镁等等。

（2）助燃物。凡能帮助和支持燃烧的物质都叫助燃物。如空气、氧、氯、氯酸钾、高锰酸钾、过氧化钠等等。

（3）着火源。凡能引起可燃物质燃烧的热能源都称着火源。最常见的有明火焰、赤热体、火星和电火花等。

在仓储环境中常见的着火源的温度都大大超出一般可燃物质所需要的点火能量。所以，要求在有火灾爆炸危险的场所严禁烟火，禁止使用易产生火花的金属工具，不准机动车辆随便驶入，采用防爆电器，严格动火检修制度等。

按照GB 4968－2008，根据物质燃烧特性把火灾分为6类，见表8－1。

表8－1 火灾的分类

分 类	项 目	示 例
A类火灾	指固体物质火灾，这种物质具有有机物性质，一般在燃烧时能产生灼热的余烬	如木材、棉、毛麻、纸张火灾等
B类火灾	指液体火灾和可熔化的固体物质火灾	如汽油、煤油、柴油、原油、甲醇、沥青、石蜡火灾等
C类火灾	指气体火灾	如煤气、天然气、甲烷、乙烷、丙烷、氯气火灾等
D类火灾	指金属火灾	如钾、钠、镁、钛、锆、锂、铝镁合金火灾等
E类火灾	带电火灾。物体带电燃烧的火灾	如电线短路、电器火灾等
F类火灾	烹饪器具内的烹饪物火灾	如动植物油脂火灾等

2）仓库火灾的特点

（1）易发生，损失大。仓库物资储存集中，大部分是易燃易爆物品，一旦遇到着火源，极易发生火灾。仓库发生火灾不仅造成库存物资付之一炬，而且还会对仓库建筑、设备、设施等造成破坏，引起人身伤亡。据统计，我国有许多火灾发生在仓库，且引起的损失较大。例如，据《2002中国火灾统计年鉴》记载，2001年8月13日，广州市松洲螺溪经济发展公司仓库发生火灾，烧毁库房一座建筑面积1 000 m^2，直接财产损失359.26万元。2001年9月1日沈阳市大龙洋石油有限公司储油罐区发生火灾，造成1人死亡、8人受伤，直接财产损失285.25万元。

(2) 易蔓延扩大。储存可燃物的仓库，由于储存物资多，火势发展较快，着火后火势会迅速蔓延扩大，产生很高的温度。一般物资仓库燃烧中心温度往往在1 000 ℃以上，而化学危险物品(如汽油等)着火的温度更高。高温不仅使火势蔓延速度加快，还会造成库房、油罐的倒塌，在库外风力影响下，形成一片火海。爆炸品仓库、化学危险物品仓库等还易引起爆炸。

(3) 扑救困难。由于库内物资堆放数量大，发生火灾后，物资燃烧时间长，加之许多仓库远离城区，供水和道路条件较差，仓库消防设备设施不足，消防力量有限，这就增加了扑救的难度。库房平时门窗关闭，空气流通较差，发生不完全燃烧，产生大量烟雾，影响消防人员的视线和正常呼吸，发生火灾后，库房内堆垛物资倒塌，通道受阻，也给补救造成困难。

3) 仓库火灾原因

仓库中储存有可燃物(各种物资)，空气中也总是存在助燃物(氧气)，根据燃烧三要素，分析引起仓库火灾的原因，就是要找出引起仓库火灾的着火源。这些着火源主要有：

(1) 明火。就是一种敞开的火焰(或火星及灼热的物体)，具有较高的温度并释放一定的热量。仓库中的明火主要有打火机、火柴、吸烟、在库区打猎、烧荒、施放烟花爆竹、施工中电焊、气焊、玩火、纵火等等。

(2) 雷电。仓库许多地处山区，尤其是地处多雷地区的仓库，雷电是引起仓库火灾的重要原因。雷电的危害主要表现为直接雷击、雷电感应和雷电波。

(3) 静电。两种不同物质相互磨擦或其他原因，导致了一个物体上的电子转移到另一个物体上，就要产生静电。在储存易燃易爆危险物品的场所，如弹药库、油库等，静电荷的火花放电，就会引起火灾爆炸。

(4) 电气。电气引起火灾的原因主要有短路、超负荷、接触电阻过大、火花和电弧、熔断器、开头插销、照明灯具。电动机、架空配电线路和火灾爆炸场所未按规定安装防爆电气装置等。

(5) 自燃。有些自燃点较低的物质，在储存的过程中，发生自燃，引起火灾。

(6) 爆炸。在仓库中，储存的可燃气体或蒸气与空气混合达到爆炸极限，通火源发生爆炸，引起火灾爆炸事故。弹药库内储存的爆炸性物质，接触火源、受热、通电、撞击、摩擦等，引起爆炸。

(7) 其他。如人为破坏等。

8.2.3.2 防火与灭火方法

1) 防火与灭火方法

物质燃烧必须同时具备3个必要条件,即可燃物、助燃物和着火源。根据这些基本条件,一切灭火措施,都是为了破坏已经形成的燃烧条件,或终止燃烧的连锁反应而使火熄灭以及把火势控制在一定范围内,最大限度地减少火灾损失。这就是灭火的基本原理。

冷却法:如用水扑灭一般固体物质的火灾,通过水来大量吸收热量,使燃烧物的温度迅速降低,最后使燃烧终止。

窒息法:如用二氧化碳、氮气、水蒸气等来降低氧浓度,使燃烧不能持续。

隔离法:如用泡沫灭火剂灭火,通过产生的泡沫覆盖于燃烧体表面,在冷却作用的同时,把可燃物同火焰和空气隔离开来,达到灭火的目的。

化学抑制法:如用干粉灭火剂通过化学作用,破坏燃烧的链式反应,使燃烧终止。

2) 灭火剂和灭火器材

在扑救火灾时,必须根据物资的性质,正确选用灭火药剂和器材。常用的灭火剂和灭火器材有以下几种:

(1) 水:其灭火作用是水滴遇热迅速气化,在蒸发时吸收大量的热量(539 kcal/kg),起到显著的冷却作用,以降低燃烧区温度和隔断火源,并在不溶于水的液体表面上形成不燃乳浊液,对能溶于水的液体起稀释作用,从而扑灭火灾。

但是水能导电,不适于扑救电气装置的火灾。对和水能起化学反应放出可燃气体和大量热以及遇水分解产生有毒气体的物品,如遇水燃烧物品、某些氧化剂以及某些毒品不能用水扑救。比重比水轻的易燃液体,如汽油、甲苯等,它们能浮在水面,可能形成喷溅、漂流,扩大火灾,所以也不宜用水扑救。

用于灭火的水,主要有两种:密集水流和雾状水流。密集水流是通过加压的水,构成强有力的密集水流,才能喷射到较远的地方去,能冲到燃烧表面的内部,摧毁正在燃烧分解的物质,使燃烧迅速停止,因而适用于扑救普通火灾。雾状水是用喷雾装置或喷雾水枪,将水流分散成粗细不同的水雾。它的喷射面广,吸热量大,对扑救室内和近距火灾最为合适。对于化学危险物品来讲,雾状水主要用来扑救可燃气体、粉状易燃固体和氧化剂(忌水物质除外)以及流散在地上,面积不大,厚度不超过3～5 cm的易燃液体火灾。

(2) 泡沫:分为化学泡沫和空气机械泡沫两种。泡沫比重轻,且富有粘性,因此在喷射出去后,覆盖在易燃液体的表面上,夺取液体的热量,降低液体的温度,形成隔绝层,使外面空气进不来,从而燃烧就会停止。

化学泡沫,是硫酸铝和碳酸氢钠的水溶液与发泡剂相互作用,而形成的膜状气泡群。泡沫的质量,要求发泡倍数(即形成泡沫的容积与泡沫粉和水混合容积比)不低于5.5倍。泡沫持久性(即泡沫体积破坏20%的时间)不少于25 min。泡沫灭火器材，有泡沫灭火机和泡沫发生器。

空气机械泡沫，是由一定比例的泡沫液、水和空气，经过水流的机械作用，相互混合而成。泡沫的比重为0.11～0.16，泡沫体积微细、粘稠、稳定性好，能在着火的液面上迅速流散，组成浓厚的覆盖层，达到灭火的作用。

泡沫灭火机是扑救油类火灾有效的灭火剂。但是这类泡沫不能施救乙醇、丙酮、醋酸等能使泡沫消失的化学危险品，而必须使用“抗溶性泡沫剂”配制而成的灭火剂。

(3) 二氧化碳：是一种无色无嗅的不燃气体，也不导电，二氧化碳与水相反，对火场的破坏很少，所以它是一种良好的灭火剂。二氧化碳灭火机的作用是冷却燃烧物和冲淡燃烧区空气中氧的含量，使燃烧停止。二氧化碳灭火机可扑救电器火灾；小范围的油类火灾；某些忌水性物质(如电石)和气体的燃烧。而在使用时，二氧化碳会逐渐散到空气中代替维持生命所需的氧，故在使用时要注意空气流通。二氧化碳不宜扑救金属钠、钾、镁粉、铝粉等的火灾，因为它和这些物质起化学作用。

(4) “1211”灭火剂：本身为液体，毒性很小，在非密闭的室内使用。使用于灭火时，通常只留下极少的残留物，特别适用于扑灭油类、有机溶剂、精密仪器、纸张、文物档案等火灾，灭火效率比二氧化碳高4倍多，在具有爆炸性气体存在的仓库或容器里，只要充灌“1211”到占该爆炸性气体容积的6.75%，就能够起到抑制爆炸的作用。但是“1211”不宜施救钠、钾、铷、铯等轻金属的火灾。

(5) 干粉灭火剂：主要应用碳酸氢钠、碳酸氢钾或磷酸铵盐类，并混以其他化学试剂，使它们具有斥水性以及自由流动性，对扑救易燃液体和轻金属的火灾效果很好。

下面针对不同类型的火灾提出可采用的对应方法。

扑救A类火灾：一般可采用水冷却法，但对于忌水的物质，如布、纸等应尽量减少水渍所造成的损失。对珍贵图书、档案应使用二氧化碳、卤代烷、干粉灭火剂灭火。

扑救B类火灾：首先应切断可燃液体的来源，同时将燃烧区容器内可燃液体排至安全地区，并用水冷却燃烧区可燃液体的容器壁，减慢蒸发速度；及时使用大剂量泡沫灭火剂、干粉灭火剂将液体火灾扑灭。

扑救C类火灾：首先应关闭可燃气阀门，防止可燃气发生爆炸，然后选用干粉、卤代烷、二氧化碳灭火器灭火。

扑救D类火灾：如镁、铝燃烧时温度非常高，水及其他普通灭火剂无效。钠和钾的火灾切忌用水扑救，水与钠、钾起反应放出大量热和氢，会促进火灾猛烈发展。应用特殊的灭火剂，如干砂等。

扑救带电火灾：用“1211”或干粉灭火器、二氧化碳灭火器效果好，因为这3种灭火器的灭火药剂绝缘性能好，不会发生触电伤人的事故。

8.2.3.3　仓库防火

仓库中存放着大量物资，一旦发生火灾，将造成人员伤亡和巨大的经济损失。

因此，仓库必须遵守消防法规和安全规程，把消防安全工作贯彻到仓储的各个岗位和全部活动中并确保防火安全。仓库的防火工作应从以下几方面着手：

1）储存管理

（1）库房内物品储存要分类、分堆，堆垛与堆垛之间应当留出必要的通道，主要通道的宽度一般不应少于 2 m。根据库存物品的不同性质、类别确定垛距、墙距、柱距、梁距。每个库房必须规定储存限额。能自燃的物品、化学易燃物品与一般物品以及性质互相抵触和灭火方法不同的物品，必须分库储存，并标明储存物品的名称、性质和灭火方法。

（2）能自燃的物品和化学易燃物品堆垛应当布置在温度较低、通风良好的场所，并应当有专人定时测温。

（3）遇水容易发生燃烧、爆炸的化学易燃物品，不得存放在潮湿和容易积水的地点。

（4）受阳光照射容易燃烧、爆炸的化学易燃物品，不得在露天存放。化学易燃物品的包装容器应当牢固、密封，发现破损、残缺、变形和物品变质、分解等情况时，应当立即进行安全处理。

（5）易燃、可燃物品在入库前，应当有专人负责检查，对可能带有火险隐患的物品，应当存放到观察区，经检查确无危险后，方准入库或归垛。

（6）储存易燃和可燃物品的库房、露天堆垛附近，不准进行试验、分装、封焊、维修、动用明火等可能引起火灾的作业。如因特殊需要进行这些作业，事先必须经仓库防火负责人批准，并采取安全措施，调配专职或义务消防队员进行现场监护，备有充足的灭火器材。作业结束后，应当对现场认真进行检查，切实查明未留火种后，方可离开现场。

（7）库房内不准设办公室、休息室，不准住人，不准用可燃材料搭建搁层。在库房或露天堆垛的防火间距内，不准堆放可燃物品和搭建货棚。

（8）库房内一般不应当安装采暖设备，如物品防冻必须采暖，可用暖气采暖。散热器与可燃物品堆垛应当保持安全距离。

（9）库区和库房内要经常保持整洁。对散落的易燃、可燃物品和库区的杂草应当及时清除。用过的油棉纱、油抹布、沾油的工作服、手套等用品，必须放在库房外的安全地点，妥善保管或及时处理。

2）装运管理

（1）装卸化学易燃物品，必须轻拿轻放，严防震动、撞击、重压、摩擦和倒置。不准使用能产生火花的工具，不准穿带钉子的鞋，并应当在可能产生静电的设备上，安装可靠的接地装置。

（2）进入易燃、可燃物品库区的蒸汽机车和内燃机车，必须装置防火罩，蒸汽机车要关闭风箱和送风器，并不得在库区停留和清炉。仓库应当有专人负责监护。

（3）进入库区的汽车、拖拉机必须戴防火罩，并不准进入库房。进入库房的电瓶车、铲车，必须有防止打出火花的安全装置。运输易燃、可燃物品的车辆，一般应当将物品用苫布苫盖严密，随车人员不准在车上吸烟。

(4) 对散落、渗漏在车辆上的化学易燃物品，必须及时清除干净。库房、站台、货场装卸作业结束后，应当彻底进行安全检查。

(5) 各种机动车辆在装卸物品时，排气管的一侧不准靠近物品。各种车辆不准在库区、库房内停放和修理。

3) 电源管理

(1) 库房内一般不宜安装电器设备。如果需要安装电器设备，应当严格按照有关电力设计技术规范和有关规定执行，并由正式电工进行安装和维修。

(2) 储存化学易燃物品的库房，应当根据物品的性质，安装防爆、隔离或密封式的电器照明设备。

(3) 各类库房的电线主线都应当架设在库房外，引进库房的电线必须装置在金属或硬质塑料套管内，电器线路和灯头应当安装在库房通道的上方，与堆垛保持安全距离，严禁在库房闷顶架线。

(4) 库房内不准使用碘钨灯、日光灯、电熨斗、电炉子、电烙铁、电钟、交流收音机和电视机等电器设备，不准用可燃材料做灯罩，不应当使用超过 60 W 以上的灯泡。灯头与物品应当保持安全距离。

(5) 库房内不准架设临时电线。库区如需架设临时电线，必须经仓库防火负责人批准。使用临时电线的时间不应当超过半个月，到期及时拆除。

(6) 库区的电源应当设总闸和分闸，每个库房应当单独安装开关箱。开关箱应当设在库房外，并安装防雨、防潮等保护设施。

(7) 在库区及库房内使用电器机具时，必须严格执行安全操作规程。电线要架设在安全部位，免受物品的撞击、砸碰和车轮碾压。

(8) 电器设备除经常检查外，每年至少应当进行 2 次绝缘摇测，发现可能引起打火、短路、发热和绝缘不良等情况时，必须立即修理。禁止使用不合规格的保险装置。电器设备和电线不准超过安全负荷。库房工作结束时，必须切断电源。

4) 火源管理

(1) 库区内严禁吸烟、用火，严禁放烟花、爆竹和信号弹。在生活区和维修工房安装和使用火炉，必须经仓库防火负责人批准。

(2) 金属火炉距可燃物不应当小于 1.5 m。在木质地板上搭设火炉，必须用隔热的不燃材料与地板隔开。

(3) 金属烟筒距可燃墙壁、屋顶不应当小于 70 cm，距可燃屋檐不应小于 10 cm，高出屋檐不应小于 30 cm。烟筒穿过可燃墙、窗时必须在其周围用不燃材料隔开。

(4) 不准用易燃液体引火。火炉附近不准堆放木片、刨花、废纸等可燃物。不准靠近火炉烘烤衣物和其他可燃物。燃着的火炉应有人负责管理。从炉内取出的炽热灰烬，必须用水浇灭后倒在指定的安全地点。

5）消防设施

（1）仓库区域内应当按照《建筑设计防火规范》的规定，设置消防给水设施，保证消防供水。库房、货场应当根据灭火工作的需要，备有适当种类和数量的消防器材设备，并布置在明显和便于取用的地点。消防器材设备附近，严禁堆放其他物品。仓库应当装设消防通讯、信号报警设备。

（2）消防器材设备应当有专人负责管理，定期检查维修，保持完整好用。寒冷季节要对消防储水池、消火栓、灭火机等消防设备采取防冻措施。

8.2.4 防台风、防雨汛

雨汛、台风灾害与火灾的性质有所不同，目前它还是一种不能完全避免的自然灾害，特别是我国东南沿海各省，雨汛、台风灾害是仓库安全的一大威胁。但是，实践证明，只要充分发挥人的力量，坚持依靠群众，及早进行预防，雨汛、台风等自然灾害仍然可以减少甚至避免损失。根据以往经验，要预防雨汛、台风灾害损失，必须做好下面几项工作。

8.2.4.1 防台工作管理组织

在雨汛、台风季节到来之前，应成立防汛防台风领导小组或办公室，这是带有季节性的短期工作组织，然而每年都要如期组成，开展工作。其工作人员从仓库职能机构中挑选兼任，人数多少视仓库规模大小以及当年防雨汛、防台风工作需要而定。

8.2.4.2 防台、抗台工作

1）加强宣传教育，积极进行防范

要用科学态度、生动事例教育职工，去掉麻痹思想，提高职工对雨汛、台风灾害的认识，并把它作为季节性的仓储工作任务，到时布置、检查、总结。表扬先进者，对不重视灾害，因失职而造成损失者必须视情节轻重进行认真处理。仓库领导人及防汛防台风组织负责人在汛期和台风季节，要参加昼夜驻库值班，并组织职工轮流守护仓库。发生灾害或预防工作必要时，应统一领导与指挥仓库职工全力以赴，防范抢救。

2）争取上级和专业部门的领导和支持

仓库防汛防台风工作，要主动向上级和当地防汛指挥部汇报工作，在上级和防汛指挥部的统一领导下搞好防范工作。汛期，仓库的防汛防台风领导小组要与当地防汛指挥部、气象部门、广播电台等有关单位保持经常联系，汇报、交流情况，随时了解雨汛、台风等气象变化情况。对于当地和仓库附近的历年最高水位、警戒水位、最大降雨量等历史资料和有关情况以及对本库的影响等应预先了解，及时掌握，以便于参考分析使预防工作能有计划、有重点地进行布署，避免工作忙乱和造成人力、物力、财力的浪费。

3）千方百计改善物品储存条件

不存侥幸心理，要做可能受害打算，从难从严要求，从保证不受损失出发，积极改善物品储存条件。如在汛期对库区内低洼可能被水淹的储存场所，要采取措施防止水淹，其储存的物品必要时可采取转库的方法转移到安全地点，尤其是露天货场的商品更要严密防范，防止损失。

4）及时维修仓库

在雨汛、台风季节之前，即应检查维修仓库建筑、设备，特别对条件较差的库房、简易货棚应修理加固，保证不漏雨、不进水，四周排水通畅，不积水，这是维修应达到的起码要求。

5）作好防汛、防台风物资准备和制订防汛方案

防汛、防台风物资如抽水设备、麻袋、土石料等，按实际需要事前安排好，及早采购，保证最低需要量，避免临时措手不及。同时，要制订科学的防汛、防台风方案，根据雨汛、台风情况和本库实际，确定紧急抢险方案，事先准备好紧急抢险器材并制订好使用办法。

8.2.4.3　防雨湿

雨湿是仓库管理中经常要遇到的问题。防止和消除雨湿的主要方法有衬垫、苫盖、通风和吸潮。这些知识已在本书第 5 章在库管理中作了相应介绍，这里不再赘述。

8.2.5　安全作业

8.2.5.1　仓库安全操作的重要性

仓库在用电、物资的装卸、搬运、堆码等方面及操作机械设备过程中都存在安全操作问题。在具体作业中，不论人工还是机械操作，一旦违反操作规程，疏忽大意，都会导致事故的发生。轻者受皮肉之苦，重者丧失性命，同时会造成物品的经济损失，对职工和企业都会带来极大的不利。

8.2.5.2　安全作业管理

积极预防仓储作业的操作事故，以保障人身、物品、设备等安全。为此，必须做好下列几方面的工作。

1）制订和严格执行安全操作规程

为提高工效，预防事故，每项作业，每台设备必须依据过去的经验总结和操作实践，预先制订出安全操作规程，在作业时严格贯彻执行，这是防止事故的关键所在。为了严格贯彻执行安全操作规程，应办好以下事项：

（1）必须做好各级人员的思想工作，教育职工，十分重视安全操作，落实岗位责任制，熟悉安全操作规程，作业时思想集中，全力以赴，遇到问题冷静处理。

(2) 队长或班组长，在接受任务时，首先要了解商品性能、数量、包装、储存场所等情况，据以合理组织劳动力，准备必要的机具和防护用具。队长或组长，应向作业人员说明商品性能和交待操作中应注意的事项，并讲清万一发生事故的处理办法等。

(3) 进行作业前，人人必须认真检查所用的设备和工具，如果发现问题，一定要修好或调换才准使用。

(4) 现场互助，严禁违规。在操作过程中一定要严格按操作规程办事。工作前绝对禁止饮酒，操作中应发挥互助友爱精神，同心协力。作业现场需配有现场指挥，做好指挥与协调工作。

2) 必须加强劳动保护

首先进行加强劳动保护的思想教育，明确加强劳动保护是为了安全操作，对企业、个人都有利。同时要抓技术革新的设备、机具的改造。从技术设备劳动条件上研究和采取措施以保证安全和减轻劳动强度。其次，装卸、搬运等作业人员的身体健康状况，对于安全操作有直接关系，所以，要定期对职工进行体格检查。一般新的人员参加操作之前，都要进行一次身体健康状况检查，在正常情况下，每年普遍体检一次，及时预防和治疗职业病。再是劳动保护用品应该备足，按规定发放使用。

3) 加强业务技术学习，提高操作技术水平

经常组织职工学习安全操作技术，吸取过去作业事故的教训，使之较熟练掌握操作技能和必要的业务知识。随着仓储作业机械化程度的提高，装卸、搬运、堆码、检查、养护等方面新技术的应用，加强业务技术学习成为职工进行生产的必要前提。如有关装卸、搬运安全操作规程、商品性能（尤其是新产品、危险品）、设备机具的性能等基本知识，都应列入业务学习内容，并定期考核，对各人应掌握的基本技术和知识，作出鉴定。通过考核评定优劣，并与奖惩挂钩，以促进职工业务学习的自觉性，不断提高业务技术水平，使人人能按照操作规程熟练地进行安全作业。

4) 抓好设备安全管理、开展安全操作竞赛

根据国内外的经验和有关资料分析，伤亡事故往往同设备不良或者操作不当有关。设备质量不好或者不注意维护，就会留下事故隐患。因此，仓库应该加强设备管理，坚持以维护为主，检修为辅的方针，搞好设备维护保养工作，保证设备经常完好。如果对装卸等设备只管使用，不注意维护检修，甚至为了片面追求高作业量，不惜拼设备，让设备超负荷运转或者带“病”作业，往往不可避免的发生事故，必须坚决纠正。

8.2.5.3 安全操作的基本要求

为实现安全操作，避免事故的发生，对仓储过程中涉及的每一工种的工人，都有一些安全操作的基本要求。现以装卸工为研究对象，其安全操作的基本要求如下：

1) 服从领导，听从指挥

操作人员对安排的任务不挑不拣，努力完成作业定额，做到当日任务当日完成。库房、货场的工人，要在保管员的指导下，翻倒、堆码商品，团结协作。

2）严格执行安全操作规程

作业前要对机具进行安全检查，不得“带病”使用。作业时要穿戴好劳动保护的衣、帽、手套，思想集中，协调一致，不违章作业。爱护物品，文明生产，轻搬轻放，不摔、不碰。保证人身、商品、设备的安全。

3）妥善进行堆码与装车

堆码物品要做到辅垫平稳，货垛牢固整齐，层次分明，数字准确，各种间距符合安全要求。破损包装不上垛，及时修理，因商品特性而不宜倒置、重压的，堆码时不倒置，不侧放，不重压。危险货垛坚决翻桩，重新堆码，防止倒塌。作业完毕后，轧清件数，向保管员交待清楚。装车时，要严格按照技术装载的规定装足、码紧、码牢，轻浮和易散物品，要用拢绳加固，妥善苫盖。破损包装不上车，不出门。装卸车都要注意安全，点清数量，防止差错。

4）爱护机具，搞好维修保养

保证机具经常处于良好状态，借用的机具使用完毕后，及时送还原处。

本章小结

本章第一部分首先介绍了危险品概念和种类，危险品的管理制度与法规、分级、包装等内容，然后对危险品的储存安全问题进行了分析介绍。

本章第二部分主要介绍了仓储安全的知识。在仓储活动中，客观存在着一些不安全的因素，仓储管理必须十分重视仓储安全管理。仓储安全主要包括库房、机械设备、商品、人身等多项内容。仓储安全管理一方面要建立、健全安全生产的各项规章制度并坚决贯彻执行，另一方面要提高警惕、严防不法分子破坏。仓储安全管理主要包括治安保卫管理、仓库消防管理、防台风雨汛工作、安全作业管理等方面。为确保安全管理的有效进行，仓储部门或企业必须贯彻预防为主、确保重点、保障安全的方针，坚持“谁主管，谁负责”和“有奖有惩 、奖惩分明”的原则。同时必须加强教育，使工作人员熟悉各种商品的特性和仓储专业知识，掌握各种仓储管理的技术和技能，避免事故的发生。

·案例分析·

油库爆炸“殃及池鱼”

2005 年 12 月 11 日，伦敦东北部的邦斯菲尔德油库发生爆炸。该油库由法国道达尔公司和美国德士古石油公司合资经营。这个镇上还有英国石油、壳牌等大公司，它们也使用这个油库。油库储存着 420 万加仑的汽油、柴油、煤油以及航空燃油，储存量约占全国的 5%。

油库爆炸后引发熊熊大火，造成 43 人受伤，燃油供应中断。虽然供应商马上保证油供应不会有问题，但驾车者还是担心油价会飞涨，纷纷抢购汽油。

次日，石油公司、输油管道经营商和航空公司召开紧急会议讨论如何确保石油供应正常。英国当局也出面表示爆炸事件不会导致石油短缺。但是，同时受美国西北部预计将遭遇严寒天气、石油需求预期上升以及石油输出国组织决定保持现有产油量的影响，当天的全球石油市场油价上扬，每桶油价突破了 60 美元。

许多企业的运营都受到油库事故的影响，其中一家公司——苏格兰及纽卡索尔酿酒厂表示，在油库附近的仓库存货蒙受"严重的结构损失"。这些货物原本要运送到南部的酒庄、超级市场、酒吧等地方。

事发后，油库 26 个储油设施当中，仅有 7 个无损。有专家估计，这次油库大爆炸的直接经济损失高达 2.5 亿英镑。此外，持续的大火带来环境危机，燃烧所产生的有毒浓烟借风势在 48 h 内飘到了法国和西班牙，灭火使用的化学泡沫灭火剂污染了地下水，带来环境危机，周边地区的牧场、农场受到污染，进而波及食品业。

（案例依据新浪财经新闻编写）

·复习思考题·

1. 危险品的概念是什么？它含有哪些类别？
2. 如何注意危险品的储存安全？
3. 仓储安全管理有何意义？
4. 有哪几种治安保卫组织，各种治安保卫组织的主要任务是什么？
5. 为顺利开展治安保卫工作，仓储部门或企业应建立哪些治安保卫制度？
6. 火灾的条件有哪些，灭火的基本原理是什么？
7. 不同类型的火灾可采用哪些对应的方法？
8. 仓库防火工作可从哪些方面开展？
9. 有哪些基本的防雨湿方法？

·实训项目·

仓储安全调研

技能目标

通过对仓储企业或企业仓库的安全工作的调研，使同学认识到仓储安全的重要性，了解仓储安全应涉及的范围，熟悉开展仓储安全工作的重点。

项目任务

到一家第三方仓储公司或一家生产企业调研，了解其仓储安全工作的内容，熟悉有关仓储安全的规章制度，并撰写调研报告。

项目实施过程

1. 学生每 3～5 人为一个小组，每小组任命 1 名组长，以小组为单位分别到第三方仓储公司或生产企业进行调研；
2. 准备纸张、笔等工具；
3. 以小组为单位整理调研记录；
4. 以小组为单位撰写调研报告。

项目实施结果评价

对学生项目实施结果给予评价，有利于激发学生的积极性。同时，通过评价找出项目实施过程中的不足并提出改进办法，有利于知识的总结和掌握。以下仓储安全调研情况评价表可供评价时参考。

仓储安全调研情况评价表

被考评小组		考评组调查对象	
考评时间		考评地点	
考评内容	仓储安全调研		
考评标准	内　容	标准分值	考评得分
	调研内容的真实性、准确性、全面性	25	
	调研过程中是否遵守纪律和礼仪是否符合要求	20	
	调研报告是否真实地反应调研结果	10	
	调研报告能正确地分析出所调研企业仓储安全的设施、工作流程、规章制度等	45	
合　计		100	

考评者：__________

第 9 章　仓储经济核算

・教学目标・

1. 掌握仓储收入与仓储成本的构成；
2. 掌握仓储成本管理的内容及其意义；
3. 了解仓储经济核算指标及其分析方法。

・导入案例・

青啤集团的现代物流管理

青啤集团通过引入现代物流管理方式，加快了产成品走向市场的速度，同时使库存占用资金、仓储费用及周转运输在一年多的时间里降低了 3 900 万元。青啤集团从开票、批条子的计划调拨，到在全国建立代理经销商制，是青啤集团为适应市场竞争的一次重大调整。但在运作中却发现，由代理商控制市场局面，在市场上倒来倒去的做法，只能牵着企业的鼻子走，加上目前市场的信誉度较差，使青啤集团在组织生产和销售时遇到很大的困难。

1998 年第一季度，青啤集团以新鲜度管理为中心的物流管理系统开始启动，当时青岛啤酒的产量不过 30 多万 t，但库存就高达 3 万 t。限产处理积压，按市场需求组织生产成为当时的主要任务。青啤集团将“让青岛人民喝上当周酒，让全国人民喝上当月酒”作为目标，先后派出两批业务骨干到国外考察、学习，提出了优化产成品物流渠道的具体做法和规划方案。这项以消费者为中心，以市场为导向，以实现“新鲜度管理”为载体，以提高供应链运行效率为目标的物流管理改革，建立起了集团与各销售点物流、信息流和资金流全部由计算机网络管理的智能化配送体系。

青啤集团首先成立了仓储调度中心，对全国市场区域的仓储活动进行重新规划，对产品的仓储、转库实行统一管理和控制。由提供单一的仓储服务，到对产成品的市场区域分布、流通时间等全面的调整、平衡和控制，仓储调度成为销售过程中降低成本、增加效益的重要一环。以原运输公司为基础，青啤集团注册成立了具有独立法人资格的物流有限公司，引进现代物流理念和技术，完全按照市场机制运作。作为提供运输服务的卖方，物流公司能够确保按规定要求，以最短的时间、最少的环节和最经济的运送方式，将产品送至目的地。同时，青啤集团应用建立在Internet信息传输基础上的ERP系统，筹建了青岛啤酒集团技术中心，将物流、信息流、资金流统一在计算机网络的智能化管理之下，建立起各分公司与总公司之间的快速信息通道，及时掌握各地最新的市场库存、货物和资金流动情况，为制定市场策略提供准确的依据，并简化了业务运行程序，提高了销售系统的运作效率，增强了企业的应变能力。青啤集团还对运输仓储过程中的各个环节进行了重新整合、优化，以减少运输周转次数，压缩库存，缩短产品仓储和周转时间等。具体做法是根据客户订单，产品从生产厂直接运往港口、车站；省内订货从生产厂直接运到客户仓库。仅此一项，每箱的成本就下降了0.5元。同时对仓储的存量作了科学的界定，并规定了上限和下限，上限为1.2万t。低于下限时发出要货指令，高于上限时就安排生产，这样使仓储成为生产调度的平衡器，从根本上改变了淡季库存积压、旺季市场断档的局面，满足了市场对新鲜度的需求。

（案例来源：青啤集团的现代物流管理. http://www.china－b.com/kaoshi/wmks/20090312/835481_1.html）

9.1 仓储收入

仓储企业属于服务业，其收入主要来自为客户提供仓储服务时收取的各种费用。要确定仓储业务的收入，首先应明确收入的组成，然后计算出各个组成部分的收费费率，最后结算出整个仓储业务收入。

9.1.1 仓储收入的构成

仓储收入可以分为货物进出库的装卸费，货物存储于库场的存储费，对货物进行挑选、整理、包装等流通加工费和代办费，库场租赁的租金等。

9.1.1.1 货物进出库的装卸费

货物进出库的装卸费应根据装卸货物的数量（吨数或件数）、所使用的装卸机械设备的使用费率、货物的装卸难易程度等因素确定，一般可从有关费率表中查得。

9.1.1.2 货物存储费

货物存储费一般根据货物储存的数量、体积、时间、货物的价值及保值的要求等因素确定，一般也可从有关费率表中查得。

9.1.1.3 货物流通加工费与代办费

对货物进行挑选、整理、包装、贴标签等加工费应根据不同的规格要求确定其收费。仓储企业一般可从事的加工业务有：货物的分拣、整理、修补、包装、成组、熏蒸、代验、计量、刷标、更换商品包装、货物的简单装配等；对客户代办业务包括代收发货、代办保险、代办运输等。

9.1.1.4 集装箱辅助作业费

集装箱辅助作业费包括拆装箱费、存箱费、洗箱费以及集装箱修理费等，还包括仓储企业自有集装箱租给用户时所收取的租金。

9.1.1.5 租金

仓储企业将富余的或暂时闲置的仓库设施、设备、技术条件租赁给用户并收取一定的租金。

9.1.1.6 其他收入

其他收入是指以上收入以外的收入，例如拥有铁路专用线或码头的仓储企业还可收取用户使用这些设施的使用费。

9.1.2 货物仓储费率

货物仓储费率由存储费率、进出库装卸搬运费率和其他劳务费率构成。

9.1.2.1 存储费率

存储费率可根据货物保管的难易程度、货物价值、进出库场的作业方式等制定。库房、货场的货物储存费率以每吨天计算，其基础是吨天保管成本。对于存储中使用苫垫材料的，需按使用的苫垫材料的数量另加苫垫费。仓库性质的不同，其存储费率的计算方法也不同，对用于长期存储的仓库，每天存储费率一般不变。而对于中转性质的仓库，则往往采取按时间费率递增的计算方法，其目的是为了加快有限的库场的周转。

9.1.2.2 进出库场的装卸、搬运费率包括设备使用费率和劳动力费率

计费项目有：进出货物的装卸、上下楼、过磅、点数、堆码、拆垛、拼垛、设备使用的动力燃料和电力、设备折旧、修理等。

9.1.2.3 因货物保管以及货主所要求的对仓储货物的流通加工

其费率可根据加工项目、数量以及难易程度确定费率，有些特殊的加工如在费率表上无法查到，则可采取协议方法确定其费率。

9.1.3　结算

仓库及时结算并收取各种费用是一项加速资金周转，提高资金使用率的重要工作。

存储费的收计天数从货物进仓之日起至货物出库之日前一天止。仓库业务部门每天根据存货单位当天的货物出入库凭证，分别计算出各存货单位的货物进仓吨数、出仓吨数以及结余吨数，填写货物进出库日结单。在每月末结算出各存货单位的结存累计吨数和进、出仓累计吨数后，交仓库财务部门计算应收的各项费用。然后向存货单位收取存货款。

9.2　仓储成本分析

9.2.1　仓储成本分析的目的与意义

成本分析是为了满足企业各管理层次了解成本状况及进行经营决策的需要，以成本核算资料为基础，结合其他有关的核算、计划和统计资料，采用一定的方法解剖成本变动的原因、经营管理问题及业绩的管理活动。

仓储成本是指包括由于仓储设施数量变化而发生的所有费用。通常仓储成本被很不合理地划分到存货成本中，应该分清仓储成本和存货成本，大多数仓储成本不随存货水平变动而变动，而是随存储地点的多少而变。划分仓储成本和存货成本可以更好地辩清成本状态，有利于企业做出正确决策。

通过仓储成本分析，把库存控制到最佳数量，尽量少用人力、物力、财力把库存管理好，获取最大的供给保障，这是很多企业家、经济学家寻求的目标，甚至是企业之间生存竞争的重要一环。不同领域的库存控制有不同的目标，仓储成本控制分析有如下的目标。

9.2.1.1　库存成本达到最低

这往往是企业需要通过降低库存成本以降低成本、增加赢利和增加竞争能力所选择的目标。

9.2.1.2　保证供给程度最高的目标

该目标使企业有很多的销售机会，会带来一定的经济效益，相比之下压低库存意义不大，这就特别强调库存对其他经营、生产活动的保证，而不强调库存本身的成本。在企业通过增加生产以扩大经营时，常常选择这种控制目标。

9.2.1.3　不容许缺货

企业由于技术、工艺条件决定，不容许停产，因此必须以不缺货为控制目标，能起到不停产的保证作用。企业某些重大决策,必须以供货保证与其他企业履约,否则会受到罚款、索赔等。企业也可制定不容许缺货的控制目标。

9.2.1.4 限定资金

企业必须在限定资金前提下实现供应,这就需要以此为前提进行库存。

9.2.1.5 快速反应

在一个大的系统中,库存控制不依本身经济性来确定目标而以大系统要求确定目标,这常常出现以最快速度实现进出货为目标来控制。通过成本分析,即时了解库存状况,从而制定进出货方案,以减少因信息滞后而带来的损失。

9.2.1.6 仓储经营管理

仓储经营管理是独立经营的仓储企业的生命,也是非独立经营的附属仓储必须考虑的管理项目(如独立核算)。经营管理的核心是通过对仓储成本的分析,通过不同经营方案的比较,选择成本最低、收益最大的方案制定经营计划,开展经营。

9.2.1.7 仓储产品定价

对社会提供仓储产品的仓储企业,在与仓储产品需求方交换仓储产品时,需要准确的确定产品的价格,即仓储费。仓储费制定的前提就是仓储所要花费的成本。

9.2.2 仓储成本的构成

货物仓储的成本开支主要是用于货物保管的各种支出,其中一部分用于仓储设施设备的投资和维护,另一部分则用于仓储作业中所消耗的物化劳动和活劳动。在货物存储过程中的劳动消耗是商品生产在流通领域中的继续,它使商品价值得到增长。根据货物在仓储过程中的支出,可以将仓储费用分成以下几类。

1) 保管费

为存储货物所开支的货物养护、保管等费用,它包括用于商品保管的货架、托盘等费用的摊派,为保管货物消耗的相应耗材的费用,仓库堆场的房地产税等。

2) 工资与福利费

工资部分应包括各类人员的固定工资、奖金和各种生活补贴;福利费可按标准提取,包括住房基金、医疗基金(保险)、退休基金等。

3) 折旧费

对仓库固定资产按折旧期分年提取,这包括库房、堆场等基础设施的折旧和机械设备的折旧等,不同的设施(设备)的年折旧率是不同的,基础设施的折旧率较低,一般以 30 a 为期;而设备的折旧率较高,折旧年限根据设备的技术性能可取 5～20 a。为使仓库技术水平具有竞争力,往往采用加速折旧的方法,以尽快回收投资,用于设施(设备)的更新与改造。

4）修理费

对仓库设施、设备和运输工具可按一定的修理费率每年提取，主要用于设施、设备和运输工具的定期大修理。每年的大修理基金可以按设施、设备和运输工具投资额3%～5%的比率提取。

5）电力和燃润料费

作为动力用的电力和燃料开支按装卸、搬运货物的吨数（有时也可按件数）分摊；照明用电则根据照明面积和规定的仓库照明亮度确定；用于设备润滑的材料可按设备不同的要求计算。

6）铁路线、码头租用费

如果仓储企业所使用的铁路线和码头不属于自己，则应按协议规定来支付这些设施的租用费用。

7）货物仓储保险费

为应付仓储企业在其责任期限内因发生货物灭失所造成的经济损失。对存储的货物按其价值和存储期限进行投保是必要的。这笔开支已成为仓储成本的重要组成部分。

8）其他业务开支

除上述开支外，仓储成本中还应包括管理费（用于办公、业务处理、管理人员工资、人员培训等），营销费（如企业宣传、广告及其他促销手段所需要的支出），水、煤、电话等开支。

仓储成本可以从不同角度进行考察，所以上述仓储成本也可以划分成固定成本和变动成本两大类。固定成本是不随着存储货物的数量变化而变化的成本，主要包括设施设备的折旧、工资与福利、设施设备的大修基金等；变动成本则随着储量的增加而增加的成本，主要包括电力和燃润料费、搬运费、货物仓储保险费等。就仓储保管的过程而言，也可以将仓储成本分为保管费和搬运费两大组成部分。

9.3 仓储成本管理

9.3.1 仓储成本管理的原则

9.3.1.1 确定一定的存货量，保证生产的连续性

虽然说库存量越少越好，但在某种程度上与我们库存的目的——保证生产的连续性背道而驰。企业的生产必须以一定物料保证为基础，仅仅拥有设备是不够的。因为现在信息高速发达，企业可以从自身发展考虑，往往生产、进出货都是在很短的时间内完成。进货的批量、次数已成为企业考虑的对象。生产部门为了有节奏和不间断地生产，从原材料开始到中间在制品再到最后的产成品都要进行存储。为满足

人们日常生活的需要，有关商业部门也要存储各种商品，以保证供应。

但是由于种种原因，生产与需求，供应与消费不能做到时间、空间和数量上的完全一致。所以经常由于供大于求而造成积压，浪费人力、物力和财力。当然，库存不足，发生缺货，也会防碍正常的生产与销售，给企业带来经济损失。因此，客观上需要厂商设置库存系统，协调供需，建立合理的库存，使其在数量上既是充足的，又是最低的。在完成实现生产连续的同时，维持一定量的库存，一方面确保不会因缺货而带来的不必要的损失，另一方面不会因过多的库存而带来资金短缺和材料的损耗。

9.3.1.2 运用库存管理系统即时了解库存

在发达国家，企业为了降低经营成本，增强竞争优势，各类库存管理的问题得到了广泛的研究与应用，已经取得显著的经济效益。尤其是近几年来，随着计算机的普及、网络的建立和信息处理技术的飞速发展以及现代立体仓库的建立，为库存理论的进一步应用和发展提供了良好的条件，开始出现了一整套计算机管理和控制的现代库存管理系统，初步实现了库存管理的自动化，企业即时了解库存量，制定出相应对策和方案。

9.3.1.3 减少闲置资金，提高资金周转率

现代企业通过对仓储管理，减少商品物流流动时间，提高资金周转率。在国外，一些发达国家实行高效率物流，不但减少物流成本，而且提高资金周转率。我国的企业由于对物流发展不够重视，以致使每年资金周转率一般仅 4～5 次，而在物流业发达的国家、则是我们的 3～4 倍。如果从经济学的角度来看，我们的 1 元，一年使用量可达 6 元左右，而在物流业发达的国家，一年使用量则可达 20 元左右。近几年来，我国一些企业渐渐发现这种差距，已积极发展高效物流，以减少库存，提高资金周转率。

9.3.2 储存合理化标志

9.3.2.1 质量标志

保证被储存物的质量，是完成储存功能的根本要求，只有这样，商品的使用价值才能通过物流得以最终实现。在储存中增加了多少时间价值或是得到了多少利润，都是以保证质量为前提的。所以，储存合理化的主要标志中，为首的应当是反映使用价值的质量.

现代物流系统已经拥有很有效的维护物资质量、保证物资价值的技术手段和管理手段，也正在探索物流系统的全面质量管理问题，即通过物流全过程的控制，通过工作质量来保证储存物的质量。

9.3.2.2 数量标志

在保证功能实现前提下有一个合理的数量范围. 目前管理科学的方法已能在各种约束条件的情况下，对合理数量范围做出决策，但是较为实用的还是在消耗稳定、

资源及运输可控的约束条件下，所形成的储存数量控制方法。

9.3.2.3　时间标志

在保证功能实现前提下，寻求一个合理的储存时间，这是和数量有关的问题，储存量越大而消耗速率越慢，则储存的时间必然长；相反则必然短。在具体衡量时往往用周转速度指标来反映时间标志，如周转天数、周转次数等。

在总时间一定前提下，个别被储物的储存时间也能反映合理程度。如果少量被储物长期储存，成了呆滞物或储存期过长，虽反映不到宏观周转指标中去，也标志着储存存在不合理现象。

9.3.2.4　结构标志

结构标志是从被储物不同品种、不同规格、不同花色的储存数量的比例关系对储存合理性的判断。尤其是相关性很强的各种物资之间的比例关系，更能反映储存合理与否。由于这些物资之间相关性很强，只要有一种物资出现耗尽，即使其他种物资仍有一定数量，也会无法投入使用。所以，不合理的结构影响面并不仅局限在某一种物资身上，而是有扩展性。结构标志重要性也可由此确定。

9.3.2.5　分布标志

分布标志指不同地区储存的数量比例关系，以此判断和当地需求比，对需求的保障程度。也可以此判断对整个物流的影响。

9.3.2.6　费用标志

仓租费、维护费、保管费、损失费、资金占用利息支出等等，都能从实际费用上判断储存的合理与否。

9.3.3　降低仓储成本的途径

9.3.3.1　分类管理

进行储存物的 ABC 分析，确定重点管理和一般管理的分类。ABC 分析是实施储存合理化的基础分析，在此基础上可以进一步解决各类的结构关系、储存量、重点管理、技术措施等合理化问题。在 ABC 分析基础上实施重点管理，分别决定各种物资的合理库存储备数量及经济地采用合理储备的办法，分门别类地进行仓储成本控制。

9.3.3.2　追求经济规模，适当集中库存

适度集中储存是合理化的重要内容。适度集中库存是利用储存规模优势，以适度集中储存代替分散的小规模储存来实现合理化。

集中储存要面对两个制约因素，一是储存费，二是运输费。过分分散，每一处的储存保证的对象有限，互相难以调度调剂，则需分别按其用户要求确定库存量。而

集中储存易于调度调剂，集中储存的总量可大大低于分散储存的总量。过分集中储存，虽降低了储存总量，但储存点与用户之间距离拉长，运输距离拉长，运费支出加大，在途时间延长，又迫使周转储备增加。所以，适度集中的含义是主要在这两方面取得最优的集中程度。

适度集中库存除在总储存费及运输费之间取得最优之外，还有其他优点：

(1) 对单个用户的保证能力提高；

(2) 有利于采用机械化、自动化方式；

(3) 有利于形成一定批量的干线运输；

(4) 有利于成为支线运输的始发站。

9.3.3.3 加速周转，提高单位仓容产出

储存现代化的重要课题是将静态储存变为动态储存，周转速度一快，会带来一系列的好处：资金周转快，资本效益高，货损货差小、仓库吞吐能力增加、成本下降等等。具体做法诸如采用单元集装存储，建立快速分拣系统，都有利于实现快进快出，大进大出。

9.3.3.4 采用有效的"先进先出"方式，保证每个被储物的储存期不至过长

"先进先出"是一种有效的方式，也成了储存管理的准则之一。有效的先进先出方式主要有：

1) 贯通式货架系统

利用货架的每层形成贯通的通道，从一端存入物品，另一端取出物品，物品在通道中自行按先后顺序排队，不会出现越位等现象。贯通式货架系统能非常有效地保证先进先出。

2) "双仓法"储存

给每种被储物都准备两个仓位或货位，轮换进行存取，再配以必须在一个货位出清后才可以补充的规定，则可以保证实现"先进先出"。

3) 计算机存取系统

采用计算机管理，在存货时向计算机输入时间记录，编入一个简单的按时间顺序输出的程序，取货时计算机就能按时间给予指示，以保证"先进先出"。这种计算机存取系统还能将"先进先出"保证不做超长时间的储存和快进快出结合起来，即在保证一定先进先出的前提下，将周转快的物资随机存放在便于存储之处，以加快周转，减少劳动消耗。

9.3.3.5 提高储存密度，提高仓容利用率

其主要目的是减少储存设施的投资，提高单位存储面积的利用率，以降低成本、减少土地占用。具体有下列 3 种方法：

1) 采取高垛的方法,增加储存的高度

具体方法有采用高层货架仓库、集装箱等都可比一般堆存方法大大增加储存高度。

2) 缩小库内通道宽度以增加储存有效面积

具体方法有采用窄巷道式通道,配以轨道式装卸车辆,以减少车辆运行宽度要求;采用侧叉车、推拉式叉车,以减少叉车转弯所需的宽度。

3) 减少库内通道数量以增加储存有效面积

具体方法有采用密集型货架,采用不依靠通道可进车的可卸式货架,采用各种贯通式货架,采用不依靠通道的桥式吊车装卸技术等等。

9.3.3.6 采用有效的储存定位系统

储存定位的含义是被储存物位置的确定。如果定位系统有效,能大大节约寻找、存放、取出的时间,节约不少物化劳动及活劳动,而且能防止差错,便于清点及实行订货点等的管理方式。储存定位系统可采取先进的计算机管理,也可采取一般人工管理。行之有效的方式主要有:

1) "四号定位"方式

"四号定位"法即每一个货位都有一个四位数字编号。按规划要求,将物资入库到对应编号,记录在账卡上,提货时按四位数字的指示,很容易将货物拣选出来。这种定位方式可对仓库存货区事先做出规划,并能很快地存取货物,有利于提高速度,减少差错。

2) 电子计算机定位系统

电子计算机定位系统是利用电子计算机储存容量大、检索迅速的优势,在入库时,将存放货位输入计算机,出库时向计算机发出指令,并按计算机的指示人工或自动寻址,找到存放货、拣选取货的方式。一般采取自由货位方式,计算机指示入库货物存放在就近易于存取之处,或根据入库货物的存放时间和特点,指示合适的货位,取货时也可就近就便。这种方式可以充分利用每一个货位,而不需要专位待货,有利于提高仓库的储存能力,当吞吐量相同时,可比一般仓库减少建筑面积。

9.3.3.7 采用有效的监测清点方式

对储存物资数量和质量的监测有利于掌握仓储的基本情况,也有利于科学库存控制。在实际工作中稍有差错,就会使账物不符,所以必须及时且准确地掌握实际储存情况,经常与账卡核对,确保仓储物资的完好无损,这是人工管理或计算机管理必不可少的。此外,经常的监测也是掌握被存物资数量状况的重要工作。监测清点的有效方式主要有:

1) "五五化"堆码

这是我国手工管理中采用的一种科学方法。储存物堆垛时,以"五"为基本计数单位，堆成总量为“五”的倍数的垛形，如梅花五、重迭五等等。堆码后，有经验者可过目成数，大大加快了人工点数的速度，而且很少出现差错。

2）光电识别系统

在货位上设置光电识别装置，通过该装置对被存物条形码或其他识别装置扫描，并将准确数目自动显示出来。这种方式不需人工清点就能准确掌握库存的实有数量。

3）电子计算机监控系统

用电子计算机指示存取，可以避免人工存取容易出现差错的弊端，如果在被存物上采用条形码技术，使识别计数和计算机联结，每存、取一件物品时，识别装置自动对条形码识别并将其输入计算机，计算机会自动做出存取记录。这样只需向计算机查询，就可了解所存物品的准确情况，因而无需再建立一套对仓储物实施存取计数的监测系统，减少查货、清点工作。

9.4 仓储经济核算指标

9.4.1 经济核算的意义

1）有利于提高仓储经营管理水平和经济效益。

经济核算适用于各种类型的企业，它有利于提高企业的经济效益，降低仓储生产经营中的各种浪费。通过经济核算，可将企业的经济利益与职工的经济利益紧密地联系起来，以改善企业经营管理的自觉性。

2）有利于加速仓储企业的现代化建设。

经济核算能优化企业的劳动组织，改进企业的技术装备和作业方法，提高劳动效率，降低消耗。在劳动组织中不进行经济核算，将会使仓储企业出现人浮于事、机构臃肿；而在引进新型设备时，不进行经济核算，则可能因仓储成本的上升而导致存储费用的增加，以使货主难以承受。通过经济核算，有利于推动仓储技术的革新，充分挖掘仓库的潜力。经济核算应该是一项定期性的工作，通过经济核算可以不断发现仓储工作中存在的薄弱环节，并加以解决。

9.4.2 经济核算的内容

仓储活动的经济核算是对仓储经营活动的物化劳动消耗与经营成果进行核算。通过核算和对比分析，力求以较少的经营开支，取得较大的经济效益。核算包括如下内容。

1）仓储经营成果的核算

仓库的基本职能是保管货物，在同等条件下，如果保管的货物越多，保管质量越好，劳动消耗与财产耗费越少，则经营成果就越大。

2）仓储劳动消耗的核算

仓储劳动消耗包括活劳动消耗和物化劳动消耗。

活劳动消耗是核算工资、奖金等支出的依据，活劳动消耗的考核目标是提高劳动生产率。物化劳动消耗是核算仓储经营中物质资料的消耗，这包括固定资产的折旧及货物在保管、养护、包装和进出库装卸等过程中所使用的材料、能源以及家具、管理费用等的消耗。劳动消耗是以仓储成本来核算的，因此，仓储成本核算是仓储活动经济核算的一项重要的内容。仓储成本在核算时，一般以吨保管成本为核算单位，为此，必须按照财务制度的规定正确处理生产费用的分摊和折旧的计算，以及成本的划分范围。

3）资金的核算

为了使仓储业务正常运转，企业需要备有一定的流动资金，用于支付日常的易耗材料的添置，例如仓库需要保有一定数量的货物苫垫、养护、包装、劳保等材料。除此之外，设施和设备使用的折旧期较长，在折旧费全部返回之前，投入的资金也被占用。资金核算就是要在完成同样的业务量，并保证仓储质量的情况下，使企业被占用的资金最少。

进行资金核算，首先应确定当前固定资产的价值和与生产经营相适应的流动资金的需要量。为了提高固定资产投资资金利用率，对于基建投资应按规定及时组织验收并尽快投入使用。对于设备，应根据需要进行购置，购进的设备应尽快调试，并投入运行。

对于企业流动资金的核定，应根据仓储业务量最低需要的日常流动资金额确定。当然，最低需要的数额与仓储企业的管理水平有密切的关系。随着管理水平的提高，企业能逐步找到最佳的日常使用材料的储备数量，这一数量同时也保证资金占用较低。

4）盈利核算

企业的生存靠盈利，因此，企业经营所追求的目标是获取最大利润来进行扩大再生产，并提高职工的待遇，国家也能增加税收。企业获利并不能靠提高仓储价格来实现，惟有靠改进自己的仓储服务，提高仓储质量，并通过可以信赖的宣传，使用户了解企业。为了了解盈利情况，必须对一些盈利指标进行考核，例如考核企业的成本盈利率、资金盈利率和仓储收入盈利率等。

9.4.3 经济核算指标

仓储经济性指标主要是指有关储存的成本和效益的指标，可以综合反映仓库经济效益的水平。其主要包括以下各项。

1）商品储存量指标

表明商品储存量的指标有仓库单位面积货物储存量，具体的计算公式如下：

仓库单位面积货物储存量＝核定货物储存量(t)/仓库有效面积(m^2)

核定存储量可以通过实测统计确定，仓库有效面积的核定是仓库建筑面积扣除办公、通道等不能用于储存货物的面积后的仓库存货面积。

2）商品储存质量指标

表明商品储存质量的指标主要有如下几个：

(1) 账货相符率。账货相符率是指仓储账册上的货物存储量与实际仓库中保存的货物数量之间的相符合程度。一般在对仓储货物盘点时，逐笔与账面数字核对。统计时可采用下列公式：

账货相符率(%)＝(账货相符笔数/库存货物总笔数)×100%

账货相符率指标反映出仓库的管理水平，是避免企业财产损失的重要手段。

(2) 收发货差错率。其计算公式如下：

收发货差错率(‰)＝(收发货差错累计比数/收发货累计总笔数)×1 000‰

这是仓储管理的质量指标，用于衡量收发货的准确性，保证仓储的服务质量。仓库收发货差错率一般应控制在0.5‰以下。

(3) 货物保管损失。货物保管损失是仓库的一项直接损失。一般以吨保管损失费用计，其计算公式为：

保管损失(元/t)＝保管损失金额(元)/平均存储量(t)

(4) 货物自然损耗率。主要指那些易挥发或破碎的货物，对其制定一个损耗限度，并力争自然损耗率降到最低。损耗率的计算公式为：

货物损耗率(‰)＝(货物损耗量/货物保管量)×1 000‰

3）仓储费用指标

(1) 平均储存费用。平均储存费用是指保管每吨货物一个月平均的费用开支。保管费是指前述的成本中的各项费用的总和。计算公式为：

平均储存费用＝每月存储费用总额(元)/月平均储存量(t)

平均储存费用是仓库经济核算的主要经济指标之一。它可以综合地反映仓库的经济成果、劳动生产率、技术设备利用率、材料和燃料节约情况等，同时也反映了企业的管理水平。

(2) 成本指标。货物保管成本指标是指标体系中的一项经济指标，反映劳动生产率的高低，技术设备的利用效率，材料、燃润料的消耗以及仓储管理水平的高低等。为有效地控制成本开支，必须明确保管费用的开支项目和范围，对于那些日常性的消耗品开支费用可以采用包干使用的方法。保管成本的计算方法为：

保管成本＝当月保管费用(元)/当月平均货物存储量(t)

4）劳动效率指标

(1) 平均收发货时间。平均收发货时间是指仓库收发每一票货所用平均时间，这是一项提高仓储劳动效率，改进服务质量的指标。一般仓库的收发货时间控制在一个工作日之内，而对于大批量、难以验收的收发货业务可适当延长时间。

收、发货时间的界定：收货时间自单证和货物到齐开始计算，经验收入库，至将入库单交保管会计登账为止；发货时间自仓库接到发货单开始，经备货、包装、填单，直至办妥出库手续止。

(2) 每人平均劳动生产率，即职工的平均劳动工作量。它反映了货物仓储及进出库数量与劳动力消耗的比值。仓库劳动生产率可分为保管员劳动生产率、装卸工人劳动生产率以及全员劳动生产率。人均劳动生产率的计算方法为：

人均劳动生产率＝保管(装卸)货物数量/保管(装卸)人员数

5）资金使用指标

表明资金使用的指标是资金利用率，是指仓储企业所得净利润与全部资金占用之比，反映了仓库的资金使用效果。其计算公式为：

资金利润率＝[利润总额/(固定资产平均占有＋流动资产平均占有)]×100％

6）利润指标

利润是每个企业追求的目标，仓储企业也不例外。

(1) 利润总额。利润总额是经济核算的重要指标，它反映了企业利润的实现情况，是企业经济效益的综合指标。

利润总额＝报告期仓储总收入额－报告期仓储总支出额

或　利润总额＝仓库营业收入－储存成本和费用－税金＋其他业务利润＋营业外收支净额

(2) 收入利润率。收入利润率是仓储企业实现利润与实现的收入之比。公式为：

收入利润率＝(利润总额/仓储营业收入)×100％

(3) 人均实现利润。人均实现利润是指报告期内实现的利润总额与企业仓储全员人数之比，反映了企业生产的效果。公式为：

人均实现利润＝报告期利润总额/报告期平均全员人数

(4) 每吨货物利润。

每吨货物利润＝报告期利润总额(元)/报告期货物储存量(t)

(5) 仓储费率。(见本章第1节内容)

(6) 其他费率。因货物保管及客户要求所进行的对仓储物的加工等作业，其作业费率根据加工项目、数量及难易程度分别制定相应的费率标准，一些特殊的加工可以采用协议或合同的方式规定。

9.5 仓储经济指标的分析

货物仓储工作的各项考核指标是从不同角度反映某一方面的情况，如果仅凭某一项指标很难反映事物的总体情况，也不容易发现问题，更难找到产生问题的原因。因此，要全面、准确、深刻地认识仓储工作的现状和规律，把握其发展的趋势，必须对各个指标进行系统而周密的分析，以便发现问题，并透过现象认识内在的规律，采取相应的措施使仓库各项工作水平得到提高，从而提高企业的经济效益。

9.5.1 指标分析的意义

(1) 了解货物仓储各项任务的完成情况和取得的成绩，及时总结经验。

(2) 发现货物仓储工作中存在的问题及薄弱环节，以便查明原因并加以解决。

(3) 弄清货物仓储设施的利用程度和潜力，进一步提高仓储作业能力。

(4) 考核仓库作业基本原则的执行情况，对作业的质量、效率、安全、经济等做出全面评价。

(5) 找出规律，为货物仓库的发展规划提供依据。

9.5.2 指标分析的方法

9.5.2.1 采用价值分析法进行成本分析

要提高仓储的经营效益，无非是采用开源和节流的方法。降低成本是为了节流，在降低成本开支的分析方法中，价值分析(Value Analysis，VA)是一种较有效的方法。VA方法就是追求采用一种成本更低的方法来达到与原先相同的功能、目的和任务。该方法由美国GE公司的罗伦斯.D.麦尔斯发明。采用VA方法分析有以下3条基本原则：

(1) 消除浪费，排除无用的环节和工作；

(2) 尽可能采用标准化和规范化方法；

(3) 经常分析有无更好的方法可以替代现在使用的方法。

在这3条基本原则下，还应对以下5个问题进行考察：

(1) 现在采用的方法是什么？

(2) 其作用(或功能)是什么?

(3) 采用这种方法的成本是多少?

(4) 是否存在其他可以完成同样工作的方法?

(5) 如果存在,其成本开支是多少?

9.5.2.2　对比分析法

对比分析法是将2个或2个以上有内在联系的、可比的指标(或数量)进行对比,从对比中找矛盾、寻差距、查原因,从而认识仓储工作的现状及其规律性。对比分析法是指标分析法中使用最普遍、最简单和最有效的方法。

运用对比分析法对指标进行对比分析时,一般都应该选定对比标志。根据分析问题的需要,主要有以下几种对比方法:

1) 计划完成情况的对比分析

计划完成情况的对比分析,是将同类指标的实际完成数(或预计完成数)与计划数进行对比分析,从而反映计划完成的绝对数和程度,分析计划完成或未完成的具体原因,肯定成绩,总结经验,找出差距,提出措施。

2) 纵向动态对比分析

纵向动态对比分析是将仓储的同类有关指标在不同时间作对比,如本期与基期(或上期)对比、与历史平均水平对比、与历史最高水平对比等。这种对比,反映事物发展的方向和速度,说明增长或降低的原因,并提出建议。

3) 横向类比分析

横向类比分析是将仓储的有关指标在同一时期相同类型的不同空间条件下的对比分析。类比单位的选择一般是同类企业中的先进企业,它可以是国内的,也可以是国外的。横向类比分析,往往能起到"清醒剂"的作用,更能够找出差距,采取措施,赶超先进。

4) 结构对比分析

结构对比分析是将总体分为不同性质的各部分,以部分数值与总体数值之比来反映事物内部构成的情况,一般用百分数表示。例如,在货物保管损失中,可以计算分析因保管养护不善造成的霉变残损,丢失短少,不按规定验收、错收错付而发生的损失等所各占的比重。通过指标的结构对比,可以研究各组成部分的比重及变化情况,从而加深认识仓储工作中各个部分存在的问题及其对总体的影响。

应用对比分析法进行对比分析时,首先要注意所对比的指标或现象之间的可比性。对比分析是两个或两个以上有联系的指标或现象间的比较,这就要求根据现象的性质并结合分析研究的目的来考虑。在进行纵向动态对比时,主要是要考虑指标所包括的范围、内容、计算方法、计量单位、所属时间等相互适应,彼此协调;在进行横向类比对比时,要考虑对比的单位之间必须是经济职能或经济活动性质、经营规模基本相同,否则就缺乏可比性。

其次，要结合使用各种对比分析方法。每个对比指标只能从一个侧面来反映情况，只做单项指标的对比，会出现片面，有时甚至会得出误导性的分析结果。把有联系的对比指标联合运用，有利于全面、深入地研究分析问题。

另外，还需要正确选择对比的基数。对比基数的选择，应根据不同的分析和目的进行，一般应选择具有代表性的作为基数。如在进行指标的纵向动态对比分析时，应选择企业发展比较稳定的年份作为基数，这样的对比分析才更具有现实意义；否则，与过高或过低的年份所做的比较，就达不到预期的目的和效果。

9.5.2.3 因素分析法

因素分析法是用来分析影响指标变化的各个因素及它们对指标各自的影响程度。因素分析法的基本做法是，假定影响指标变化的诸因素之中，在分析某一因素变动对总指标变动的影响时，假定只有这一个因素在变动，而其余因素都必须是同度量因素（固定因素），然后逐个进行替代某一项因素单独变化，从而得到每项因素对该指标的影响程度。

在采用因素分析法时，应注意各因素按合理的顺序排列，并注意前后因素按照合乎逻辑的衔接原则处理。如果顺序改变，各因素变动影响程度之积（或之和）虽仍等于总指标的变动数，但各因素的影响值就会发生变化，因而得出不同的答案。

在进行两因素分析时，一般是数量因素在前，质量因素在后。在分析数量指标时，另一质量指标的同度量因素固定在基期（或计划）指标；在分析质量指标时，另一数量指标的同度量因素固定在报告期（或实际）指标。在进行多因素分析时，同度量因素的选择，要按顺序依次进行。即当分析第一个因素时，其他因素均以基期（或计划）指标作为同度量因素，而在分析第二个因素时，则是在第一个因素已经改变的基础上进行，即第一个因素报告期（或实际）指标作为同度量因素，其他类推。

9.5.3 提高仓储效率和效益的途径

9.5.3.1 加速库存周转，提高资金使用效率

在现代化仓储管理中，首先应核定先进、合理的储备定额和储备资金定额，加强进货管理，做好货物进货验收和清仓查库，积极处理超储积压货物，加速货物流转，从而提高仓储的经济效益。

9.5.3.2 节约成本开支，降低仓储费用

仓储成本费用支出项目众多，影响费用支出增减的客观因素十分复杂。在现代化仓储管理中，应不断提高仓储设施的利用效率，提高劳动效率，节约各种费用开支，努力减少库存损耗，最大限度地节约开支，降低费用。

9.5.3.3 加强基础工作，提高经营管理水平

仓储管理基础工作是仓储管理工作的基石，为适应仓储管理功能的变化，应相

应加强各项基础工作，如定额管理工作、标准化工作、计量工作和经济核算制等，要以提高仓储经济效益为目标，从不断完善经济责任制入手，建立全面、系统的仓储管理基础工作，为提高仓储经营管理水平创造良好条件。

9.5.3.4　扩大仓储经营范围和内容，增加仓储增值服务项目

随着全球电子商务的不断扩张，物流业也得到了快速的发展。仓储企业应充分利用其联系面广、仓储手段先进等有利条件，向多功能的物流服务中心方向发展，开展加工、配送、包装、贴标签等多项增值业务，从而提高仓库在市场经济中的竞争能力，增加仓储的利润来源，提高自身的经济效益。

本章小结

本章首先介绍了仓储业务的收入来源，接着分析了仓储业务中的成本构成，成本管理的意义以及降低的途径，最后介绍了仓储经济中常用的核算指标以及这些指标的分析方法。

通过本章的学习，能够站在成本的角度对仓储业务进行分析，了解仓储过程中的经济现象及相关指标，从而树立成本意识。

·案例分析·

齐鲁石化物资部门的库存管理办法

强化资金使用管理，调整库存物资结构，减少储备资金占用，是企业增加经济效益的重要节点。在这一环节齐鲁石化物资管理部门采取了缜密的措施：

一是对储备资金实行定额管理。制定物资储备定颠，把储备资金占用分解到各科室、各专业、各岗位，明确责任；坚持定期库存结构分析制度和清仓利库制度；还建立了仓储管理对计划采购和入库物资的监督约束机制，与经济责任制挂钩并加大奖励力度，有效地控制了无计划物资和积压物资的产生。

二是调整库存物资结构。对库存一年以上无动态物资进行清查盘点和库存分析，查明责任，责任到人；为了保证生产的急需，还确定了特储物资；对于一年以内确无使用方向的沉淀物资，采取调剂、改制代用、返销和降价销售等方法，多渠道、多方位地处理积压物资。为了使这项工作落到实处，尽快盘活资金，公司采取了分解压库指标，层层落实，限期完成的方法。这种做法取得了积极的效果，仅 2000 年 1～4 月份就降低库存 900 余万元。

三是推行零库存管理，开辟和利用社会库存。公司根据物资的重要程度、使用时间、使用方向以及社会资源状况，确定了物资实行零库存管理的品种、最佳进货批

量以及最有效的进货时间，充分利用社会库存来实现零库存管理，从而达到了以最合理的储备额保证生产建设的物资需要，又降低了储备资金占用，加快了资金周转，各企业增加了实质性的经济效益。

通过这些措施，齐鲁石化公司1999年全公司储备资金平均占用（不含储备原油）比1996年下降了27 977万元，资金周转加快了53 d，见表9-1。

表9-1 公司储备资金周转表

年度	资金平均占用/元	周转天数
1996	77 970	130
1997	57 465	99
1998	61 684	104
1999	49 993	77

同时，该公司还紧紧把住采购这一关，彻底避免出现盲目采购，造成新的积压现象发生，增加库存的压力。1995年以前齐鲁石化公司下属有22个单位设有物资供应部门，年采购总额达到21亿元，储备资金占用达11.33亿元，其中3 a以上无动态物资2 888.66万元。5 a以上无动态5 730.63万元，两项合计8 000多万元，究其原因是因为多头采购和重复储备造成的。为此，齐鲁石化公司在物资供应系统逐步实行了生产基建合并和事业单位及新老区物资供应部门的集中归口管理，在物资系统建立了生产基建物资计划管理两条线，对外采购一个口的"Y"型管理模式；同时加强了合同管理，建立了价格管理体系和质量保证体系；公司还采取了采购资金双向控制方法。所谓"双向控制"是指各单位在对外进行采购物资前，采购计划必须先由物资供应和设备主管部门核对审批，对各单位申报的采购资金使用计划由公司财务处对照物资计划进行审批，从"物资流"和"资金流"双向控制的有效结合，防止随意改变资金用途和造成资金沉淀，防止超计划采购，同时避免因多头采购而造成重复储备等现象的发生。

（案例来源：齐鲁石化物资部门的库存管理办法. http://logistic. nstl. gov. cn/commchannel/content. asp? contentid=131412）

案例思考题：

1. 上述案例中，为了优化仓储成本采取了哪些措施，这些举措分别降低了哪些仓储成本？
2. 结合上述案例分析，加强采购管理可以如何节约仓储成本？

·复习思考题·

1. 仓储业务的收入有哪些来源？

2. 仓储成本有哪些构成？仓储成本管理有哪些意义？
3. 仓储经济有哪些核算指标？
4. 可以通过哪些途径降低仓储成本，提高仓储经济的效率？

·实训项目·

企业仓储成本调研

技能目标

1. 了解企业仓储成本的构成；
2. 熟悉仓储经济核算的指标；
3. 能够利用仓储经济各项指标，分析仓储管理工作中存在的问题并找出其产生的原因。

项目任务

1. 选择 2～3 家物流企业或生产企业（不同类型为宜）进行走访调研，主要了解它们仓储成本的构成、仓储业务的主要收入来源、核算指标等；
2. 根据走访记录，撰写调研仓储成本报告；
3. 利用仓储经济核算的各项指标，分析仓储管理中存在的问题；
4. 结合自己的分析，试找出降低仓储成本，提高仓储经济效率的途径。

项目实施过程

1. 确定调研内容：主要围绕仓储管理过程中仓储成本的构成、仓储业务的收入来源、仓储经济核算的指标等。
2. 制定调查计划。围绕调查目标，明确调查主题，确定调查地点、时间、方式，并确定要收集哪些相关资料。
3. 调查以小组为单位：根据班级情况，每组 5 到 10 人，设 1 名组长。并带上调查工具，比如：笔记本和笔；情况允许的话可以带上照相机和录音笔。
4. 调查之前，进行相关资料的收集并作好知识准备。
5. 本项目时间安排：网络上收集材料 2 课时；企业现场调查根据实际情况自行安排，一般总课时为 6 个学时。

项目实施结果评价

对学生实训项目实施结果给予评价，有利于激发学生的积极性，也可以通过评价找出项目实施过程中的不足和改进办法，有利于知识的掌握和总结。企业仓储成本调研实施情况评价表，可以考虑以下几个因素。

企业仓储成本调研实施情况评价表

被考评小组		考评组实训地点	
考评时间		考评地点	
考评内容	企业仓储成本调研	标准分值	考评得分
考评标准	内　容		
	实训内容的真实性、准确性、全面性	25	
	实训过程中是否遵守纪律和礼仪是否符合要求	20	
	实训报告是否是真实的实训过程的结果	15	
	实训报告能正确的分析出实训的内容及其存在的问题	25	
	能够提出合理化建议	15	
合　计		100	

考评者：__________

第 10 章　仓储管理信息化

·教学目标·

1. 学习并使用仓储管理中常用的信息分类编码、条形码、射频等信息技术；
2. 了解仓储管理信息系统的基本结构；
3. 熟悉仓储信息系统的基本功能。

·导入案例·

联华超市仓储信息化

联华超市股份有限公司是当前国内连锁零售业的领军企业，总部设在上海，连锁门店已经扩张到全国各个区域。联华超市现有便利、标准门店、大卖场 3 种业态的门店 1 000 多家，多种资产结构（自营、加盟、合资合作）并存。建有 2 个常温配送中心和 1 个生鲜配送中心。

一、企业对信息化的需求

联华超市结合国际的先进实施经验，充分考虑集团的实际情况，因地制宜，为便利店“量体裁衣”，设计了一套完整的解决方案，即利用现有的建筑物改建成物流中心，采用仓库管理系统（Warehouse Management System，简称 WMS）实现整个配送中心的全计算机控制和管理，而在具体操作中实现半自动化，以货架形式来保管，以上海先达条码技术有限公司提供的无线数据终端进行实时物流操作，以自动化流水线来输送，以数字拣选系统（Datak System）来拣选。另外，在设备的选择方面也采取进口货与国产货合理搭配。这个方案既导入了先进的物流理念，提升了物流管理水平，又兼顾了联华便利店配送商品价值低、物流中心投资额有限的实际情况。在整个方案设计里，不求一步到位，不求设备的先进性，而是力求使合理的投入得到较高的回报。

二、信息化项目的作业流程

1）进货入库

进货后，立即由WMS进行登记处理，生成入库指示单，同时发出是否能入库的指示。如果仓库容量已满，无法入库时，系统将发出向附近仓库入库的指示。接到系统发出的入库指示后，工作人员将货物堆放在空托盘上，并用手持终端对该托盘的号码及进货品种、数量、保质期等数据进行进货登记输入。

在入库登记处理后，工作人员用手动叉车将货物搬运至入库品运载装置处。按下入库开始按钮，入库运载装置开始上升，将货物送上入库输送带。在货物传输过程中系统将对货物进行称重和检测，如不符合要求（例如超重、超长、超宽等），系统将指示其退出；符合要求的货物，方可输送至运载升降机。

根据输送带侧面安装的条码阅读器，对托盘条码确认，计算机将对托盘货物的保管和输送目的地发出指示，托盘升降机自动传输到所需楼层。当升降机到达指定楼层后，由各层的入库输送带自动搬运货物到入库区。

货物在下平台前，根据入库输送带侧面设置的条码阅读器，将托盘号码输入计算机，并根据该托盘情况，对照货位情况，发出入库指示，然后由叉车从输送带上取下托盘。叉车作业者根据手持终端指示的货位号将托盘入库，经确认后，在库货位数将进行更新。

2）商品拣选

当根据订单进行配货时，仓库管理系统（WMS）会发出出库指示，各层平台上设置的激光打印机根据指示打印出货单。在出库单上，货物根据拣选路径依次打印。这时，系统中的商店号码显示器显示出需要配送的商店号码，数据显示器显示出需要拣选的数量，同时工作人员在空笼车上的塑料袋里插好出库单，在黑板上写上楼层号和商店号，并将空笼车送到仓库。做好以上准备后，方可进行商品拣选工作。

工作人员在确认笼车在黑板上记载的商店号码与商店号码显示器显示的一致后，开始进行拣选工作。根据货位上数码显示器显示拣选的数量，依次进行拣选。数码显示器配备的指示灯可以显示3种不同颜色，分别对应箱、包、件3种不同的拣选单位，以满足各种拣选需求。当拣选作业结束后，按“完了”按钮。

各平台仓库分成17个拣选区域，区域内拣选结束后，区域拣选“完了”指示灯会自动闪亮，工作人员再按下区域拣选“完了”按钮，便可继续进行下一个区域的拣选工作。当各个区域内所有拣选处理结束后，系统将自动显示出下一个商店的拣选数据。

3）笼车出库

当全部区域拣选结束后，装有商品的笼车由笼车升降机送至一层。工作人员将不同商店分散在多台笼车上的商品归总分类，附上交货单，依照送货平台上显示器显示的商店号码将笼车送到等待中对应的运输车辆上。计算机配车系统将根据门店远近，合理安排配车路线。

4）托盘回收

出货完成后，工作人员将空托盘堆放在各层的空托盘平台返回输送带上，然后由垂直升降机将空托盘传送至第一层，并由第一层进货区域的空托盘自动收集机收集起来，随后送到进货区域的平台上堆放整齐。

10.1　仓储管理系统

如今的仓库作业和库存控制作业已十分复杂多样化，仅靠人工记忆和手工录入，不但费时费力，而且容易出错，给企业带来巨大损失。仓储管理系统具有的最大职能，在于更好地集成需求信息、库存信息和配送信息，使物流围绕库存在时间和空间上的衔接实现优化。如何应用仓储管理系统，帮助我们合理有效地利用仓库空间，以最为快速、最正确、最低成本的方式为客户提供最好的服务，已经成为企业新的利益增长点。

10.1.1　仓储管理系统的总体结构

10.1.1.1　仓储管理的业务流程

仓储管理系统的业务流程如图10－1所示：

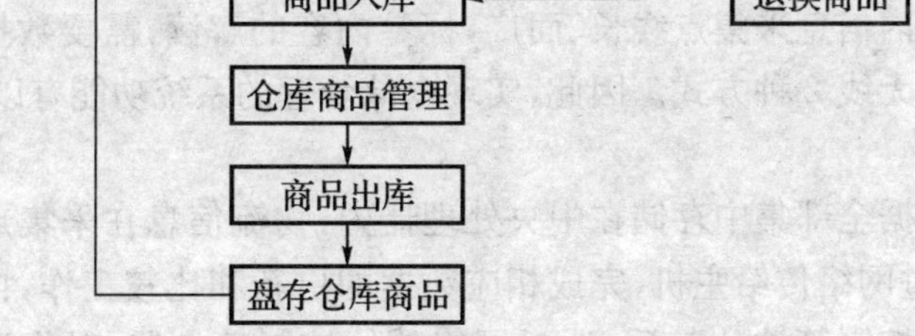

图10－1　仓储管理业务流程

（1）由采购计划管理人员，根据销售情况和需求以及库存现状定期提出商品的采购计划。

(2) 由采购人员根据采购计划完成采购任务，将采购的商品信息(包括商品品名、数量、价格等)传输给计划管理人员，并办理商品入库手续。

(3) 由采购计划管理人员根据采购人员采购的商品信息将商品分配给各销售商。

(4) 仓库管理人员收到采购计划管理人员的送货信息后，由配送业务的部门进行运送，并办理出库手续。

(5) 由仓库管理人员定期对仓库中存储的商品进行盘点，特别是食品类商品需要定时进行质量检测，并结合检测结果形成对食品的安全评估，并上报库存清单。

10.1.1.2 仓储管理的业务结构

目前，企业采购职能和质量检验职能大都设置在采购部门，无论采购职能的设置如何，业务流程基本是不变的。因此，仓储管理业务结构可以描述成如图 10－2 所示。

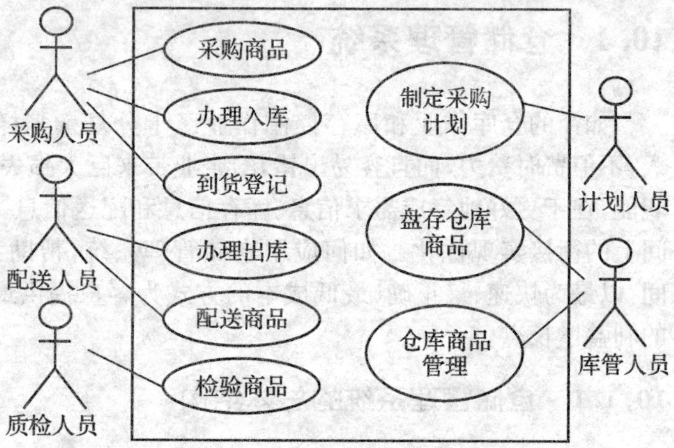

图 10－2 仓储管理业务结构

10.1.2 仓储管理系统的功能

10.1.2.1 仓储管理系统功能的实现类型

仓储管理系统中的物流、信息流和资金流的集成，主要通过对货物和货位进行编码，然后制作标签粘贴到货物上，使其随货物一起运动，并及时对单据进行财务稽核实现。由于库内信息采集点线长、面广，标签内容的解读，需要数据库支持。信息传递存在有线和无线 2 种方式。因此，实现仓储管理的系统功能有以下 3 种类型。

1) 集中式

仓储作业数据全部集中存储在中央处理器内，物流信息在采集点通过识读装置一次录入后，通过网络传给主机，完成相应数据的更新和比较工作，再由中央处理器将此信息与物流控制算法比较后，通过网络传给控制动作器，对物流进行控制。系统的缺点在于系统的可靠性及扩展性较差。若系统的某一节点出现故障，整个系统的运行就会受到影响，严重时导致系统“死机”；若系统的某一节点与主机的信息流量增大时，就会使其他节点与主机的通讯速度降低；若要求扩展系统功能就必须对整个系统重新规划。

2）分布式

分布式的系统需要分布式的数据库。该系统按功能分成若干模块，协调运行时各模块所需信息由货物的标签携带，所需数据自给自足。各模块间信息量的增加可以通过加大标签的信息携带量实现。因为各功能模块能对携带的信息识别、加工和整理，为后续运行提供支持，不要求标签所带信息完全支持全部的物流过程。分布式仓储管理系统的扩展能力很强，易于增加新的功能模块。

3）混合式

系统运行所需信息一部分来自货物标签所带信息，其余部分来源于中央处理器。系统运行时所需的控制算法储存在分布式数据库中，在识读装置读出标签信息后由分布式系统逐个执行相应的指令，中央处理器协调系统之间的工作。该系统中标签的信息容量较大，比如欧洲长途运输组织数据交换标准就是用 39 码制出的货物标签。货物贴上此标签后，从货物进入仓库时开始可自动完成相应的信息录入、货物管理及物流控制工作。

10.1.2.2　仓储管理系统的功能结构

不同企业类型，企业仓储管理系统的功能有所不同，但基本包括入库管理、库存管理和出库管理这 3 个子系统，这 3 个收支存子系统相互交错、相辅相成。仓储管理系统的功能结构如图 10－3 所示。

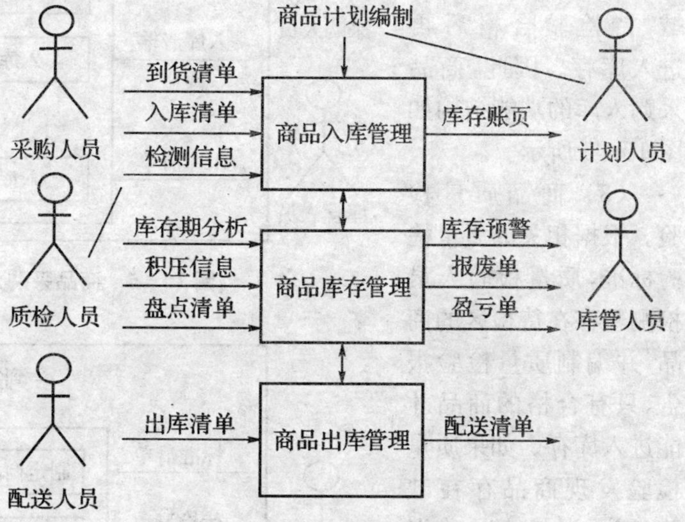

图 10－3　仓储管理系统的功能结构

1）商品入库管理

在零售企业商品入库管理中，主要涉及计划人员、采购人员和质量检验人员，因此，重点分析商品计划编制、商品采购入库和商品质量检验的功能结构。

（1）商品计划编制。对仓库的商品按各自的标准进行不同的分类。在仓储管理体系中，针对不同类商品的进货渠道、供应商、存储方式均有所不同，因此，计划人员在编制计划时也是按照商品分类的不同进行的。商品计划编制的功能结构如图 10－4 所示。

（2）商品采购入库。如果已经建立了自营的物流配送中心，那么大部分商品将被运送到物流配送中心进入库存，直送型商品直接运送到目的地进入库存，两种入库方式的功能结构相同。商品采购入库主要由采购人员通过编制入库单、审核入库单和库存管理人员确认入库单实现。如果采购合同约定采购商品是必须要检验的，商品首先办理到货登记进入待检区域，待检验合格后再进入库存。因此，商品采购入库的功能结构如图 10－5 所示。

（3）商品质量检验。根据相关的质量检验标准，质量检验人员检测暂存在待检区的商品，并编制质量检验报告，只有合格的商品才能进入库存。如果质量检验发现商品存在缺陷，需要退换商品或退还供应商，可以制定缺陷商品的跟踪计划、召回计划和追溯计划。商品质量检验的功能结构如图 10－6 所示。

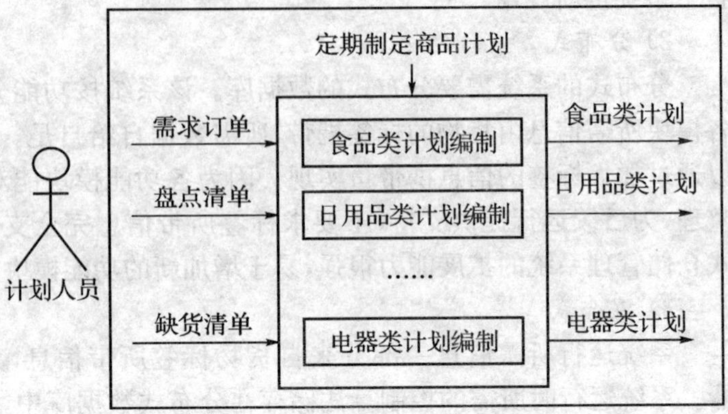

图 10－4　商品计划编制的功能结构

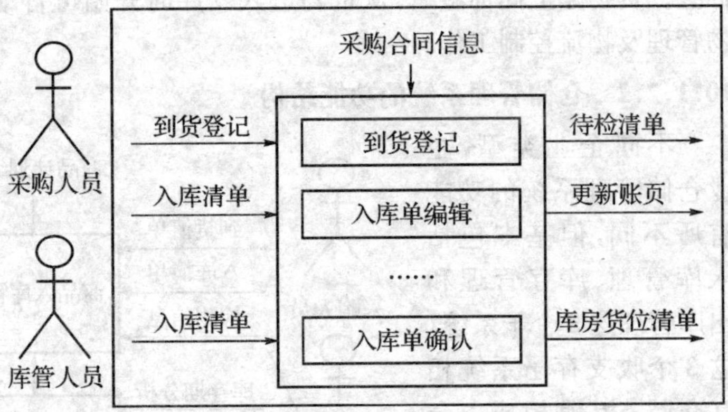

图 10－5　商品采购入库的功能结构

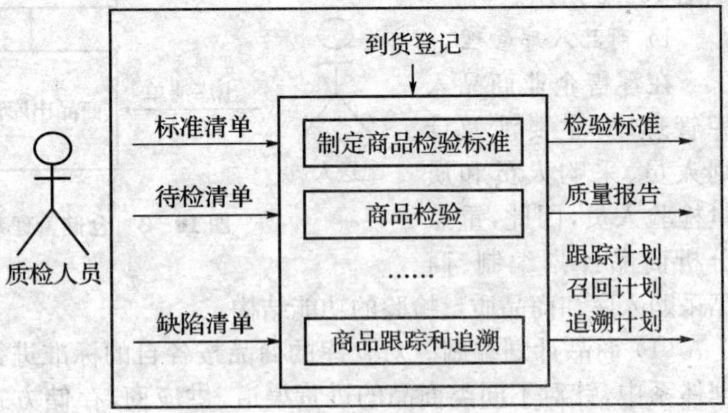

图 10－6　商品质量检验的功能结构

2）商品库存管理

仓储保管人员承担着商品库存的管理职能，具有库存账页维护、库房货位管理、盘点处理、积压处理、报废处理和库存期分析等功能（如图 10－7 所示）。在库存结构和库龄分析的基础上，商品库存期分析能够针对商品库存数量、超过保质期、滞畅销情况等提供预警功能，对于商品库存数量预警主要以商品的安全库存量为标准，因此，需要具有定期维护储备定额（安全库存量）功能。在条码或 RFID 技术的支持下，能够有效地提高库存操作的作业效率。

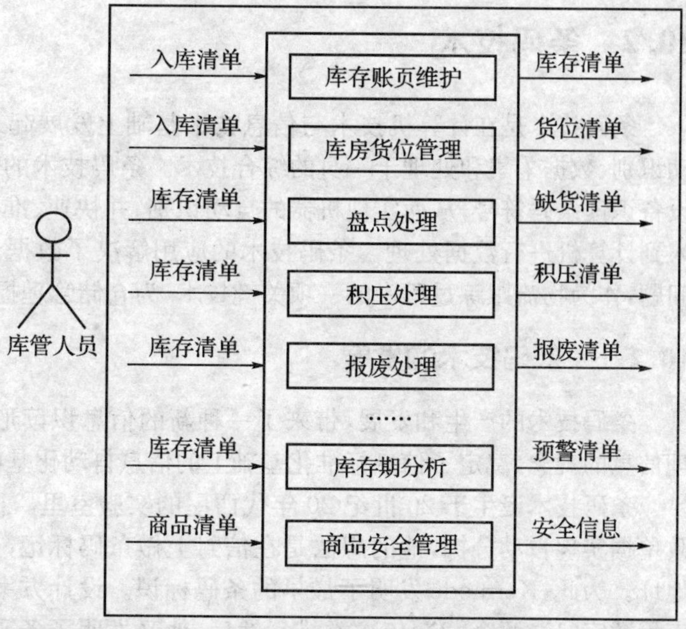

图 10－7　商品库存管理的功能结构

在商品库存管理体系中，围绕商品安全管理功能，还需要增加商品风险性评估、商品溯源管理、商品仓储期卫生检测和商品安全标签管理等 4 项功能，从不同的角度对商品安全、卫生和质量等进行管理。

3）商品出库管理

如果已经建立了自营的物流配送中心，那么仓储管理体系中的商品出库管理主要在物流配送中心完成，直送型商品直接运送到目的地实现“一进一出”的出库管理，2 种出库方式的功能结构相同。商品出库主要由物流配送人员通过编制出库单、审核出库单和库存管理人员确认出库单实现。商品出库管理的功能结构如图 10－8 所示。

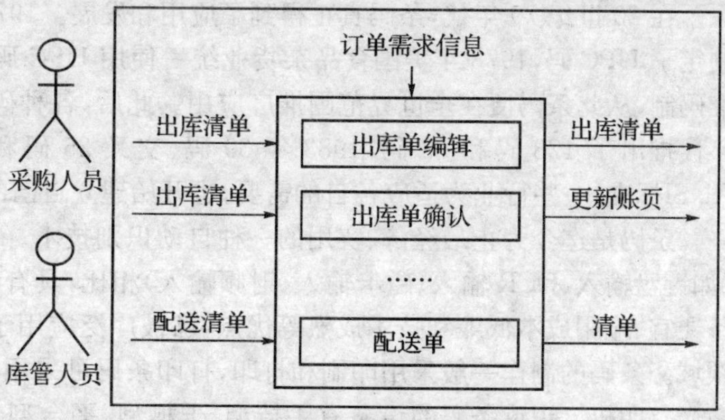

图 10－8　商品出库管理的功能结构

10.2 条码技术

条码技术是在计算机技术与信息技术基础上发展起来的一门集编码、印刷、自动识别、数据采集和处理于一身的综合技术。条码技术的核心内容是利用光电扫描设备识读条码符号,从而实现机器的自动识别,并快速、准确而可靠地将采集信息录入到计算机进行数据处理。条码技术的应用解决了数据录入和数据采集的"瓶颈"问题,作为物流跟踪过程中的一项关键技术,为仓储管理提供了有力的技术支持。

10.2.1 条码技术的发展

条码技术的产生和发展,带来了一种新的信息识读形式,改变了传统的手工处理信息的观念,奠定了信息标准化基础上的信息自动化基础。

条码技术诞生于20世纪20年代西屋的实验室里。John Kermode希望能对邮政单据实现自动分拣,他的想法是在信封上做条码标记,条码中的信息是收信人的地址。为此,Kermode发明了最早的条码标识。设计方案非常地简单,即一个"条"表示数字"1",两个"2",依次类推。然后,他又发明了条码识读设备:一个能够发射光并接收发射光的扫描器;一个测定反射信号条和空的方法,即边缘定位线圈;和使用测定结果的方法,即译码器。

Kermode的扫描器利用当时新发明的光电池来收集反射光。"空"反射回来的是强信号,"条"反射回来的是弱信号。Kermode利用磁性线圈来测定"条"和"空"。Kermode用一个带铁芯的线圈在接收到"空"的信号时吸引一个开关,在接收到"条"的信号时,释放开工并接通电路。因此,最早的条码阅读器噪音很大。开工由一系列的继电器控制,"开"和"关"由打印在信封上"条"的数量决定。通过这种方法,条码符号直接对信件进行分检。

在20世纪70年代,条码真正得到了应用和发展。1970年,美国AdHoc委员会制定了UPC码,1973年美国食品杂货业统一使用UPC码,并将其作为此行业的标准码制,从此条码便在全世界范围推广应用。此后,各种码制纷纷产生。20世纪80年代推出了128码和93码,1983年39码、交叉25码和库巴德码都先后制定了ANSI标准,一些行业为适应各自的需要,也开始建立自己的标准码制。

条码是迄今为止最经济、实用的一种自动识别技术。条码技术与其他输入技术(如键盘输入、OCR输入、磁卡输入、射频输入)相比,具有识别速度快、误码率低、设备便宜、应用成本低廉和技术成熟等优点,已被广泛应用于商业、工业、图书、医疗等领域。条码的制作一般采用印刷和打印,打印条码可采用专用条码打印机或普通的激光打印机。识读条码的设备有手持型、卡槽型、平台型、固定型等多种,一般采用激光或CCD方式。条码识读设备一般都内置了解码程序,输出的是条码所表示的信息。条码识读设备与计算机的接口一般有采用键盘接口和RS232两种，其他的还有TTL接口和WAND仿真接口、USB接口等。条码技术主要具有以下几方面优点。

1）输入速度快

条码输入的速度是键盘输入的5倍，并且能实现“即时数据输入”。

2）可靠性高

键盘输入数据出错率为1/300，利用光学字符识别技术出错率为$1/10^4$，而采用条码技术误码率低于$1/10^6$。

3）信息量大

利用传统的一维条码一次可采集几十位字符的信息，二维条码更可以携带数千个字符的信息，并有一定的自动纠错能力。

4）灵活实用

条码标识既可以作为一种识别手段单独使用，也可以和有关识别设备组成一个系统实现自动化识别，还可以和其他控制设备联接起来实现自动化管理。

5）不断发展和完善

条码标识是国际性的，在越来越多的行业中得以应用，标准化、通用性强的一种标识技术。有人将条码标识称作零售业的全球性语言。随着国际贸易的不断发展，贸易伙伴对各种信息需求的不断增加应运而生，条码标识的应用不断扩大，内容也在不断丰富，条码技术也处于不断完善之中。

10.2.2 一维条码技术

一维条码自出现以来，得到了广泛的关注，发展速度十分迅速。对于每一种物品，通常它的编码是惟一的。因此，对于普通的一维条码来说，可以通过数据库建立条码与商品信息的对应关系，当条码的信息传到计算机上时，由计算机上的应用程序对信息进行操作和处理，它的意义可通过在计算机系统的数据库中提取相应的信息而实现。

一个完整的一维条码的组成次序依次为：安全空间（前）、起始码、资料码、中间分割码（主要用于EAN码）、检验码、终止码、安全空间（后）。安全空间指条码左右两端外侧与空的反射率相同的限定区域，它能使阅读器进入准备阅读的状态，当2个条码相距距离较近时，安全空间则有助于对它们加以区分，安全空间的宽度通常应不小于6 mm（或10倍模块宽度）。起始/终止码指位于条码开始和结束的若干条与空，标志条码的开始和结束，同时提供了码制识别信息和阅读方向的信息。资料码位于条码中间的条、空结构，它包含条码所表达的特定信息。

一维条码种类很多，常见的大概有20多种码制，主要有：Code39码（标准39码）、Code bar码（库德巴码）、Code25码（标准25码）、ITF25码（交叉25码）、Matrix25码（矩阵25码）、UPC-A码、UPC-E码、EAN-13码（EAN-13国际商品条码)、EAN－8 码(EAN－8 国际商品条码)、中国邮政码(矩阵 25 码的一种变体)、Code－B 码等一维条码。

目前,国际广泛使用的条码种类有 EAN 码、UPC 码、Code39 码、ITF25 码(在物流管理中应用较多)、Code bar 码、Code93 码、Code128 码等。

10.2.2.1　EAN 码(European Article Numbering Association)

EAN 码是国际物品编码协会制定的一种商品条码,它已经成为世界上广为使用的商品条码,并成为 EDI 的基础。EAN 码符号有标准版(EAN－13)和缩短版(EAN－8)2 种,我国的通用商品条码与其等效。我们日常购买的商品包装上所印的条码一般就是 EAN 码。实际上为了满足系统作业的需要,任何公司都可设计自己的专属的内部系统及编码结构,虽然这样做看来似乎非常容易而且快速,但是在不同公司间进行信息交换时也许会产生障碍,而 EAN 码独特的机制则可保证编码的永久性、单义性和惟一性,使其在国内、国际间交流时,通行无阻,如图 10－9 所示。

4 711234 567899

图 10－9　EAN－13 条形码

10.2.2.2　UPC 码

UPC 码是美国统一代码委员会制定的一种商品条码,主要用于在美国和加拿大地区,以及在世界范围内惟一标识一种商品。在超市中最常见的就是这种条码,特别是在美国进口的商品上可以看到,如表 10－1 所示。

表 10－1　UPC 码的各种版本

版　本	应用对象	格　式
UPC－A	通用商品	SXXXXX XXXXXC
UPC－B	医药卫生	SXXXXX XXXXXC
UPC－C	产业部门	XSXXXXX XXXXXCX
UPC－D	仓库批发	SXXXXX XXXXXCXX
UPC－E	商品短码	XXXXXX

10.2.2.3　Code39 码

在各类条码应用系统中,Code39 码因其可采用数字与字母共同组成的方式而在各行业内部管理上被广泛使用,如在工业、图书及票证的自动化管理等管理领域的应用最广,目前使用极为广泛。

10.2.2.4　Code bar 码

Code bar 码也可表示数字和字母信息,主要用于医疗卫生、图书情报、物资等领域的自动识别,如应用在血库、图书库和照相馆的业务中。

10.2.3　二维条码技术

一维条码所携带的信息量有限，如商品上的条码仅能容纳13位（EAN-13码）阿拉伯数字，更多的信息只能依赖商品数据库的支持，离开了预先建立的数据库，这种条码就没有意义了，因此在一定程度上也限制了条码的应用范围。另外，要用一维条码表示汉字的场合显得十分不方便，且效率很低。现代高新技术的发展迫切要求用条码在有限的几何空间内表示更多的信息，从而满足千变万化的信息表示的需要。基于这个原因，在20世纪90年代发明了二维条码。二维条码除了具有一维条码的优点外，同时还有信息量大、可靠性高、保密性强、防伪性强等优点。二维条码依靠其庞大的信息携带量，能够把过去使用一维条码时存储于后台数据库中的信息包含在条码中，可以直接通过阅读条码得到相应的信息，并且二维条码还有错误修正技术及防伪功能，增加了数据的安全性。比如二维条码可把照片、指纹编制于其中，可有效的解决证件的可机读和防伪问题。因此，可广泛应用于护照、身份证、行车证、军人证、健康证、保险卡等。

目前，二维条码主要有PDF417码、Code49码、Code 16K码、Data Matrix码、Maxi Code码等，主要分为堆积或层排式和棋牌或矩阵式2大类。

10.2.3.1　二维条码的特点

二维条码除了具有一维条码的优点外，同时还有信息量大、可靠性高、保密和防伪性强等优点。

1）高密度

应用比较成熟的一维条码如EAN/UPC码，因密度较低，只能作为一种标识数据，不能对产品进行描述。如果希望了解产品的有关信息，必须通过识读条码进入相关数据库才能实现。这就要求系统设计人员，必须事先建立以条码为索引字段的数据库。二维条码通过利用垂直方向的尺寸来提高条码的信息密度，通常情况下其密度是一维条码的几十到几百倍，可以将产品信息全部存储在一个二维条码中。如果要查询产品信息，只要用设备扫描二维条码即可，因此不需要事先建立数据库，真正实现了用条码对商品的描述。

2）具有纠错功能

一维条码的应用建立在这样一个基础上，那就是识读时拒读（即读不出来）要比误读（读错）好。因此，一维条码通常同其表示的信息一同印刷出来。当条码受到损坏（如污染、脱墨等）时，可以通过键盘录入代替扫描条码。鉴于以上原则，一维条码没有考虑到条码本身的纠错功能，尽管引入了校验字符的概念，但仅限于防止读错。二维条码可以表示数以千计字节的数据，在通常情况下，所表示的信息不可能与条码符号一同印刷出来。如果没有纠错功能，当二维条码的某部分损坏时，该条码便变得毫无意义，因此，二维条码引入错误纠正机制。

这种纠错机制使得二维条码因穿孔、污损等引起局部损坏时，照样可以正确识读。二维条码的纠错算法与人造卫星和 VCD 等所用的纠错算法相同。二维条码的纠错机制，使得二维条码成为一种安全可靠的信息存储和识别方法，这是一维条码无法相比的。

3) 可以表示多种语言文字

多数一维条码所能表示的字符集不过是 10 个数字，26 个英文字母及一些特殊字符。条码字符集最大的 Code 128 条码，所能表示的字符个数也不过是 128 个 ASCII 符。因此，要用一维条码表示其他语言文字(如汉字、日文等)是不可能的。多数二维条码都具有字节表示模式，即提供了一种表示字节流的机制。不论何种语言文字，它们在计算机存储时都以机内码的形式表现，而内部码都是字节码。因此，可以设法将各种语言文字信息转换字节流，然后再将字节流用二维条码表示，从而为多种语言文字的条码表示提供一条前所未有的途径。

4) 可表示图像数据。

既然二维条码可以表示字节数据，而图像多以字节形式存储，从而使图像(如照片、指纹等)的条码表示成为可能。

5) 可引入加密机制。

加密机制的引入是二维条码的又一优点。如应用二维条码表示照片时，可以先用一定的加密算法将图像信息加密，然后再用二维条码表示。在识别二维条码时，再加以一定的解密算法，就可以恢复所表示的照片。二维条码的加密机制可以防止各种证件、卡片等的伪造。

10.2.3.2 二维条码的分类

与一维条码一样，二维条码也有许多不同的编码方法，或称码制。如按码制的编码原理分类，通常可分为以下 3 种类型。

1) 线性堆迭式二维码

线性堆迭式二维码是在一维条码编码原理的基础上，将多个一维码在纵向堆迭而产生的。如 Code 16K、Code 49、PDF417 等。

2) 矩阵式二维码

矩阵式二维码是在一个矩形空间通过黑、白像素在矩阵中的不同分布进行编码。典型的码制如：Aztec Code、Maxi Code、QR Code、Data Matrix 等。

3) 邮政码

邮政码是通过不同长度的条进行编码，主要用于邮件编码，如 Postnet、BPO4-State。

10.2.3.3 常用的二维条码

常用的二维条码有以下 2 种：

1) PDF417码(GB/T 17172－1997)

PDF417码是美国符号科技公司(Symbol Technologies, Inc.)于1991年正式推出的二维条码。PDF取英文Portable Data File 3个单词的首字母的缩写,意为“便携数据文件”。利用现有打印技术,即可在纸张、卡片、PVC、甚至金属表面上印出PDF417二维条码。由此所增加的费用仅是油墨的成本,因此人们又称PDF417是“零成本”技术。因为组成条码的每一符号字符都是由4个条和4个空构成,如果将组成条码的最窄条或空称为一个模块,则上述的4个条和4个空的总模块数一定是17,所以称417码或PDF417码。PDF417码除可以表示字母、数字、ASCII字符外,还能表达二进制数。在编码时PDF417有3种格式:扩展的字母数字压缩格式可容纳1850个字符;二进制/ASCIIfeshi可容纳1 108个字节;数字压缩格式可容纳2 710个数字。PDF417的纠错能力依错误纠正码字数的不同分为0～8共9级,级别越高,纠正码字数越多,纠正能力越强,条码也越大。当纠正等级为8时,即使条码污损50%也能被正确读出。

2) QR Code码(GB/T 18284－2000)

QR Code码是由日本Denso公司于1994年9月研制的一种矩阵式二维码,它最多可容纳2 509个数字或1 520个字符并提供了3种纠错方式,在标签因破损、污损等引起局部损坏达30%时,还能正确得到阅读。QR Code码可高效地表示汉字,相同内容,其尺寸小于相同密度的PDF417码。目前市场上的大部分条码打印机都支持QR Code码,其专有的汉字模式更加适合我国应用。因此,QR Code在我国具有良好的应用前景。

从QR Code码的英文名称Quick Response Code可以看出,超高速识读特点是QR Code码的主要特性。由于QR Code码符号中信息的读取是通过QR Code码符号的位置探测图形,用硬件来实现,因此,信息识读过程所需时间很短,具有超高速识读特点。用CCD二维条码识读设备,每秒可识读30个含有100个字符的QR Code码符号;对于含有相同数据信息的PDF417条码符号,每秒仅能识读3个符号;对于Data Matrix矩阵码,每秒仅能识读2～3个符号。QR Code码的超高速识读特性使它能够广泛应用于工业自动化生产线管理等领域。

另外,QR Code码具有全方位(360°)识读的特点,这是QR Code码优于PDF417码的另一主要特点。由于PDF417码是将一维条码符号在行排高度上的截短来实现的,因此,它很难实现全方位识读,其识读方位角仅为±10°。

QR Code码还能够有效地表示中国汉字、日本汉字。由于QR Code码用特定的数据压缩模式表示中国汉字和日本汉字,它仅用13 bit就可表示1个汉字,而PDF417码、Data Matrix等二维条码没有特定的汉字表示时,需用16 bit(2个字节)表示1个汉字,因此QR Code码比其他的二维条码表示汉字的效率提高了20%。

10.2.3.4 二维条码的应用

二维条码作为一种新的信息存储和传递技术，从诞生之时起就受到了国际社会的广泛关注。经过几年的努力，现在已应用在国防、公共安全、交通运输、医疗保健、工业、商业、金融、海关及政府管理等多个领域(如表 10－2 所示)。

表 10－2 二维条码的应用领域

应用方式	具体应用领域
单证	公文单证、订购单、报关单、商业单证
证照	护照、身份证、挂号证、驾驶执照、会员证、识别证
仓储盘点	物流中心、仓储中心等的物品盘点
物品追踪	会议资料、生产零件、客户服务、邮购运送、维修记录、危险物品
资料保密	商业机密、政治情报、军事机密、私人信函

10.2.4 条码技术在仓储管理中的应用

如何降低商品的物流成本，已经成为物流业面临的一个突出问题。在整个物流过程中，日益成为商品物流的一个重要环节，其运营成本在整个物流成本中所占的比例越来越大。因此，如何降低企业仓储成本就显得尤为重要。

1) 入库

商品到货后，操作人员通过条码输入设备将商品基本信息输入计算机，告诉计算机系统哪种商品要入库，要入多少。计算机系统根据预先确定的入库原则、商品库存数量，确定该种商品的存放位置。然后根据商品的数量发出条码标签，这种条码标签包含着该种商品的存放位置信息。然后在货箱上贴上标签，并将其放到输送机上。输送机识别箱上的条码后，将货箱放在指定的库位区。采取这种入库方式，不仅可以大大减少作业人员的工作量，还可以使商品入库一步到位，实现商品快速入库。

2) 理货

传统的人工理货方式要求作业人员将收到的商品搬运到仓库的货架上，往往费时费力。应用条码技术，则可以在搬运商品之前，首先扫描包装箱上的条码，计算机就会提示作业人员将商品放到事先分配的货位，作业人员将商品运到指定的货位后，再扫描货位条码，以确认所找到的货位是否正确。在商品从入库、搬运到货位存放整个过程中，条码起到了相当重要的作用。商品以托盘为单位入库时，把到货清单输入计算机，用激光扫描器扫描托盘条码，叉车将托盘提起，并将其放置于计算机所指的位置上。在各个托盘货位上装有传感器和发射显示装置、红外线发光装置和表明货区的发光图形牌。叉车驾驶员将托盘放置好后，通过叉车上装有的终端装置，将作业完成的信息传送到计算机，商品的货址就存入计算机中了。

3）*在库管理*

一是货物库存管理。仓库管理系统根据货物的品名、型号、规格、产地、牌名、包装等划分货物品种，并且分配惟一的编码，也就是“货号”。分“货号”管理货物库存和管理“货号”的单件集合，并且应用于仓库的各种操作。二是仓库库位管理。库位管理是对存货空间的管理，仓库分为若干个库房，每一库房又分若干个库位。库房是仓库中独立和封闭存货空间，库房内空间细划为库位，细分能够更加明确定义存货空间。仓储管理系统是按仓库的库位记录仓库货物库存，在产品入库时将库位条码号与产品条码号一一对应，在出库时按照库位货物的库存时间可以实现先进先出或掌握批次管理的信息。三是条码仓储管理，包括货物单件管理。不仅管理货物品种的库存，而且还管理货物库存的每一单件。采用产品标识条码记录单件产品所经过的状态，从而实现了对单件产品的跟踪管理。

传统情况下，货物的在库管理只能完成仓库运输差错处理（根据人机交互输入信息），而条码仓库管理根据采集信息，建立仓库运输信息，直接处理实际运输差错，同时能够根据采集单件信息技术，发现出入库的货物单件差错（入库重号，出库无货），并且提供差错处理。这无疑大大提高了在库管理的工作效率。

10.3　射频识别技术

射频识别技术（RFID），指利用无线电波对记录媒体进行读写的技术。它基于电子标签内微波天线的负载阻抗随储存的电子数据而变化的特点，来实现对电子标签内电子数据的读取。射频识别的范围从几十厘米至几米，因此，非常适用于要求非接触数据采集和交换的场合，例如食品原材料跟踪，运载工具的识别、货架识别等。

与条码的自动识别技术相比，RFID 优势非常明显。不需要光源，甚至可以透过外部材料读取数据；使用寿命长，能在恶劣环境下工作；能够轻易嵌入或附着在不同形状、类型的产品上；读取距离更远；可以写入及存取数据，写入时间相比打印条码更少；标签的内容可以动态改变；能够同时处理多个标签；标签的数据存取有密码保护，安全性更高；可以对 RFID 标签所附着的物体进行追踪定位。与条码阅读器不同，通过使用防冲突技术，RFID 系统可以同时处理多个标签。

10.3.1　射频识别系统

无线电技术在自动识别领域应用中称为射频识别。射频识别系统一般由电子标签（Tag）和阅读器（Reader）两部分组成。射频识别是用能接受或发射无线电波的电子标签存储信息，标签与阅读器之间利用静电耦合、感应耦合或微波能量进行非接触的双向通讯（识读距离可以从 10 cm 到几十米），实现存储信息的识别和数据交换。静电耦合系统，识读距离在 2 mm 以下，常用于固定货物的巡检等；感应耦合系统，阅读器天线发射的磁场无方向性，可以不考虑货物上射频标签的位置和方向，常用于移动物品的识别、分拣；微波射频识别系统，识读微波方向性很强，一般用于高速移动物体，如运输车辆的识别等。

电子标签中一般保存有约定格式的电子数据，在实际应用中，电子标签附着在待识别物品的表面。RFID 标签分为被动标签(Passive tag)和主动标签(Active tag)两种。主动标签自身带有电池供电，读/写距离较远同时体积较大，与被动标签相比成本更高，也称为有源标签。被动标签从阅读器产生的磁场中获得工作所需的能量，成本很低且具有很长的使用寿命，比主动标签更小也更轻，读写距离则较近，也称为无源标签。一般来说，能对标签写入信息的最大距离小于读取标签的最大距离，大约为读取距离的 40%～80%。被动式射频识别的工作过程是利用阅读器通过天线发散出一定频率的射频信号，当标签进入磁场时产生感应电流从而获得能量，发送出自身编码等信息被读取器读取，并解码后送至计算机主机进行有关处理。

阅读器又称为读出装置，可无接触地读取并识别电子标签中所保存的电子数据，从而达到自动识别物品的目的；还可进一步通过计算机及计算机网络，实现对物品识别信息的采集、处理及远程传送等管理功能。RFID 系统的工作频率即阅读器发送时所使用的频率，基本上划分为 3 个范围：低频(30～300 kHz)、高频(3～30 MHz)和超高频(300 MHz～3 GHz)。常见的工作频率有低频 125 kHz、134.2 kHz 及高频 13.56 MHz 等等。数据的传输速度取决于无线电波的频率，频率越高传输速度也越高。

射频识别系统所采用的技术称为微波反射技术，它基于电子标签内微波天线的负载阻抗随储存的电子数据而变化的特点，来实现对电子标签内电子数据的读取。其原理如图 10－10 所示，射频自动识别装置发出微波查询信号时，安装在被识别物品上的电子标签将接收到的部分微波的能量转换为直流电，供电子标签内部电路工作，而将另外部分微波通过自己的携带天线反射回电子标签读出装置。由电子标签反射回的微波信号携带了电子标签内部储存的数据信息。反射回的微波信号经读出装置进行数据处理后，得到电子标签内储存的识别代码信息。

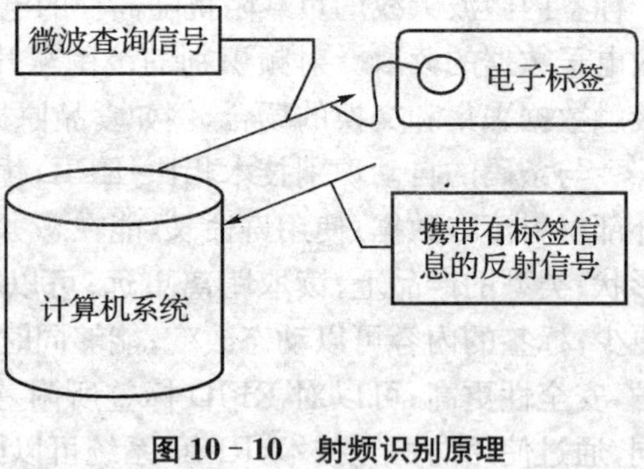

图 10－10　射频识别原理

目前，由于射频标签较条码标签成本偏高，所以在物流过程中，很少像条码那样用于消费品标识，多数用于物流器具，如可回收托盘、包装箱的标识。

10.3.2 基于射频识别的仓储管理系统

信息的准确性和及时性是物流管理的关键因素，对此 RFID 技术能够提供充分的保证。RFID 系统能使供应链的透明度大大提高，物品能在供应链的任何地方被实时追踪，同时消除了以往各环节上的人工错误。安装在工厂、配送中心、仓库与商家货架上的阅读器能够自动记录物品在整个供应链的流动——从生产线到最终消费者。RFID 在仓储中的应用系统有以下几种。

10.3.2.1 货物的实时定位系统

在一些场合下，只需了解一件库存商品所存放的具体位置就足够了。通过 RFID，贴附于存货单元的充电标签通过天线，这些天线在厂房和库房内以每 50～1 000 m的距离安装一个，以有规律的时间间隔，如每隔几秒至每隔几小时间隔传送信号，识别者接受有用的信号，辨认 RFID 作用范围内的存货位置，并将该信息输入配送中心数据库，从而管理者可以识别特定时间的所有存货的位置，实时制定仓储作业计划，减少存货的搬运时间和距离。

10.3.2.2 智能托盘系统

为高效解决用户生产原材料在仓库中装卸、处理和跟踪问题，使用以射频识别技术为核心的智能托盘系统，解决了原材料流通相关信息的管理。系统组成中的射频阅读器，安装在托盘进出仓库必经的通道口上方，每个托盘上都安装了射频标签，当叉车装载着托盘货物通过时，阅读器使计算机了解哪个托盘货物已经通过。当托盘装满货物时，自动称重系统自动比较装载货物的总重量与存储在计算机中的单个托盘重量，并获取差异，了解货物的实时信息。该系统日常处理大量托盘货物，射频识别技术的应用大大提高了效率，并保证原材料有关信息准确、可靠。

10.3.2.3 通道控制系统

一家企业的仓库，创造性的使用射频识别技术“红、绿信号”系统，控制 3 500 个仓库进出的包装箱(板条箱、柳条箱可重复使用的包装箱)，这些包装箱上固定着射频识别标签，在包装箱途经的进出口处安装了射频阅读器，阅读器天线固定在上方。当包装箱通过天线所在处，标签装载的标识信息与主数据库信息进行比较，正确时绿色信号亮，包装箱可通过；如果不正确，则激活红色信号，同时将时间和日期记录在数据库中。该系统消除了以往采用纸质单证管理系统常出现的人为错误，排除了以往不堪重负的运输超负荷状况，建立了高速、有效和良好的信息输入途径，可在高速移动过程中获取信息，大大节省了时间。同时该系统采用射频标签还可使公司快速获得信息反馈，包括损坏信息、可能取消的订货信息，从而降低消费者的风险。

10.3.2.4 贵重物品的保护

保税仓库存储着价值昂贵的货物，为防止货物被盗，也为防止装着这些货物的托盘放错位置而导致交货延迟，仓库采用射频识别技术，保证叉车按正确设置的路线移动托盘，降低在非监控道路货物被盗的可能，建造一个悬浮在上方的阅读器，叉车装备了射频标签。沿途经过的详细资料通过射频联结从中央数据库下载到叉车，这些信息包括正确的装货位置，沿途安装的阅读器将提供经由路径。如果标签发现错误，叉车会被停止，有管理者重新设置交通路径，同时自动称重也实时提供监控信息。

本章小结

仓储管理的信息化，能帮助我们合理有效地利用仓库空间，以最为快速、最正确、最低成本的方式为客户提供最好的服务，已经成为企业新的利益增长点。本章首先分析了仓储管理系统的总体结构和功能，然后分别对条形码技术和射频识别技术的基本知识及其在仓储管理中的应用作了介绍。

·案例分析·

烟厂 RFID 仓储管理解决方案

一、方案简介

中国烟草经过了400多年的发展，迎来行业最成功、最辉煌的时期，随着经济全球一体化趋势的越来越明显，中国烟草的发展也需要融入到国际烟草发展的大环境中。由于市场秩序不尽规范和高额利润的驱动，卷烟的走私贩私和制假售假活动比较严重，这些对烟草行业的健康发展造成了严重影响。为此，大家都在积极探讨"科技兴烟"战略。加大科技力度，提高管理水平，优化业务流程，注重客户资源的管理，优化企业内外部资源，最终提升企业的市场竞争力，增强企业的应变能力，在今后的新一轮的市场竞争中立于不败之地。

针对上述问题，我们采用 RFID 技术可以作为一种比较可行的解决方案。用数字化管理系统，来进行对仓库管理的总体的整合，也就是烟草商业企业的数字化仓库管理系统。先进的自动化数据捕获系统，是良好供应链管理的关键。而 RFID，正是一种极符合需要的自动化数据捕捉方法。它的好处在于无须看到就能读取，它可以储存在不连机的时候也可以访问的大量信息（无须查找数据库），它也可以"在动态下"得以更新。它不但可以满足现代物流中配送运转模式的要求，适用于大规模繁忙物流配送，确保供应链的高质量数据交流，同时，通过从企业生产线就开始的追踪解决方案以及在供应链中提升其透明度，可以有效遏制甚至杜绝体外循环，能够在烟草专卖管理上发挥出巨大的作用。

二、方案效益

RFID技术在整个方案中得到了合理的应用，数据集中问题变得非常的轻松和容易实现了。一个完整的供应链系统可随时跟踪卷烟并自动记录供应链中每个环节的真实情况。这些详实的信息，可以通过计算机网络系统直接被国家及地方卷烟管理部门掌握，从而为国家宏观调控和决策指挥提供全面、详细、准确及时的决策依据。具体表现在：

1）将实现国家对烟草行业各相关企业的全面监控与管理

使国家管理部门通过彻底实施"全程"追踪解决方案，正确、及时、动态、有效的对烟草行业各相关企业进行监控与管理，有效遏制甚至杜绝卷烟生产、流通的体外循环和卷烟的伪造和仿造，为国民经济持续发展提供有力的技术保障。

2）将会使烟草行业的物流运输产生重要变革

RFID方案的应用，将烟草行业上游卷烟材料供应商、产业下游经销商（客户）、物流运输商及服务商、零售商进行垂直一体化的整合。RFID技术促进了库存的可视性、生产过程的可视性、资产的可视性、供应链的可视性以及供应链最优规划，使资源合理流动来缩短交货周期、降低库存，降低成本，提高速度和精确性，提高企业竞争力。

3）将会有利于烟草行业形成全国统一大市场

畅通的物流信息有利于规范市场行为、创造平等竞争环境，建成统一、开放、竞争、有序的大市场；实现卷烟材料供应商，生产企业和销售网络的规模经营，实现供需双方互动的可持续发展的良性循环。

4）将会有利于提升烟草企业的核心竞争力

RFID应用数字化管理，帮助供需双方实现材料生产和卷烟生产技术以及市场信息等方面知识的共享融合，既而实现共同的成本管理，运用科学手段降低材料成本，减少交易费用，进一步提高管理运作效率，降低运作成本，降低件烟的损失率，为企业带来直接经济效益，提高企业核心竞争力。

案例思考题：

1. 结合案例分析RFID技术的特点？
2. 目前烟草管理存在的问题。
3. 应用RFID技术后为中国的烟草管理带来了哪些受益？

·复习思考题·

1. 简述目前仓储管理中常见的信息技术。
2. 分析仓储管理信息系统的基本功能有哪些。
3. 描述仓储管理信息系统的工作流程。

·实训项目·

企业仓储管理信息化调研

技能目标

仓储管理的信息化管理需要借助于先进的物流信息技术和方法，信息技术是仓储管理系统能够高效运作的基本保证。本项目指导学生通过网络查找、实际调研等方式，了解目前有哪些常见的信息技术应用于仓储信息化管理中，以及了解仓储管理信息系统的基本结构功能。

1. 能够理解企业仓储信息化管理的目的和作用；
2. 熟悉和了解目前仓储管理中常见的几类信息技术；
3. 学会分析不同类型企业仓储管理信息系统的共同特点和差异性，评价信息系统的合理性；
4. 提高学生的资料收集和整理分析能力。

项目任务

1. 简述撰写调查报告，完成调研的目的和内容；
2. 了解各企业目前仓储信息系统建设和应用情况，即仓储管理的信息化程度；
3. 了解企业在实施仓储信息管理前后运作流程、效率发生了哪些变化，收集各企业仓储信息系统的主要功能模块及其在运营中所起的作用等信息；
4. 分析每种信息技术的适用条件和环境，特别对比分析条形码和 RFID 标签的优缺点。

项目实施过程

1. 确定资料收集途径，网络、图书馆以及实际企业走访调研等手段；
2. 确定调研的内容，主要围绕信息系统在仓储管理中的应用情况，信息系统的主要功能模块及其作用；
3. 统一调研思路，确定要收集哪些相关资料，调研以小组为单位：根据班级情况，每组 5 到 10 人，设 1 名组长。并带上必要调研工具，条件许可的情况下带上录音笔；
4. 调研之前要做好知识准备工作，要提前自学物流信息技术的基本知识；
5. 以小组为单位撰写调研报告。

项目实施结果评价

对学生项目实施结果给予评价，有利于激发学生的积极性，也可以通过评价找出项目实施过程中的不足和改进办法，有利于知识的掌握和总结。项目实施情况评价表，可以考虑以下几个因素。

企业仓储管理信息化调研项目实施情况评价表

被考评小组		考评组调查对象	
考评时间		考评地点	
考评内容	对企业仓储管理信息化调研内容	标准分值	考评得分
考评标准	收集的内容真实性、准确性、全面性	25	
	项目实施过程中是否遵守纪律和礼仪是否符合要求	15	
	能够对收集资料进行正确的归类整理	20	
	能够通过调研情况分析目前企业仓储管理信息化进程中存在的问题	25	
	能够总结目前物流信息技术实际应用中存在的问题	15	
合　计		100	

考评者：__________

参考文献

1. 刘毅.仓储作业实务[M].北京:机械工业出版社,2006
2. 高钧.仓储管理[M].南京:东南大学出版社,2006
3. 王霄涵.物流仓储业务管理模板与岗位操作流程.北京:中国经济出版社,2005
4. 刘俐.现代仓储管理与配送中心运营[M].北京:北京大学出版社,2008
5. 孙秋高.仓储管理实务[M].上海:同济大学出版社,2007
6. 周云霞.仓储管理实务[M].北京:电子工业出版社,2007
7. 徐杰,田源.采购与仓储管理[M].北京:清华大学出版社,2004
8. 王之泰著.新编现代物流学[M].北京:首都经济贸易大学出版社,2005
9. 江宏.先进高效的海烟物流中心[J].物流技术与应用,2006(10)
10. 左生龙,刘军.现代仓储作业管理[M].北京:中国物资出版社,2006
11. 邬星根.仓储与配送管理[M].上海:复旦大学出版社,2005
12. 李永生,郑文岭.仓储与配送管理[M].北京:机械工业出版社,2003
13. 熊金福.仓管员岗位职业技能培训教程[M].广州:广东经济出版社,2007
14. 邓汝春.供应链管理[M].大连:大连理工大学出版社,2008
15. 郑克俊.仓储与配送管理[M].北京:科学出版社,2006
16. 蔡改成.仓储与库存管理实务[M].武汉:武汉理工大学出版社,2007
17. 劳动和社会保障部教材办公室.配送物流员[M].北京:中国劳动社会保障出版社,2006
18. 胥洪娥.配送中心运营与管理[M].天津:天津大学出版社,2009
19. 薛威.物流仓储管理实务[M].北京:高等教育出版社,2006
20. 杨凤祥.仓储管理实务[M].北京:电子工业出版社,2005
21. 蒋金生.管理学原理[M].南京:东南大学出版社,2003
22. 张洪革,王广伟.仓储与配送管理[M].北京:中国劳动社会保障出版社,2006
23. 何景伟.仓储管理与库存控制[M].北京:知识产权出版社,2006
24. 王学锋.仓储管理实务[M].上海:同济大学出版社,2007